序

WTO允许其各成员在出现特定的经济贸易情势时，为保护其自身的利益，可以根据有关规定暂时免除其承诺的义务或协定所规定的要求，采取具有防御救济性质的保障措施。在平衡农业（粮食）安全与农产品贸易自由方面，GATT第19条与《保障措施协定》规定的一般性保障措施（Safe Guard Measure，SGM）规则，适用于包括农产品在内的所有货物。考虑到农业（农产品）的特殊性，《农业协议》第5条又规定了农产品特殊保障措施（Special Safe Guard，SSG）："在特定农产品进口数量大增，或进口价格骤跌到规定水平时，可以征收一定的附加关税，以保护国内相关产业。"与SG相比，SSG在实施要件和实施期限方面存在较大的差异。

根据《农业协议》第20条，WTO各成员承诺于《农业协议》实施期结束前一年开始进行继续农业领域改革进程的谈判，在2001年11月启动的WTO多哈回合谈判中，G33集团（发展中成员农业问题33国协调组，印尼牵头，包括印度、中国等成员）要求建立只适用于发展中成员的新农产品特殊保障机制（Special Safeguard Mechanism for developing members，SSM），以替代SSG。2004年7月达成的《七月框架协议》第42条明确确认，"将制定供发展中成员使用的特殊保障机制"，农产品特殊保障机制由此获得正式谈判授权。有关农产品特殊保障机制的谈判目前尚未结束。

改革开放以来，尤其是加入WTO以来，我国农产品国际贸易得以快速发展，同时我国农业（粮食）安全又面临着严峻挑战，迄今为止，中共中央、国务院连续九年以"一号文件"的形式出台涉及"三农"的强农惠农政策。我国农产品贸易进一步发展的方向应该是：科学处理好农业（粮食）安全与农产品贸易自由的关系，充分利用国际市场保障我国农产品的有效供给，鼓励国内优势农业部门和优势农产品实施"走出去"战略。因此，研究WTO农产品特殊保障措施机制，对于迎接我国农业（粮食）安全面临的现实挑战、破解农业（农产品）"走出去"战略面临的相关壁垒以及积极参与WTO新一轮农业谈判，具有重要的理论价值与现实意义。

目前国内对农产品保障措施问题的研究，多从经济学或国际贸易学和国际政治角度研究，从法学角度研究的较少。本书以国际法学为视角，对 WTO 农产品特殊保障机制（SSM）进行系统研究，梳理农产品特殊保障条款（SSG）的脉络，总结 SSG 的解释与实施，分析 SSG 向特殊保障机制（SSM）变迁的复杂背景，力图把握多哈谈判中 SSM 的走向，为我国农产品保障措施的国内立法提供建议，丰富了 WTO 农产品特殊保障机制的国内研究，填补了我国国际法学界在 WTO 农产品特殊保障机制方面的研究空白，为进一步深化 SSM 的理论分析及其相关多哈谈判和国内立法作了开拓性贡献。

本书是作者在其博士后报告的基础上修改而成的。作者在武汉大学从事博士后研究期间，作为他的博士后研究合作导师，我见证了他的刻苦、勤奋以及学术探索能力。他的博士后报告能出版，我非常高兴，爰作数语为序。

余敏友

2012 年 2 月于武汉大学国际法研究所

曾文革 1966年生，重庆市人。重庆大学法学院教授、博士生导师。重庆市国际法学科学术和技术带头人后备人选,重庆大学法学院国际法学科学术带头人。1987年毕业于在西南政法学院法学系，获法学学士学位；1999年、2004年分别在西南政法大学获经济法硕士学位、经济法博士学位。2004年在香港大学法律学院做访问学者三个月；2004年至2005年在美国佛罗里达大学法律学院做访问学者一年；2008年9月至2011年1月武汉大学法学院国际法专业攻读博士后。社会兼职主要有：中国国际经济法研究会理事、中国法学会环境与资源保护法学研究会常务理事、重庆市法学会国际经济法研究会副会长、重庆市法学会环境与资源保护法学研究会副会长、重庆市人大常委会立法咨询专家。主持了教育部项目《中国绿色贸易法律制度研究》等多个课题，并在《现代法学》等刊物上发表多篇论文，其中5篇论文被人大复印资料《金融与保险》、《国际法学》全文转载。

武汉大学国际法博士文库

本书由中国博士后基金第46批面上项目
《WTO国内支持规则研究》（项目编号20090460796）
中央高校基本科研业务费资助重庆大学重大项目
《中国—东盟自由贸易区农业贸易法律问题研究》（编号0226005201021）
资助出版
特此致谢

WTO农产品特殊保障机制(SSM)研究

WTO's Special Safegard Mechanism for Agricultural Product

曾文革 / 著

WUHAN UNIVERSITY PRESS
武汉大学出版社

图书在版编目(CIP)数据

WTO 农产品特殊保障机制(SSM)研究/曾文革著.—武汉:武汉大学出版社,2012.9
武汉大学国际法博士文库
ISBN 978-7-307-09708-7

Ⅰ.W… Ⅱ.曾… Ⅲ.世界贸易组织—农产品—贸易法—研究 Ⅳ.D996.1

中国版本图书馆 CIP 数据核字(2012)第 072996 号

责任编辑:田红恩　　责任校对:黄添生　　版式设计:马　佳

出版发行:**武汉大学出版社**　(430072　武昌　珞珈山)
(电子邮件:cbs22@whu.edu.cn　网址:www.wdp.com.cn)
印刷:崇阳县天人印刷有限责任公司
开本:720×1000　1/16　印张:17.75　字数:318 千字　插页:2
版次:2012 年 9 月第 1 版　2012 年 9 月第 1 次印刷
ISBN 978-7-307-09708-7/D·1157　定价:36.00 元

Abstract

Agriculture is the world's most foundamental industry, providing food, clothing and raw materials for other industries. Due to the difference in natural resources availability, trade in agricultural products came into existence even in preindustrial times. Accompanied by the globalization, agricultural trade increased greatly. The existence of GATT/WTO is to promote agricultural trade liberalization and ensure Agriculture security. However, it becomes a major problem to be solved by the international trade law under WTO frame work as how to increase and promote free trade in agricultural products and, at the same time, without endangering any country's safety in agriculture.

The Agreement on Agriculture is an international treaty of the World Trade Organization, negotiated during the Uruguay Round of the General Agreement on Tariffs and Trade. Article 5 provides the Agreement have been converted into an ordinary customs duty and which is designated in its Schedule with the symbol "SSG" as being the subject of a concession in respect of which the provisions of this Article may be invoked under certain conditions. At Doha Round negotiation, the G33, which is a group of over 40 developing countries concerned about the effects of liberalization on small farmers, presents proposal on Special Safeguard Mechanism (SSM).

This book analyses the institutional and legal reasons that SSG and SSM proposed considering the relationship between trade liberalization and trade liberalization of agriculture at first. Secondly, it reviews the domestic legislation in the main members and the cases of WTO, providing the reference and inspiration for negotiations and construction of SSM. Thirdly, it finds the ways out of the impasse in the negotiations and forecasts the trend of SSM negotiations, focusing on the positions about SSM. Finally, it expounds China's attitude and position in the SSM negotiations and put forward the suggestions on dealing with international and domestic challenges by SSM.

The book is divided into six parts:

Part 1discusses the WTO agricultural trade rules and exceptions, analyses the legal reasons that SSG proposed on the background of agricultural trade liberalization and details the SSG comprehensively.

Part 2 points out the theoretical basis for SSM from substantial fair in agricultural trade and food security for developing members by Analyzing the reasons SSM put forward and comparing SSM with other rules.

Part 3 compares different domestic legislations on agriculture safeguard in key members of the WTO and analyses WTO case law of Safeguard Measures involved in agriculture. It discusses, from a positivistic angle, the problems of SSG in domestic legislation and WTO case law, so as to provide basis of judgment and references for China's legislation.

Part 4 analyzes the focus on SSM negotiations and the parties' positions in the negotiations by reviewing the main course of SSM negotiations, according to the development of international trade of agricultural products after SSM proposed.

Part 5 discusses the political, economic and legal constraints on SSM, finds the ways out of the impasse in the negotiations and forecasts the trend of SSM negotiations because of restarting and accelerating SSM negotiations urgently.

Part 6 examines the fulfillment of WTO rules by China and expounds the China's object, attitude, position and strategies in the SSM negotiations and put forward the suggestions on dealing with international and domestic challenges by SSM.

前 言

一、选题意义

农业是国民经济的基础，是人类赖以生存和发展的最基本的产业，是人类生存中物质资料的重要来源，农业的发展状况直接影响着一个国家或地区社会经济的稳定与发展。因此，农业被认为是人类的衣食之源、生存之本、百业之基。由于各地区资源禀赋的不同，跨地区间的农产品交换在农业社会时期就已经出现了。农产品交换的范围不断扩大，逐渐超出一国范围，农产品国际贸易也随之产生。现代意义的农产品国际贸易，是作为经济全球化的伴生物，产生于第二次世界大战以后。与非农产品的国际贸易相比，农产品国际贸易具有贸易自由化程度低、贸易发展水平不均衡、国内市场保护严重、贸易法制滞后等特点。其原因在于，农业对于一国或地区社会经济发展具有极端重要性，农产品进口国担心进口农产品对本国农产品市场，甚至对农业安全、粮食安全造成威胁，对农产品贸易，特别是农产品进口采取谨慎开放的态度。当然，贸易保护主义也在很大程度上阻碍了农产品贸易的自由化进程。如何在扩大和促进农产品贸易自由化的过程中保障一国农业安全、粮食安全，如何避免部分国家借维护国家农业安全、粮食安全之名，行贸易保护主义之实，是农产品国际贸易法制面临的重大课题。

在关贸总协定第八轮多边贸易谈判即乌拉圭回合中，农产品作为15个议题中的首要问题与谈判的焦点，贯穿整个谈判过程的始终。经过长期艰苦的谈判，关贸总协定各缔约方终于达成了多边贸易体系历史上第一个全面的农产品协定——《乌拉圭回合农业协议》。根据《农业协议》第五条“特殊保障条款”规定，WTO 成员方在特定情况下可以背离其在《农产品协议》中所承诺的基本义务。它既是情事变更原则向国际法渗透的重要体现，也是针对部分对农产品进口实施关税化管理的国家所设立的一种紧急措施，旨在避免部分国家由于实施关税化管理而对国内农产品市场造成冲击。由于当初对农产品实施关税化管理的多为发达国家，大部分发展中国家没有实现关税化管理而没有获得特殊保障措施权利，因此在多哈回合谈判过程中，以发展中国家为代表的33国协调组织（简称G33）提出了针对发展中国家的特殊保障机制（Special Safeguard Mechanism for developing members，缩写为SSM），要求在未来的农产品国际贸易体制中给予发展中国家特殊的保护，以满足这些国家对粮食安全、生活安全以及乡村发展的需要。虽经多轮谈判，农产品特殊保障机制谈判进展十分缓慢。

加强农业基础地位，走中国特色农业现代化道路，是实现我国全面建设小康社会宏伟目标的重要内容。经过长达15年的漫长谈判，我国于2001年12月11日正式加入世界贸易组织。加入世界贸易组织后，农产品市场全面开放，我国农业不可避免地要参与国际农业竞争。近年来，我国国内农产品需求存在缺口，特别是土地密集型粮食产品缺口较大以及农产品出口仍遭遇各种非关税壁垒，我国农产品进口迅猛增加。大量快速地进口农产品，增加了农业安全特别是粮食安全的压力，不利于稳定我国农业的基础性地位，不利于我国农业的可持续发展。《中共中央关于推进农村改革发展若干重大问题的决定》明确要求，到2020年现代农业建设取得显著进展，农业综合生产能力明显提高，国家粮食安全和主要农产品供给得到有效保障。在农产品国际贸易问题上，一方面，我国要顺应农产品贸易自由化的必然趋势，遵守WTO协议加强国内农产品保障措施法制建设。另一方面，作为最大的发展中国家和一个农业大国，我国还应积极参与WTO新一轮农业多边贸易谈判，抑制发达国家农业保护主义，争取公平竞争的国际农业贸易环境，推动多哈回合进程。

本书以国际法学为视角，对WTO农产品特殊保障机制议题进行系统研究，梳理农产品特殊保障条款（SSG）的产生逻辑，总结SSG在内容与实施中的得失，解读SSG向特殊保障机制（SSM）变迁的必然性，把握新一轮谈判中SSM的走向与趋势，在一定程度上可以填补我国国际法学理论在WTO农产品特殊保障机制方面的研究空白，也有助于我国在多哈谈判中充分行使话语权，维护广大发展中国家的农产品贸易利益。同时，结合我国加入WTO以来农产品贸易承诺的履行情况以及新一轮SSM谈判对中国可能的影响，探讨我国参与SSM谈判的目标、立场和策略，并从谈判推动、国内法律准备和实施机制建设等方面提出具体建议。

二、国内外研究综述

（一）国外研究现状

国外相关文献不仅有对《农业协议》SSG条款的解读和新一轮谈判的分析，也有一些非政府组织针对WTO农产品特殊保障机制进行的区域性研究，还有从WTO某一成员方的角度对WTO农产品特殊保障机制进行的国别研究。

Jayson Cainglet认为，《农业协议》中的SSG条款潜在反映了发达国家和发展中国家利益的不平衡。因为SSG具有稳定国内市场、阻绝国际市场价格波动向国内市场传播的优势，根据该项条款，只有实施关税化的成员方对已完成关税化的产品才能援用SSG，而发展中国家在乌拉圭回合谈判时缺乏相应的技术水平和能力，没有意识到SSG保护国内农业的重要性，因此绝大多数发展中国家采取直接设定关税约束上限的方式，从而失去了在WTO框架下援用SSG的权利。

Mónica KJOLLERSTROM对9个拉美国家之间的协定以及12个拉美与拉美之外国家的FTA进行了研究，其中有3个协定（智利-美国、智利-墨西哥、墨西哥-哥伦比亚-委内瑞拉）采取了快速自由化的关税减让政策，而其余的大部分协定均采取关税配额、关税削减有较长过渡期等保护农业的政策。即使前述3个协议也仍允许成员国提出一部分敏感产品而不予以关税削减。虽然NAFTA、G3（墨西哥-哥伦比亚-委内瑞拉）、智利-美国、加拿大-哥斯达黎加等6个区域或双边的贸易协定含有农产品特殊保障条款，发展中国家总体上农产品市场开放持谨慎态度。

ARTNeT① 的研究机构专门对南亚、东南亚地区农产品自由化问题进行研究，其中Samaratunga的研究认为南亚地区农产品贸易仍然最受保护，在印度和巴基斯坦对外签订的贸易协定中，就将他们的主要农产品排除在关税减让之外，以避免来自外部的竞争。而在东南亚，虽然东盟自由贸易协定农产品自由化程度较高，但也采取了敏感产品过渡期长、高度敏感产品税率较高以及通过一般例外把某些农产品永久排除在关税削减之外等保护性办法。但贸易协定中彼此间设置SSG的并不多。另外，Teresa Maria Deras等对洪都拉斯的农产品特殊保障措施进行了研究。

Carl-Owe Olsson认为，在理论上，绝大多数发展中国家不能援用SSG，因为在制度构建之初发达国家与发展中国家之间就缺乏对称性。许多国家对此提出了批评。虽然多哈回合谈判将SSG问题纳入其中，但必须对SSG进行较大的修订。就像许多成员方认为的，现有SSG中的非均衡性或非对称性必须改变。而33国集团所提出的SSM方案，将需要长时间的讨论，其结

---

① ARTNeT是联合国亚太经社理事会（ESCAP）协调下地区性贸易政策研究和培训网络，其活动得到世界贸易组织、联合国贸发会议等机构和诸多知名国际贸易学者的支持。

果具有不确定性。因此，建议在今后的 SSM 具体制度中：（1）避免成本高昂的程序设计，让发展中国家更容易确定和证明的存在严重伤害；（2）要有时间限制，规制和保护的期限应该很短，尤其是对发达国家；（3）继续保留有关赔偿的规定。

Randy Schnepf 认为，SSG 的目的是为了防止由于进口激增或进口价格过低对国内市场造成扰乱。如果农产品的进口量超过触发水平，或如果进口价格低于触发水平，SSG 允许成员国对农产品征收额外关税。SSG 仅适用于关税化产品，或者被列入附件清单的产品。SSG 是对关贸总协定中一般保障条款的替代，更容易启动，因为它不要求对损害或者损害威胁进行查证。

Aileen Kwa 认为，大多数发展中国家希望 WTO 框架下的 SSM 能够防止因为进口激增给小农场主带来的损害。然而，一些农产品出口国却声称 SSM 将会影响其出口。农产品出口国提出了与 SSM 有关的技术创新，由此产生的 SSM 实施条件，发展中国家无法对其进行有效实施。如数量触发机制中的按比例分配、交叉检查、季节性、期间、途中出货等；如价格触发机制中的适当弥补、途中出货等。即使没有这些条件，大多数发展中国家实施 SSM 也困难重重。当然，SSM 不足以解决农产品贸易中的结构性问题。

ActionAid① 认为，许多国家之前反对 SSM 的理由之一是，SSM 将对南南贸易产生不利影响。然而，这种说法是基于假设而没有客观的事实依据。原因在于：（1）农产品的南南贸易规模非常小，仅占世界农产品贸易总额的 8%。（2）许多发展中国家既是农产品的出口国又是农产品的进口国，因此不可能简单区分为农产品进口国和农产品出口国。（3）没有经验数据表明，SSM 将会被频繁和非歧视地使用。事实上，在乌拉圭回合中，虽然有 22 个发展中国家有权使用 SSG，但直到 2000 年他们都没有使用过。（4）SSM 不会对源于多哈回合农产品自由化谈判的预期收益产生重大影响。（5）南南贸易是一个比南北贸易更好的选择，因为它建立在公平、公正的基础上，使得所有合作伙伴都能够获得公平的收益。一个有效的 SSM，通过促进贸易便利化和稳定化、保护粮食安全和农村生计，将有助于促进这一目标。

（二）国内研究现状

1995 年 WTO《农业协定》生效后，尤其是在我国加入世界贸易组织后，我国才有部分学者开始介绍与研究 WTO 特殊农业保障措施的法律问题。因此，我国对 WTO 农业特殊保障措施的研究起步较晚。大多数学者对

① 行动援助（Action Aid）是一个以消除全球贫困为宗旨的公益性国际联盟组织，1972 年成立于英国。

该问题的关注主要起因于 WTO 新一轮农业谈判，研究角度也大都着重于对 WTO 各成员在农产品特殊保障机制问题上的立场、观点与分歧的一般性介绍并提出一定的对策性建议。没有从历史的、实证的和国际法学理论的层面加以系统的和多角度的论证和提出有关架构。

刘李峰等在《新一轮农业谈判中的特殊保障机制问题及我国的立场》中，对 WTO 农业特殊保障机制（SSG）的主要内容、实施程序及各成员的使用状况、特点作了分析，并在阐述 SSG 之所以主要成为发达成员限制发展中成员农产品进入其国内市场的原因基础上，从使用资格、产品范围、触发机制、透明性和实施程序几个方面，对新一轮农业谈判中新的农产品特殊保障机制（SSM）可能的方案及中国在谈判中应持的立场进行了探讨。

张敏在《多哈回合与特殊保障机制（SSM)》中认为，特殊保障机制是多哈回合农业谈判中的一个重要议题，其目标是减轻贸易自由化给发展中国家带来的不利影响。我国是农业大国，应建立适合我国的特殊保障机制。当前，应坚持在农业改革进程之后取消现在《农业协议》中的特殊保障措施(SSG)；坚持特殊保障机制只能为发展中国家所使用；在适用产品和进出口方面采取随机有利原则；应该坚持允许数量触发及价格触发两种触发机制；坚持 SSM 无补偿原则。

刘健男等在《特殊保障机制导致多哈谈判破裂》中认为，农产品特殊保障机制旨在保护国内农产品。由于各方分歧严重，尤其是美国无法显示谈判的灵活性和印度国内大选决定其采取的强硬立场，使得多哈回合谈判艰难效果甚微前途未卜。周超在《简析农产品特殊保障机制对 WTO 多哈谈判的影响》中，通过对农产品特殊保障机制与 WTO 项下其他与农产品有关的保障措施的比较分析，进一步认为谈判破裂后中国处境更加艰难。

从目前国内外的研究来看，主要存在以下问题：（1）就谈判论谈判，缺乏对 SSG 以及 SSM 产生的理论基础，尤其是法理基础，进行深入、系统分析，在一定程度上削弱了研究结论的说服力；（2）从经济学、国际贸易学、国际政治学、谈判学等角度分析较多，从国际法学角度分析较少，忽视了 WTO 多边贸易体制以规则为导向这一基本事实，造成部分研究结论与 WTO 的规则框架不相容；（3）缺乏结合我国农产品贸易发展实情对 SSM 谈判可能对我国造成的影响进行全面分析，未能提出系统、可行的我国参与 SSM 谈判的目标、立场和策略，及其国内回应建议。总之，目前国内外的研究不能体现 SSG/SSM 的全貌，不能满足 WTO 新一轮谈判和农产品国际贸易发展的需要，也不能为我国参与谈判和国内制度构建提供系统、可行的对策和建议。

三、研究方法与力图分析解决的问题

（一）研究方法

研究方法上，本文综合运用了历史分析、法律解释、案例分析、比较分析等方法。

1. 历史分析方法

本文以经济全球化为背景，结合农产品贸易自由化的发生与发展，分析 GATT/WTO 与农产品贸易之间的历史关联，梳理 WTO《农业协议》第 5 条“特殊保障措施（SSG）”的来龙去脉，把握 GATT/WTO 与农产品贸易、农产品自由化与保障措施、农产品特殊保障措施（SSG）与农产品特殊保障机制（SSM）的演进规律。

2. 法律解释方法

本文从法律的价值、法律的功能、法律的构成、法律的适用等角度，对 WTO《农业协议》的执行期、WTO 农产品特殊保障措施（SSG）的法律效力、WTO 农产品特殊保障措施（SSG）的适用情况及其各方的意见、WTO 农产品特殊保障机制（SSM）方案进行文法、逻辑、历史、系统、目的等多元学理解释，寻求农产品保障措施制度的分析的具体化、精细化和系统化。

3. 案例分析方法

本文选取 WTO 争端解决机构处理的有关农产品保障措施的典型案例、典型问题，内容主要包括专家组和上诉机构的分析（如果是上诉案例），特别是上诉报告变更、推翻专家组报告中的裁定和结论的案例，了解 WTO《保障措施协议》和《农业协议》在农产品保障措施争端中的适用情况，辨识 WTO 现有农产品保障措施制度的优劣。

4. 比较分析方法

本书将 WTO《农业协议》第 5 条与《农业协议》中其他例外条款、WTO《农业协议》第 5 条与一般保障措施、WTO 农产品特殊保障措施（SSG）与 WTO 农产品特殊保障机制（SSM），以及 WTO 主要成员方之间的农产品特殊保障措施进行对比或对照，从中发掘共同法制特征与不同的法制要素，获得对 WTO 农产品特殊保障措施较为完整准确的理解和认识。

5. 交叉学科法

本书虽然主要是以国际法为视角，但在研究过程中还使用和借鉴了农业经济学、国际经济学、国际政治学、国际贸易学、谈判学、管理学等学科的研究成果，深化了 WTO 农产品特殊保障措施制度的理论支撑，拓展了 WTO 农产品特殊保障措施制度的研究视野。

（二）力图解决的问题

本文将以经济全球化为背景，结合农产品贸易自由化的发生与发展，系统使用国际法学分析方法力图解决以下问题：

1. 农产品保障措施产生的理论基础

由于农产品自身的特殊性，目前农产品贸易自由化的广度和深度尚不及非农产品的贸易自由化。虽然 GATT1947 第 19 条以及 WTO《保障措施协议》都规定了保障措施制度，但是否适用于农产品以及如何与 WTO《农业协议》中有关农产品保障措施的规定相协调，只有从农产品保障措施产生的理论基础中寻找答案。

2. 农产品保障措施变迁的必要性

根据 WTO《农业协议》的规定，《农业协议》的有效期自 1995 年起 6 年，但特殊保障措施（SSG）在新的谈判期间有效，即特殊保障措施的有效期及其最终命运将取决于新一轮贸易自由化谈判的结果。到期后的农产品特殊保障措施（SSG）是废止还是修定，只有挖掘制度变迁的原因，才能回应当下的 WTO 农产品特殊保障机制议题（SSM）建构基础。

3. WTO 农产品特殊保障机制议题（SSM）谈判的现状与趋向

WTO 农产品特殊保障机制议题（SSM）谈判启动以来，由于各方分歧严重，谈判进展缓慢。探究制约农产品特殊保障机制（SSM）议题谈判的因素，以及各方在谈判中的立场与争论焦点，对于寻求突破谈判困境的路径，准确预测和把握 WTO 农产品特殊保障机制议题（SSM）谈判的趋向具有重要意义。

4. 我国参与 WTO 农产品特殊保障机制议题（SSM）谈判的态度与立场

作为最大的发展中国家和农业大国，中国自 2001 年加入世界贸易组织以来，积极履行入世承诺，扩大农产品市场开放，农产品贸易 10 年来呈现快速增长的局面。研究和分析我国参与 WTO 农产品特殊保障机制议题（SSM）谈判的态度与立场，积极应对 SSM 谈判可能带来的国际国内挑战，有利于进一步维护我国粮食安全和推动农产品贸易自由化。

四、本书的逻辑思路与主要内容

本文首先从贸易自由化与农产品贸易自由化之间的关系入手，揭示农产品特殊保障措施（SSG）生成的制度环境与内在法理，分析从 WTO 农产品特殊保障措施（SSG）向 WTO 农产品特殊保障机制（SSM）变迁的原因；其次，通过分析 WTO 主要成员方的农产品保障措施及相关成案，检讨农产品保障措施在国内立法和具体实施情况，为 SSM 议题的谈判及其制度构建的提供借鉴与启示；再次，在世界农产品贸易现有格局的基础上，剖析各方在 WTO 农产品特殊保障机制（SSM）议题谈判中的立场与争论焦点，寻求突破谈判困境的路径，把握 WTO 农产品特殊保障机制议题（SSM）谈判的趋向；最后，结合我国入世以来农产品贸易发展的现状以及承诺遵守和法制建设情况，阐述我国参与 WTO 农产品特殊保障机制议题（SSM）谈判的态度与立场，并提出应对 SSM 谈判可能带来的国际国内挑战的具体建议。

本书的主要内容分为六个部分：

第一部分，WTO 体制下的农产品贸易自由化规则与保障措施。随着贸易自由化的发展，贸易自由化逐步向农产品领域扩散。以“凯恩斯集团”和部分发达国家为了维护自身利益，积极推动农产品贸易自由化多边谈判。经过多年的谈判，最终形成了 WTO 体制农产品贸易规则。WTO 体制农产品贸易规则包括：（1）非歧视、市场准入、关税保护、取消数量限制等法律原则；（2）1994 年关税与贸易总协定（GATT1994）有关货物贸易的一般规定；（3）以《农业协议》、《技术性贸易壁垒协议》和《实施动植物卫生检疫措施协议》为主要组成部分的专项农产品贸易协议；（4）《GATT1994 马拉喀什议定书》附件中各缔约方关于农产品市场准入、出口补贴和国内支持等具体减让承诺表。保障措施制度，作为农产品贸易自由化的例外，也被纳入到了 WTO 框架中，包括 GATT1947 第 19 条、《保障措施协议》和 WTO《农业协议》中的农产品特殊保障措施（SSG）。它们体现了情势变更法理在农产品贸易自由化法律制度中的运用。由于《农业协议》的有效期到 2001 年，《农业协议》第 20 条规定各成员在《农业协议》有效期结束的前一年开始继续新一轮贸易自由化的谈判，农产品特殊保障措施（SSG）的去向成为新一轮谈判的重点。

第二部分，从 WTO 农产品特殊保障措施（SSG）到 WTO 农产品特殊保障机制（SSM）。2001 年 11 月 WTO 在卡塔尔首都多哈召开的第四届部长级会议发表的《多哈部长宣言》，明确了农业谈判的任务和方向。在多哈回合谈判中，G33 集团（发展中成员农业问题 33 国协调组，印尼牵头，包括印度、中国等成员）要建立新的只适用于发展中成员的贸易救济机制，即农产品特殊保障机制（Special Safeguard Mechanism，SSM），并于 2004 年 7 月在《七月框架协议》中获得了正式谈判授权。WTO 农产品特殊保障机制（SSM）的提出有着深刻的政治、经济和法律背景，既是对农产品保障措施制度的延续，也是对 WTO 农产品特殊保障措施（SSG）制度内容和实施情况的总结。与 WTO 农产品特殊保障措施（SSG）相比，WTO 农产品特殊保障机制（SSM）更加关注“发展”问题，关注中国家的农产品贸易利益和国家粮食安全。因为只有改变注重形式公平而忽略实质公平的农产品国际贸易秩序，让发达国家更多地承担起促进发展中国家发展的历史责任，才能真正提高发展中国家的农产品贸易发展能力和粮食安全保障能力。只有切实关注和保障发展中国家贸易利益和粮食安全，才能争取本身已经处于弱势地位的发展中国家参与经济全球化的信心。

第三部分，WTO 主要成员方的农产品保障措施及相关成案对 SSM 构建的借鉴与启示。《保障措施协议》中的一般保障措施（SG）没有对保障措施适用的产品范围进行明确规定，既可以适用于农产品，也可以适用于非农产品。《农产品协议》中的农产品特殊保障措施（SSG）是只能针对农产品适用。因此，当农产品进口数量增加并对进口国相关产业造成损害或者损害威胁时，如果符合二者各自所规定的实体要件，进口国则将面临着在一般保障措施（SG）和农产品特殊保障措施（SSG）之间的选择适用。从 WTO 主要成员方的农产品保障措施及相关成案来看，主要涉及《保障措施协议》的国内法适用和判例法适用。虽然内容上都没有直接提及 WTO 农产品特殊保障措施（SSG），但仍可以从以下方面得出一些启示，为以后 SSM 的谈判与构建以及我国相关立法提供借鉴：（1）《保障措施协议》、《农业协议》与国内保障措施立法之间的关系；（2）农产品保障措施国内立法模式的选择；（3）农产品保障措施的竞合性；（4）与农产品特殊保障措施有关的争端解决；（5）农产品特殊保障措施的可操作性。

第四部分，WTO 农产品特殊保障机制（SSM）议题的谈判格局与争论焦点。自 2004 年 7 月达成的《七月框架协议》对于农产品特殊保障机制（SSM）的正式谈判授权以来，国际农产品贸易的格局和形势发生了深刻变化，对 WTO 农产品特殊保障机制（SSM）议题谈判产生了重大影响。虽然此后 WTO 历次会议都对农产品特殊保障机制进行了磋商，但由于发达国家成员方与发展中国家成员方、发达国家成员方内部以及发展中国家内部谈判利益格局错综复杂，各个谈判集团针锋相对，为了维护自身政治经济利益都不愿作出妥协和让步，在不能平衡各方利益的前提下，多哈回合新一轮农业贸易谈判就特殊保障机制（SSM）议题没有达成新的进展。各方的争论焦点主要集中于 SSM 的适用范围、SSM 的适用条件、SSM 的触发机制和 SSM 所允许的补偿措施四个方面。可以预见，农产品特殊保障机制（SSM）议题接下来的谈判道路将会非常曲折。

第五部分，农产品特殊保障机制（SSM）议题谈判困境的突破及其发展趋势。新一轮多哈回合农业贸易谈判未能就农业贸易的进一步发展形成新的实质性进展，其中一个重要的原因就是在维护发展中国家利益的农产品特殊保障机制（SSM）议题上陷入了困境和僵局。制约农产品特殊保障机制（SSM）议题谈判的因素，既有政治因素，又有经济因素和法律因素。农产品国际贸易和WTO多边贸易体制的发展，增加了农产品特殊保障机制（SSM）议题谈判的紧迫性。笔者认为，只有从以下几个方面进行制度完善，才能突破农产品特殊保障机制（SSM）的谈判困境：（1）农业贸易规则在制定时要遵循民主和透明的谈判机制；（2）增强农业贸易规则的约束力；（3）维护发展中国家的农业政策自主权；（4）发达国家农产品市场的进一步开放；（5）有效制止发达国家扭曲贸易的农业补贴行为。总体而言，未来的WTO农产品特殊保障机制（SSM）谈判将出现以下趋势：（1）WTO框架下世界农产品贸易自由化趋势的进一步加大；（2）农产品特殊保障机制（SSM）下农产品贸易利益的进一步分化；（3）农业议题与其他议题挂钩；（4）推动SSM议题谈判的政治意愿进一步增强。

第六部分，中国与农产品特殊保障机制（SSM）。自2001年加入世界贸易组织以来，中国对入世承诺书的履行态度积极主动，在农产品市场开放方面不断扩大，农产品贸易呈现快速增长的局面。同时，作为发展中大国和农业大国，我国在多哈回合中全面、积极地参与了多哈回合谈判，并且明确表达自己的立场和观点，还在合适之时提出了一些自己的提案。我国还先后在大连、香港举办小型部长会议和部长级会议，为多哈回合的谈判搭建协商沟通的平台。WTO农产品特殊保障机制（SSM）的谈判及其未来可能的实现，对中国的农产品贸易、国家粮食安全和国内法规则都将带来各种影响。在未来参与谈判的过程中，我国必须坚持发展中国家的立场，高擎“发展”旗帜团结广大发展中国家，坚持原则性与灵活性相统一，坚持农产品特殊保障机制（SSM）规则设置的合理性和公正性，推动多哈回合SSM议题的谈判，以期早日在农产品特殊保障机制（SSM）议题谈判方面达成共识。同时，我国还应在与农产品特殊保障机制（SSM）相关的国内法律及其配套机制方面提早作出相关准备和调整。

目　录

第一章　WTO体制下的农产品贸易自由化规则与保障措施 ……………… 1

第一节　农产品贸易自由化与WTO一般规则 …………………………… 1

一、农产品贸易自由化………………………………………………… 1

二、WTO体制下的农产品贸易自由化规则 ………………………… 13

第二节　WTO体制下的农产品贸易自由化规则例外：保障措施 ……… 19

一、WTO一般保障措施制度（SG） ………………………………… 21

二、WTO《农业协议》的农产品特殊保障措施（SSG） …………… 25

第三节　WTO农产品特殊保障措施（SSG）之情势变更法理 ………… 28

一、民法上的情势变更原则 ………………………………………… 29

二、情势变更原则向国际法的渗透 ………………………………… 32

三、WTO农产品特殊保障措施（SSG）中的情势变更法理 ……… 34

第四节　WTO农产品特殊保障措施（SSG）的适用与去向 …………… 35

一、WTO农产品特殊保障措施（SSG）的适用 …………………… 35

二、WTO农产品特殊保障措施（SSG）的去向 …………………… 39

第二章　从WTO农产品特殊保障措施（SSG）到WTO农产品特殊保障机制（SSM） ……………………………………… 40

第一节　WTO农产品特殊保障机制议题（SSM）的产生 ……………… 40

一、WTO农产品特殊保障机制（SSM）议题的提出及其背景分析 ………………………………………………………… 40

二、WTO农产品特殊保障机制（SSM）议题的主要内容 ………… 50

三、WTO农产品特殊保障机制（SSM）与周边制度的比较 ……… 53

四、WTO农产品特殊保障机制（SSM）与情势变更法理 ………… 55

第二节　WTO农产品特殊保障机制（SSM）与农产品贸易的实质公平 ……………………………………………………… 61

一、多哈回合以来农产品贸易利益的非均衡性 …………………… 61

二、农产品贸易利益的非均衡性与保障措施 ……………………… 63

三、WTO 农产品特殊保障机制（SSM）的实质公平观 …………… 65
四、WTO 农产品特殊保障机制（SSM）对贸易自由化的促进 ……… 68
五、WTO 农产品特殊保障机制（SSM）与农产品贸易自由化的对立与统一 ……………………………………………… 71
第三节 WTO 农产品特殊保障机制（SSM）与发展中成员的粮食安全 ……………………………………………… 72
一、粮食安全的概念与世界粮食安全形势 ………………………… 72
二、农产品贸易自由化对粮食安全的影响 ………………………… 74
三、WTO 农产品特殊保障机制：对发展中国家粮食安全的保障 …… 75

第三章 WTO 主要成员方的农产品保障措施及相关成案对 SSM 构建的借鉴与启示 ……………………………………………… 79
第一节 WTO 主要成员方的农产品保障措施 ……………………… 79
一、美国的农产品保障措施 …………………………………………… 80
二、欧盟的农产品保障措施 …………………………………………… 85
三、澳大利亚的农产品保障措施 ……………………………………… 88
四、日本的农产品保障措施 …………………………………………… 89
五、印度的农产品保障措施 …………………………………………… 92
第二节 WTO 有关农产品保障措施的成案 ………………………… 95
一、对进口奶制品实施保障措施案 ………………………………… 96
二、对进口小麦面筋实施保障措施案……………………………… 101
三、对进口羊肉实施保障措施案…………………………………… 111
第三节 农产品保障措施国别立法与 WTO 相关成案对 SSM 构建的借鉴与启示…………………………………………………… 118
一、《保障措施协议》、《农业协议》与国内保障措施立法之间的关系………………………………………………………… 118
二、农产品保障措施国内立法模式的选择………………………… 119
三、农产品保障措施的竞合性……………………………………… 120
四、与农产品特殊保障措施有关的争端解决……………………… 121
五、农产品特殊保障措施的可操作性……………………………… 122

第四章 WTO 农产品特殊保障机制（SSM）议题的谈判格局与争论焦点…………………………………………………… 124
第一节 农产品特殊保障机制（SSM）议题的谈判格局……………… 124

一、WTO框架下农产品特殊保障机制议题谈判格局形成的贸易背景…… 124
二、新一轮农业贸易谈判农业特殊保障机制（SSM）议题的谈判格局…… 128
第二节　WTO农产品特殊保障机制（SSM）议题的谈判进展 …… 130
一、第一阶段谈判…… 130
二、第二阶段谈判…… 134
三、第三阶段谈判…… 138
四、多哈回合农业议题谈判背景下SSM议题的谈判特点 …… 143
第三节　WTO农产品特殊保障机制（SSM）议题的争论焦点与各方立场…… 147
一、SSM的使用范围…… 147
二、SSM的适用条件…… 148
三、SSM的触发机制…… 152
四、SSM的所允许的补偿措施…… 156

第五章　农产品特殊保障机制（SSM）议题谈判困境的突破及其发展趋势…… 159
第一节　农产品特殊保障机制（SSM）议题谈判的紧迫性…… 159
一、农产品贸易自由化的扩大趋势带来的现实要求…… 159
二、发达国家农产品贸易保护扩大化趋势给发展中国家带来的挑战…… 160
三、WTO农产品特殊保障机制（SSM）对国际农业贸易利益产生的影响…… 162
第二节　农产品特殊保障机制（SSM）议题谈判困难的制约因素…… 164
一、政治上的制约因素…… 164
二、经济上的制约因素…… 172
三、法律上的制约因素…… 175
第三节　农产品特殊保障机制（SSM）议题的谈判困境及其突破路径…… 179
一、农产品特殊保障机制议题的谈判困境…… 179
二、农产品特殊保障机制（SSM）谈判困境的突破路径…… 181
第四节　WTO农产品特殊保障机制（SSM）谈判的发展趋势与前景…… 184

一、WTO 框架下世界农产品贸易自由化趋势的进一步加大 ……… 184
二、农产品特殊保障机制（SSM）下农产品贸易利益的进一步分化 ……… 186
三、农业议题与其他议题的挂钩 ……… 187
四、新一轮农业贸易谈判 SSM 议题的前景 ……… 192

第六章　中国与农产品特殊保障机制 ……… 194
第一节　中国《入世议定书》对农产品贸易的承诺及履行 ……… 194
一、“入世”以来中国农产品贸易的发展 ……… 194
二、中国有关农产品贸易的入世承诺及相关政策转变 ……… 197
三、中国“入世”后有关农产品贸易承诺的履行 ……… 200
第二节　中国在新一轮 SSM 谈判中的参与及谈判对中国可能的影响 ……… 204
一、中国积极参与多哈回合农产品特殊保障机制（SSM）议题谈判 ……… 204
二、WTO 农产品特殊保障机制（SSM）对中国可能的影响 ……… 210
第三节　中国参与农产品特殊保障机制（SSM）谈判的目标、立场和策略 ……… 223
一、中国参与农产品特殊保障机制（SSM）议题谈判的目标 ……… 223
二、中国参与新一轮农产品特殊保障机制（SSM）议题谈判的立场 ……… 226
三、中国参与农产品特殊保障机制（SSM）议题谈判的策略 ……… 228
第四节　中国对农产品特殊保障机制（SSM）议题谈判的推动及其国内回应 ……… 235
一、积极推动多哈回合和农产品特殊保障机制（SSM）谈判 ……… 236
二、中国对 SSM 谈判可能产生新的规则的国内法治准备 ……… 237
三、中国对农产品特殊保障机制（SSM）配套实施机制的建设 ……… 241

结　语 ……… 246

参考文献 ……… 248

后　记 ……… 262

第一章　WTO体制下的农产品贸易自由化规则与保障措施

第一节　农产品贸易自由化与WTO一般规则

有关贸易自由的理论，最早可以追溯到亚当·斯密和大卫·李嘉图的比较优势理论。当时，经济学家们只是针对一国政府的贸易政策提出的理论，却为后来的商品在国际间自由流动提供了重要的理论来源。一般认为，贸易自由化产生于第二次世界大战以后。GATT/WTO是贸易自由化发展到一定阶段的产物，同时又推动贸易自由化进一步发展。

一、农产品贸易自由化

（一）贸易自由化的产生及其向农产品领域的扩散

1. 贸易自由化的产生

随着世界各国之间的双边、多边贸易的发展，尽管国际贸易领域各国存在经济制度的差异性和经济利益的民族性，国际政治经济交往中的互利互惠原则已经成为贸易的前提和基础。全球化从经济层面正在向社会、政治、文化等多重内核全面融合，其中经济全球化是世界各国参与全球化的首要考量利益，其内涵要素为生产一体化、贸易自由化和金融全球化，具体表现为世界各国在国际贸易中逐步消除歧视性待遇，逐步减免关税，减少或者消除各种贸易壁垒和非贸易壁垒。经济全球化深化了贸易自由化，提高了世界经济福利水平，但是全球经济发展不平衡和不平等的现实困境没有改变，国际货币基金组织提出："经济全球化是跨国商品与服务交易及国际资本流动规模和形式的增加，以及技术的广泛迅速传播使世界各国经济的相关依赖性增强。"① 贸易自由化体现了生产要素在全球范围的流动更加自由、全面和迅速，不断降低和减少了国际贸易领域的贸易成本、运输成本以及其他过界活

① 国际货币基金组织．世界经济展望［M］．北京：中国金融出版社，1997：45.

动的阻碍；生产要素的国际性有序交往促进世界经济和福利的整体增加，各国之间政治经济关系更加紧密。

（1）贸易自由化的含义与特点。

从广义的视角看，贸易自由化主要表现为追求一种最佳的经济运行模式和资源配置模式，通过一定程度地降低贸易保护的程度和范围，虽然不是严格要求实施完全的自由贸易政策，但是作为一种相对的自由贸易政策，涉及总的经济发展战略的贸易政策和一系列具体政策措施的制定。贸易自由化在国际贸易理论中是指一个国家进出口关税的减让以及非关税政策的降低或者取消，如贸易壁垒的降低、出口补贴的取消等过程。

基于各国经济发展差异和学者理论视角不同，关于贸易自由化的解析主要有三种：一是侧重贸易自由化的过程进行解析，“二战”后国际经济逐步复苏，主要发达国家为促进国际贸易开始实施一些放宽或取消限制进口的措施，各国之间纷纷放宽进口数量限制，逐步降低关税和取消非关税壁垒；二是侧重贸易自由化的内容进行解析，美国研究国际贸易的著名经济学家贾格迪什·巴格沃蒂将贸易自由化定义为“用适度的进口关税或出口补贴取代数量限制”。① 三是侧重贸易自由化的目标，把贸易自由化视为某种结果，即指国家将平均关税降到 5% 以下。

因此，对贸易自由化的内涵往往有两种不同的观点：一种观点认为贸易自由化即是世界各国全面取消贸易限制和歧视待遇（如关税壁垒、非关税限制），在生产要素各层面相互开放市场。同时，各国政府应当取消对本国出口产品实施的各种优惠、补贴和支持，实现真正意义上的公平竞争。另一种观点认为贸易自由化是相对的，而绝对没有限制、完全没有出口支持的贸易是不切实际的，各国正是基于其经济发展战略不断融合成全球贸易自由化的趋势。尤其是世界贸易组织（WTO）在最大范围内促进国际贸易发展、主导全球贸易自由化政策方面发挥了巨大作用，并呈现出以下一些特点：

一是发达国家主导的传统贸易自由化模式正在转变为全球利益分配和资源优化配置。WTO 的目标是实现贸易自由化，其多边协议来自于各国国家的主权意志，以及在此基础上的国际法效力。其中，广大发展中国家的工业化进程不断加快，经济迅速崛起，在世贸组织现有的成员中，有 2/3 是来自发展中国家，并在贸易自由化的制度安排中发挥了重要作用。

二是贸易自由化在全球维度和区域维度同时发展，多极化的贸易自由化

① 汤海燕．论贸易自由化的效应［J］．上海师范大学学报（哲学社会科学版），2002（6）：50-57.

格局已经成形。一直以来，全球多边贸易体系在广度和深度上不断扩展的同时，贸易自由的区域化和集团化趋势随之加大。如建立一整套统一法律制度的欧盟已经形成了“单一内部市场”，形成高度一体化的关税同盟；美、加、墨三国基于地理优势和典型的发达国家与发展中国家优势组合，建立了北美自由贸易区并在贸易区内取消所有的关税和数量限制，在国际贸易法律制度构建方面，为贸易自由化的区域一体化发挥了重要示范作用。从某种意义上说，区域性贸易集团内部的贸易自由化程度一般要高于WTO内部的自由化程度，由于WTO的多哈回合谈判处于焦灼的状态，促使各国对于区域贸易自由化问题持一种“开放地区主义”的态度。

三是贸易自由化所涉领域在广度和深度上得到进一步延伸，贸易自由化的体制机制更加完善，多边贸易体系和区域贸易组织不断创新国际贸易规则以及管理与监督机制。贸易自由化把工业制成品、服务、资本、技术、农产品、劳工等商品与生产要素的跨国界自由流动纳入许可范围，并且从政策上给予便利。从关税税率的降低或者取消，到非关税壁垒的减少或拆除以及建立各国自愿遵守的共同经济运行规则和国际经济组织，这些都对促进全球贸易自由化发挥了重要作用。

四是贸易自由化不是绝对意义上的国际贸易基本规则，贸易本身的趋利性决定了贸易保护主义现象很难根除。“一方面，贸易保护主义在国际贸易法制中与国家主权和国家的自我保护是分不开的，它有自身的合理性因素。另一方面，市场狭小的国家寻求区域的开放和合作，是走向贸易自由化的有效途径。”① 20世纪90年代以来，发达国家所热衷采取的直接的、公开的贸易保护措施变得更具有灵活性和隐蔽性。传统的贸易保护政策是单一国家对本国经济的自我保护，现在转变为通过区域经济组织形成强大的利益共同体来进行更为有效的集体保护；原来以关税、贸易壁垒等直接的贸易保护措施为主而随着国际贸易规则的完善正在转变为间接的、隐蔽的国内产业保护政策。

（2）贸易自由化的发展历程。

贸易自由化不是随着人类开始经济活动一蹴而就而产生的，它是一个渐进的发展过程，表现为世界各国通过单边、双边和多边等途径，根据互利和互惠安排，“在国际贸易中消除歧视性待遇，大量降低关税和减少贸易壁垒的过程。随着经济全球化的深化，贸易自由化成为国际贸易发展的趋势，旨

① 沈敏荣．WTO的贸易自由化与国际贸易法的发展［J］．东南大学学报（哲学社会科学版），2001（2）：37-43．

在推进世界各国货物、服务、技术和资本在国际间自由流动，减少国际贸易摩擦，实现贸易利益和经济福利水平的最大化”。① 随着发展中国家工业化转型逐步成形，发展中国家积极参与国际分工与交换进一步深化和发展，要求国际贸易各项生产要素在全球范围内优化配置，以提高社会总体经济效率、劳动效率等。贸易自由化的发展历程可以划分为三个阶段：

第一阶段是二战后到 20 世纪 70 年代中期以前，贸易自由化的兴起。二战结束后，世界经济开始复苏，由美国为首的发达国家对全球经济资源占据主导地位，希望通过建立国际经济组织、构建国际贸易法律规则，保障世界资源在全球范围内得到充分利用，尤其是通过削减关税和拆除其他贸易壁垒，消除国际贸易发展的障碍。“这一时期，国际金融体制是以美元为基础货币，实行汇率固定但可调整的布雷顿森林体系，关贸总协定则勾勒了多边贸易体制的框架。这套国际经济体制促进了西方国家在战后的经济复兴，也带动了进出口贸易尤其是制成品贸易的增长。”②

第二阶段是 20 世纪 70 年代中期到 90 年代中期，新贸易保护主义浪潮严重阻碍贸易自由化发展。在 70 年代中期和 80 年代初期，全球出现了两次新贸易保护主义的浪潮，限制了发达国家自身工业发展，发展中国家的出口受到威胁。发达国家纷纷出台法律文件，以国家立法的形式使得被保护的商品和非关税壁垒保护名目不断增加，保护方式不断翻新，常常采用非关税壁垒、反倾销和反补贴等方式抵制发展中国家的出口。

第三阶段是 20 世纪 90 年代中期以后，WTO 的成立促进贸易自由化得到新发展。乌拉圭回合各项协议被缔约方一揽子接受以及全球最大的国际贸易组织 WTO 的成立，贸易自由化进入了一个新阶段，世界贸易向贸易自由化方向迈进。在 WTO 框架下，关税进一步降低，贸易壁垒逐步消除，知识产权、服务贸易、投资措施、农产品领域等都受到了贸易自由化的深刻影响。

（3）贸易自由化的发展现状。

21 世纪以来，随着国际贸易不断增长，由国际经济组织主导和世界各国特别是发展中国家的积极推动，世界贸易障碍逐步消除，世界经济融合的趋势继续加强，尤其是发展中国家对贸易自由化改革发挥了极为重要的作用，贸易自由化进程进一步加快。

---

① 韩腈纶．国际贸易理论与实务［M］．天津：南开出版社，2000：138．

② 曹辉．论权利用尽原则和贸易自由化的关系［D］．青岛：中国海洋大学，2006：14．

一方面，在国际经济组织 GATT/WTO 的强大支撑下，进一步推动多边贸易体制的完善，为贸易自由化发展奠定了坚实的国际法基础。经过漫长的多边贸易谈判，WTO 成员方平衡各方利益，达成了目前范围最为广泛的贸易自由化协定，世界各国的关税水平将不断降低。“发达国家的工业品加权平均关税从 6.3% 降至 3.8%，发展中国家从 15.3% 降至 12.3%，转型经济国家从 8.6% 降至 6%。”①

另一方面，区域经济一体化组织正在不断壮大，并成为多边贸易体系中的重要力量，对推动贸易自由化的进一步深化发挥了重要的前沿作用。目前，以欧盟为代表的高度一体化区域经济组织，除了农业的特殊性外，基本实现了区域内商品、生产要素和服务的无条件自由转移。北美自由贸易区是发达国家与发展中国家实现区域经济一体化和共同发展的典型代表，基本实现了自由贸易区内货物自由流动和大部分服务贸易的自由化，为其他一系列区域经济组织和双边贸易体系的贸易自由化发展奠定了重要的实践基础。

2. 贸易自由化的理论分析

(1) 古典自由贸易理论。

一是亚当·斯密的“绝对优势理论”(Theory of Absolute Advantage)。贸易自由化理论的基础可追溯到英国古典政治经济学创始人亚当·斯密的代表作《国民财富的性质和原因的研究》，他认为一国参与国际分工和国际贸易的原因在于该国在生产某种商品时存在绝对优势。② 以“经济人”学说作为经济自由理论体系的基础，亚当·斯密主张积极推进贸易自由化，并对贸易自由化进行了深刻的理论探究，提出贸易自由化是保证“经济人”的理性选择、资源优化配置和国际分工有序的基础，实施促进贸易自由政策是国家政策选择的最佳模式，只有允许商品和生产要素的自由进出口，建立国内外商品自由竞争的国际市场，才能实现社会劳动生产率和国民福利的普遍提升。但是，“经济人”理性的最大化表现，不能解决社会发展失衡的困境，尤其是落后国家如何保护国内幼稚工业抗衡市场垄断，这一问题犹如“在人类社会的大棋盘上……如果它们不一致或互相反对，则这盘棋将下得很艰苦，而社会必然随时处于高度的混乱之中”。③

---

① 陈文敬，古布思．中国面对的贸易壁垒［M］．北京：中国对外经济贸易出版社，1999：45-47.

② 亚当·斯密．国民财富的性质和原因的研究（上卷）［M］．北京：商务印书馆，1972：28-29.

③ 亚当·斯密．道德情操论，转引自马克思主义来源研究论丛［M］．北京：商务印书馆，1984：105.

二是大卫·李嘉图的“比较优势理论”（Theory of Comparative Advantage）。大卫·李嘉图继承了亚当·斯密的经济自由主义思想，并在“绝对优势理论”的基础上进一步创立“比较优势理论”。大卫·李嘉图非常关注自由贸易政策和理论的研究，认为贸易的根本目的是为了发展生产和增加社会福利，充分自由的贸易制度有利于一个国家发展其优势行业，保障个人利益与社会共同利益的有机结合。李嘉图认为，一个国家没有必要生产所有种类的产品，只要各国从自身实际出发参与国际贸易，“每个国家应集中力量生产那些利益较大或不利较小的商品，然后通过国际交换，在资本和劳动力不变的情况下，生产总量将增加，如此形成的国际分工对贸易各国都有利”。① 可以说，李嘉图的“比较优势理论”是贸易自由化理论的重要基石，为奠定贸易自由化国际准则提供了理论基础。

三是伯尔蒂尔·俄林的“要素禀赋说”。瑞典经济学家俄林在其著作《地区间贸易与国际贸易》中，进一步发展了自由贸易理论，认为一国的资源储备相对充足程度决定了该国不同产品的生产成本，生产产品需要不同的生产要素，劳动并不是唯一的生产要素，资本、土地和其他生产要素也在生产中起着重要的作用。② 由于各国生产要素所占比例的差异造成各国产品生产成本不一，劳动资源充足的国家应该以出口劳动密集型产品为主；资本雄厚的国家应当以出口资本密集型产品和技术密集型产品为主。“要素禀赋说进一步推进了自由贸易理论。”③ 以资源禀赋差异引导国际分工的理论，使自由贸易理论达到了一个制高点，在 20 世纪中期前后为西方经济学家所信奉，并仍在当代西方国家贸易理论中居于主导地位，为各国制定贸易自由化政策奠定了理论基础。

（2）新自由贸易理论。

美国经济学家保罗·克鲁格曼的研究将规模经济和不完全竞争引进了国际贸易理论，确立了新贸易自由理论，即规模经济贸易理论，对自由贸易理论进行了重要发展。新自由贸易理论认为，“学习效应”与“外部经济”在经济不同发展阶段广泛存在，制造业部门以规模经济为主，大多市场处于不完全竞争状态。“引进先进技术并结合本国情况加以吸收和融合对本国经济

---

① 张欣蕾．我国劳动力比较优势与产业结构优化升级研究［J］．现代商贸工业，2010（12）：144-145.

② 参见伯尔蒂尔·俄林．地区间贸易和国际贸易［M］．北京：商务印书馆，1992：78-80.

③ 俞可平，黄卫平．全球化的悖论［M］．北京：中央编译出版社，1998：33.

发展将产生巨大的外部效益。"① "规模经济贸易理论把比较优势和规模经济统一起来，为贸易利益的取得提供了新的解释，即贸易利益不仅来自比较优势，而且还来自对外开放产生的规模经济。"② 通过规模经营、降低成本来赢得规模优势和效益已成为国际分工下的又一种新的不同于比较优势利益的好处。尤其是对于发展中国家来说，以规模经济为基础的国际分工和贸易模式成为经济发展趋势，推进以出口为导向的产业和技术先导的产业，对增强国际市场竞争力具有重要的现实意义。

(3) 贸易自由化的国际法理论分析。

国际经济的发展首先体现在国际贸易的发展，然后才扩展到投资和金融等其他领域，同时，国际贸易必须在一定国际范围内的法律规则制约下进行，才能保障国际经济交往的有序进行，才能使贸易自由化既体现出国家意志，又具有国际贸易体系的法律价值。尤其是GATT/WTO倡导贸易自由化，鼓励各国通过减低关税、消除非关税壁垒，扩大国际市场，保障了工业国家的长期经济增长。"贸易自由化及其所要实现的私法自治需要相应的国际组织来进行监督和保障。WTO就是适应这一要求的产物，并增强了国际贸易争议解决程序和各国贸易政策的审查制度，在相当程度上实现了贸易的自由，促进了国际贸易和国际经济的发展，在法律上，也减弱了国家管制法在国际贸易中的地位和作用，加强了国际商法和国内商法的作用，在相当程度上实现了在国际层面上的当事人意思的自治。"③

从利益协调机制来看，WTO以推动全球贸易和投资的自由化为基本原则，致力于构建开放、公平的国际市场竞争规则体制。因此，WTO体制下的贸易自由化发挥着利益分配的作用，这种体制是各国追求的最佳的利益分配和协调的经济运行模式。

从法律目标来看，WTO相关法律文件以贸易自由原则和非歧视原则为基本内容，以消除关税与非关税壁垒为目标，以最惠国待遇、国民待遇、关税减让和禁止数量限制等为主要内容，保证国际市场的竞争机会平等和国际贸易关系的实质平等，保证贸易自由化成果在所有世贸组织成员间适用一致。

---

① 保罗·克鲁格曼．战略性贸易政策与新国际经济学［M］．中国人民大学出版社，2000：135．

② 胡元梓，薛晓源．全球化与中国［M］．北京：中央编译出版社，1999：93．

③ 沈敏荣．WTO的贸易自由化与国际贸易法的发展［J］．东南大学学报（哲学社会科学版），2001（2）：37-43．

从法律协调机制来看，国际贸易关系具有不平等性。如果 WTO 体制下的贸易自由化对于发展中国家来说意味着形式理性下的不平等，就会造成发展中国家自由化过程中的国内经济、贸易严重损害。因此，WTO 强调所有成员方的实质公平竞争原则，充分发挥其在国际贸易领域的协调作用，促进贸易自由化的实质进步。

3. 贸易自由化向农产品领域的扩散

随着经济全球化的深入和持续发展，贸易自由化涉及的领域也从非农产品逐渐扩展至农产品。

（1）贸易自由化向农产品领域扩散的动因分析。

首先，经济全球化是贸易自由化向农产品领域扩散的根本动力。在经济全球化趋势下，贸易自由化是时代发展的潮流，各个国家都在不同程度地实行贸易自由化改革。某种意义上可以说，经济全球化就是在全球范围内进行产业结构调整，促进全球资源优化配置。经济全球化要求生产要素自由流动和合理配置，贸易自由化向农业和农产品贸易领域扩散，要求农业和农产品市场充分开放，逐步取消各种农业保护措施，取消农业贸易中的各种不合理关税、非关税壁垒和实现农产品资源优化配置。

其次，发达国家为寻求摆脱农业保护政策，正致力于将贸易自由化向农产品领域扩散。多年来，发达国家以价格支持和出口补贴为中心的过度农业保护政策，造成国际、国内农产品市场的混乱。由于农业的特殊性，农产品贸易成为游离于国际贸易规则约束之外的特殊领域，一国采取的农业价格支持和出口补贴往往造成国内农业生产的严重过剩和预算开支的巨额增长。例如欧共体原实行以价格支持为特点的共同农业政策，致使其农场主以远高于农产品国际市场价格的成本大量生产各种剩余农产品，在 20 世纪 80 年代中期，主要农产品的过剩程度为小麦 24%，糖料 34%，奶粉 24.2%。面对严重的剩余农产品问题，欧共体仍以补贴扩大出口，甚至销毁过剩农产品，形成恶性循环。① 这些都迫使发达国家反思其过度的农业保护政策，农产品贸易自由化的呼声得到重视。

再次，以“凯恩斯集团”为代表的主要农产品出口国为维护自身利益推动了农产品贸易自由化多边贸易谈判。20 世纪 70 年代以来，西欧和日本开始采取诸如战略贸易政策、非关税措施或产业政策扶持等贸易保护措施，新的贸易保护主义开始兴起。美国引入了“出口扩大计划”试图消除欧共

① 陈芬森．国际农产品贸易自由化与中国农业市场竞争策略［M］．北京：中国海关出版社，2001：139-143.

体出口补贴的影响。澳大利亚、加拿大等主要农产品出口国的利益也随之受到损害。澳大利亚邀请十四个主要农业出口国的部长级代表在凯恩斯城举行会议，创建了“凯恩斯集团”，倡导通过协调与合作，使深受欧美农业补贴之害的国家防止它们的共同利益被忽视。① 随着凯恩斯集团的壮大，其逐渐成为农业贸易自由化谈判里美欧之外的第三方力量，在促进构建农产品贸易自由化多边贸易框架、缓和贸易争端、推动谈判议程等方面起了积极的作用，具有不可忽视的影响力。

(2) 农产品贸易自由化的发展历程。

尽管在经济全球化的背景下，大多数国家主张贸易自由化以提高本国劳动生产率，实现资源合理配置，但是，农产品贸易自由化的进程仍然十分艰难。从GATT1964肯尼迪回合把农产品贸易问题列为多边贸易谈判的主要议题，直到乌拉圭回合谈判确立《农业协议》，农产品贸易自由化才迈出了真正的第一步。

①早期农产品贸易自由化思想的萌芽。

17世纪前，西欧一些国家制定了不少有关农产品贸易的法令，采取课征重税和出口许可等措施严禁农产品出口，以遏制国内食品价格上涨。19世纪60年代前后，农产品自由贸易出现过短暂的发展。20世纪以来，经历30年代世界经济大危机，新的现代农业保护政策体系产生，即采取贸易保护政策和国内农业支持政策。这些支持和保护使国际农产品贸易价格严重扭曲，极大地影响了世界经济发展的步伐，反对农产品贸易保护呼声不断增加，各国加快了推动农产品贸易自由化进程方面的合作。

②农产品贸易自由化的开端。

1986年10月，乌拉圭回合多边谈判启动，以澳大利亚为代表的“凯恩斯集团”代表美欧之外的第三方农业出口国家，在谈判中发挥了重要的推动作用，并明确提出关贸总协定各成员国要承担义务。1990年12月，乌拉圭回合谈判农产品贸易谈判成为关键，由于农产品谈判再次陷入僵局，乌拉圭回合“无限期地推迟”。1992年11月20日，美欧共同达成协议，欧共体在从1994年1月起的6年内，削减农产品补贴21%，1994年休耕油料作物播种面积达15%。② 1993年12月7日，美欧终于就农产品补贴问题达成协

① 农业部国外农业调研组：国外农业发展研究［M］. 北京：中国农业科技出版社，1996：64.

② 陈芬森. 国际农产品贸易自由化与中国农业市场竞争策略［M］. 北京：中国海关出版社，2001：139-143.

议，为乌拉圭回合取得成功消除了最大的障碍，签署了《乌拉圭回合农业协议》，推动农产品贸易自由化跨出了历史性的一步。“由于《农业协议》是各利益集团相互妥协的产物，因而它在许多地方留有妥协、让步和改革不彻底的痕迹，特别是在实施过程中，其不足和漏洞逐渐显现，同时也为新一轮谈判中农产品问题的继续深入留下了较大的空间。”①

③农产品贸易自由化的阶段性成果。

《农业协议》第 20 条规定“成员应于 1999 年底前启动新一轮农业谈判，继续对全球农业贸易体系进行自由化改革”。2001 年 11 月，WTO 第四届部长级会议在多哈举行，会议发表的《多哈部长宣言》为农业谈判的任务和目标进一步明确了方向。2003 年 2 月，WTO 农业谈判进入实质性谈判阶段。谈判确定了市场准入、出口竞争和国内支持三项内容的总体方案以及减让表的修改方案。但由于各方在关税减让、国内支持和出口补贴方面的分歧严重，农业问题上立场差异很大，最终坎昆会议无果而终。2004 年 3 月，世贸组织农业委员会召开第 21 次特别会议，标志着农业新一轮谈判正式重新启动。经过 5 次农业谈判会议取得了有益进展，各谈判方初步就农业谈判模式框架达成一致。“尽管成员方回避了分歧较大的实质性问题，将其推迟到模式谈判阶段来解决，也没有明确减让公式和具体参数，但模式框架确定的较为具体的原则和基本内容有助于消除当前世界农产品贸易中最为突出的问题。”②

④农产品贸易自由化现状。

《农业协议》正式实施以后，农业贸易保护措施在一定程度上受到遏制，但《农业协议》毕竟是暂时协调各方利益的一个妥协，仍然给了缔约方尤其是发达国家推行实质贸易保护主义的空间和余地。随着传统的关税壁垒逐渐被各国消除，由非关税壁垒代替关税壁垒为主要手段的新贸易保护主义仍然导致农产品贸易发展速度缓慢。发达国家仍然通过实施农业国内支持和出口补贴来增强农产品贸易国际竞争，对国际农产品市场造成极大扭曲和混乱。同时，发展中国家和发达国家在农产品贸易关键问题分歧，也使得农产品贸易自由化进展困难重重。2005 年 7 月，WTO 成员方仅在“关税削减公式”方面达成一致，但是却未讨论具体细节。同年 12 月，WTO 第六次部

① 程耿，张志松．从“多哈回合”农业谈判的新动态看中国农业的发展［J］．青海经济研究，2004（6）：13-16.

② 马有祥．新一轮 WTO 农业谈判的进展与我国采取的基本策略［J］．农业经济问题，2005（11）：26-30.

长级会议在“取消农产品补贴的最后期限”方面达成一致，尽管具体取消方案还需要进一步讨论，但是多哈回合谈判对农产品贸易自由化的努力仍未停止。

⑤农产品贸易自由化的发展趋势。

总体来说，农产品贸易自由化虽然进程缓慢但是仍有一定的进展。发达国家坚持以反倾销、绿色壁垒、技术壁垒等新的农产品贸易保护措施来维护本国利益，甚至还不断强化食品监测体系，规定过于不公平的进口食品检测标准，以及转基因产品冲突，使农产品贸易保护呈现出新的发展趋势。① 要在新一轮谈判中对农产品贸易自由化有所突破，大多数成员方一致认为应该尽快将农产品贸易全面纳入WTO框架下，进行有效管理和约束。多哈回合谈判为农产品贸易自由化的发展确立了新目标。因此，农产品贸易自由化未来发展主要表现在以下几个方面：

一是通过进一步有效地削减农产品关税促进农产品贸易自由化，加大市场准入力度。农产品贸易谈判的焦点之一就是明确税率削减核算的方法，推进农业关税化改革，尽可能给予发展中国家在削减农产品关税方面的特殊待遇。尤其是在农产品市场准入方面，应该照顾发展中国家的利益，发达国家进一步开放对发展中国家有出口利益的国内市场。

二是通过改进补贴，加强《农业协议》对各国国内支持政策的管理和约束，进一步提高农业贸易透明度。一方面发达国家要实质性地削减补贴水平；另一方面，允许发展中国家和转型经济国家在特定情况下提供一定的国内支持。

三是在新一轮农业谈判中必须考虑发展中国家尤其是农业发展脆弱的中小国家的利益。发展中国家成员方的农业发展水平不足，农业品贸易竞争力有限，因此要在关税约束水平、农业补贴、国内支持、削减水平、关税配额管理等问题上有更为灵活的特殊待遇。

（二）农产品贸易自由化的含义与特征

1. 农产品贸易自由化的含义

农产品贸易自由化是在贸易自由化的趋势下，世界各国就农产品问题采取的消除贸易限制和歧视，逐步开放农产品市场的过程。现代意义的“贸易自由化”（trade liberalization）并不是真正意义上的“自由贸易”（free

① 刘志忍，马秀莲．世界农产品：需求持续低迷，贸易保护抬头［N］．经济日报，2001-12-28（5）．

trade)①。从形式来看，农产品贸易自由化有双边、多边和区域等多种形式。不论什么形式，农产品贸易自由化意味着国际间通过降低和减免关税，取消非关税壁垒，减少对本国农产品实施的出口补贴措施和各种损害贸易自由的农业国内支持，逐步实现农产品市场全面开放的过程。

2. 农产品贸易自由化的特征

随着 WTO 不断推进经济全球化的全面发展，世界贸易环境的深刻变化决定了在农产品贸易自由化方面呈现出新的特点，主要表现在以下几个方面：

一是农产品贸易自由化在多边贸易体系和区域贸易领域发展不平衡。在 WTO 多边贸易谈判机制的推动下，为了适应 WTO 农产品贸易规则的新要求，大多数国家都对本国的农产品贸易法律政策进行了改革和调整。但是，由于各国的经济发展差异以及在农产品贸易法律制度上的利益分歧，农产品贸易化进程还有很多不确定因素。“由于各成员发展的程度、农产品贸易状况、国内法律环境等不尽相同，因此在实施 WTO 农产品法律制度方面也具有不同的情况。”② 同时，区域贸易自由化可以推动各个国家农业自由化的需求。在各区域组织在农产品贸易方面的贸易自由化的范围和程度上也有不同，区域农产品贸易的发展也不平衡。

二是由于农业的国民经济命脉的特点，农产品贸易壁垒有新的发展，农产品贸易保护的困境在一定时期难以消除。20 世纪 90 年代以来，各国的贸易保护措施发生新变化，尤其以发达国家为主采用劳工标准、环境标准、质量标准等更为隐蔽、更为灵活的农产品贸易保护措施，来维护本国农业传统利益，甚至主要发达国家形成区域集团，共同对发展中国家的农业政策施加压力，操纵农产品贸易谈判议题和进程，损害发展中国家的基本利益，对农产品贸易自由化的推进形成较大阻力。

三是发展中国家在推动农产品贸易自由化多边贸易框架中力量逐步增强。在世界贸易问题上，历来是由美欧等发达国家主导多边贸易谈判，制定贸易规则。为了争取在农产品贸易上的公平利益，发展中国家积极联合，以集体力量对抗发达国家，显示出了强大的力量。“2001 年新一轮农业多边谈判启动以来，发展中国家已经形成了三大集团，其中包括巴西、印度、中国

① 任列．贸易保护理论和政策［M］．上海：立信会计出版社，1997：77.

② 惠正强．WTO 体制下农产品贸易中的法律问题研究［D］．西安：西北大学，2006：15.

在内的二十一国集团在国际农产品贸易中所占的份额同美国和欧盟相差无几。”① 坎昆会议上，二十一国集团要求发达国家取消补贴，并给予发展中国家特殊和差别待遇。这一立场使得以美欧提案为基础的部长宣言草案未能获得大会通过。新的农产品贸易谈判必须充分考虑广大发展中国家的利益，抑制发达国家向发展中国家转嫁自由化成本的企图，为发展中国家提供更大的贸易空间。

四是农产品贸易自由化水平不高。相比工业品等传统贸易自由化领域，农产品平均关税仍然难以有效削减，在广度和深度上差距还很大。“目前，发达国家和发展中国家工业制成品的平均关税已经降低了1/3，其中发达国家工业品的平均关税只有3.6%。而农产品关税按照《农业协议》进行削减以后，全球农产品平均关税仍高达62%，总体上看，发达成员的高关税税目要多于发展中成员。”② “在补贴方面，符合《农业协议》的农业补贴不受世界贸易组织《补贴和反补贴措施协议》的约束，导致世界农业补贴水平不降反升，1986—1988年的平均2380亿美元增加到了1999—2001年的2480亿美元。”③

二、WTO体制下的农产品贸易自由化规则

（一）WTO体制下农产品贸易自由化的法律原则与一般规则

1. WTO体制下农产品贸易自由化的法律原则

“世界贸易组织的宗旨之一是在国际贸易中消除歧视性待遇，建立一体化的多边贸易机制。”④ 因此，《WTO协定》及附件清单的一系列多边协定及附件确立了为绝大多数国家共同遵循的多边贸易活动的法律原则，并成为适用于国家之间贸易交往，协调和处理WTO框架内各种法律关系的基本准则。根据《WTO协定》，WTO体制下农产品贸易的法律原则主要有以下几项：

---

① 王树柏，叶书宏，梁业倩．21国强调WTO农业谈判应关注发展中国家利益［EB/OL］．http：//news.xinhuanet.com/world/2003-09/10/content_1073576.htm，2003-09-10/2009-10-23.

② 王晴．关税减让对我国农产品的影响和对策［EB/OL］．http：//www.shac.gov.cn/zxzx/scfx/jckzn1/200806/t20080610_845007.htm，2010-07-15/2010-10-25.

③ 在联合国经济及社会理事会的高级会议上北方国家的农业补贴受抨击［EB/OL］．http：//www.twnchinese.org.my/wto/cureent/camr6vgd18-n.html，2005-06-19/2010-10-27.

④ 参见《建立世界贸易组织协定》序言。

最惠国待遇、国民待遇原则又统称非歧视原则。其中，“最惠国待遇原则是国际贸易赖以进行的柱石，也是 GATT/WTO 法律制度的基础，是贯穿于 WTO 多边贸易各个领域的一条总的指导思想”。① 即在农产品贸易领域，按照非歧视原则，缔约成员一方已经或将要给予任何第三方的一切农业贸易优惠措施，应无条件地、无差别地、全面地给予缔约的另一方。在国际法上，国民待遇是指条约的缔约国一方在本国领域内对缔约国另一方的自然人、法人、商船和产品等给予本国的自然人、法人、商船和产品相同的权利或特权待遇。关贸总协定的国民待遇条款有其特定的适用范围，它只适用于从外国进口的商品，即：一缔约国在其境内对来自其他缔约国的产品，应给予与本国生产的同类产品在国内税收和国内规章方面的同等待遇。② 农产品国民待遇义务也不例外，主要涉及国内税收和国内规章的国民待遇。

市场准入、关税保护、取消数量限制原则是 WTO 体制下对外贸易的普遍约束准则。“市场准入原则是指缔约成员一方通过实施各种法律和规章，对其他缔约方参与本国市场竞争的宏观掌握和控制要适度。市场准入原则要求各缔约方增强对外贸易体制透明度，减少关税或取消数量限制和其他非关税壁垒，通过缔约方对开放本国特定市场作出的具体承诺，完善各缔约国市场准入的条件，逐步加深开放市场的程度，从而达到各缔约方公平竞争的目的；关税保护原则是指通过互惠互利的谈判，逐步将除关税外的其他限制进出口的措施转化为等量关税，并逐步削减关税水平，通过关税手段来约束进出口贸易，促进国际贸易发展。关税约束的意义在于确保实现各成员在贸易领域权利和义务的平衡，为货物贸易市场准入提供安全稳定的条件；取消一般数量限制原则是指，任何成员不得对产品进出口实行数量上禁止或限制的措施，包括配额、许可证等措施。其目的是改变扭曲国际贸易的限制措施，促进公平贸易。”③

此外，还有透明度、取消和限制非关税壁垒等原则。

2. WTO 体制下农产品贸易自由化的一般规则

WTO 农产品贸易法律体系主要包括三个组成部分：一是 1994 年关税与贸易总协定（GATT1994）有关货物贸易的规则，虽然农产品在协议订立时

---

① 赵维田．世界贸易组织（WTO）的法律制度［M］．吉林：吉林人民出版社，2000：51.

② 曾令良．世界贸易组织法［M］．武汉：武汉大学出版社，1996：159.

③ 惠正强．WTO 体制下农产品贸易中的法律问题研究［D］．西安：西北大学，2006：17.

被排除，但是其基本的法律规则也是对农产品贸易的一般规定；二是以《农业协议》、《技术性贸易壁垒协议》和《实施动植物卫生检疫措施协议》为主要组成部分确立的专项农产品贸易的协议，对农产品贸易的各个环节进行了较为全面的覆盖；三是《GATT1994马拉喀什议定书》附件中各缔约方关于农产品市场准入、出口补贴和国内支持等具体减让承诺表，涉及不同国家在农产品贸易中的具体权利和义务。

根据GATT/WTO关于农产品贸易的法律规定，GATT1947指导全球贸易自由化发展的纲领性文件，也是农产品贸易的总纲。GATT1947的宗旨之一是通过世界各国的共同协作来促进全球资源的优化配置，促进全球商品生产发展与充分交换。从文件本身来看，GATT1947的适用范围既包括工业产品，作为原材料和农产品等初级产品的贸易也具有应有之义。但是，由于农业经济的特殊性和复杂性，以美国、英国为代表的发达国家，为了维护本国的农业发展利益，强烈要求将农产品贸易脱离出GATT1947的一般规定范围内。为了防止贸易自由化的滥用，尤其是对农业国民经济的损害，提高对贸易扭曲的弹性调整能力，各缔约方在GATT1947中进行了妥协，对农产品贸易作出一些例外的规定。主要是GATT1947第11条的“普遍取消数量限制”、GATT1947第16条的初级产品出口补贴政策和GATT1947第20条中一般例外的规定。其中，第11条规定：“为了限制本国同类产品的生产或销售、消除暂时的产品国内过剩以及限制部分动物产品的生产数量，进口缔约方可以对农产品或渔产品的进口加以数量上的限制”；第16条要求严格区分初级产品与非初级产品，只要在出口贸易中占有合理份额，就可以对该初级产品进行出口补贴。根据GATT1994第1条的规定，GATT1994包括了GATT1947的上述规定内容。

（二）WTO《农业协议》

《农业协议》的主要内容是对成员方在农产品市场准入、出口补贴和国内支持等方面进行限制和规范，并且要求成员方要在这三个方面作出具体减让承诺，载入减让表监督执行。

1. 市场准入的规定

（1）将非关税措施关税化。

为了增加农产品贸易的透明度和国外产品的机会，《农业协议》规定WTO成员国必须对进口数量限制、酌情发放许可证等非关税措施予以关税化。根据1991年2月关贸总协定总干事邓克尔提交的《最后文件草案》，关税化过程包括：

一是将现行的非关税措施变为相应等值关税。某种农产品使用的非关税措施的等值关税通过其国内市场的平均价格减掉该产品的国际市场平均价格进行计算。国内价格原则上为进口方市场上主要有代表性的销售价格。国际市场平均价格为邻近国家的 CIF 单位价格，或者以适当的主要出口商平均 FOB 单位价格加上估值的保险费、运费以及相关的费用。

二是利用等值关税确定产品从量税或者从价税及建立的关税。按照上述方法算出的等值关税低于现行的约束关税或者是负值，就可以用现行的约束税率作为该项产品的关税。而对于未约束的税率，发展中国家可以在减让表中自己提出一个税率作为约束税率。但是，任何对计算出来的等值关税进行的调整，都需要与相关成员国磋商和谈判。另外，依据 GATT1994 的普遍义务或者 WTO 的其他协议而采取的与农业无关的措施得以保留。依据附件 5 “关于第 4 条第 2 款的特别处理”，明确了对非关税措施予以关税化实施的例外。

（2）削减农产品进口关税。

根据《农业协议》相关规定，成员方通过对其关税水平进行减让和约束，促进农产品贸易自由化。WTO 各成员方对农产品实施的关税应以 1986—1988 年为基期的水平基础上按照规定幅度削减，并且今后不得超过此水平。发达国家自 1995 年至 2000 年的 6 年中，按照简单算术平均计算必须将普通关税和关税化的关税平均削减 36%，每项最低削减 15%；同时约束所有关税。发展中国家自 1995 年到 2004 年的 10 年中，按照简单算术平均计算必须将普通关税和关税化的关税平均削减 24%，每项最低削减 10%；同时对农产品关税进行约束。根据差别待遇，最不发达国家可以免予作出承诺。在乌拉圭回合之前只有三分之一的农产品关税税号是约束关税，乌拉圭回合后几乎所有的农产品关税税目都受到了约束并且不能随便提高。

（3）最低市场准入机会和现行市场准入机会。

把非关税措施转化为关税后其在理论上的保护效果并不比原来的非关税措施低，除了使原来的贸易政策具有了更大的透明度外，农产品贸易的自由化程度并无实质改变。因此，各成员方同意如果原来受贸易壁垒限制使贸易无法进行或者只有少量贸易进行，则进口方应提供最低市场准入机会（minimum access opportunity）或现行市场准入机会（current access opportunity）。

2. 国内支持规则

（1）支持措施测量。

国内支持措施，即“综合支持量”的计算应当以“接受市场价格支持、未豁免的直接支付或其他任何没有在削减承诺中予以豁免的补贴的每种基本农产品的特定产品为基础，再加上非特定产品的综合支持量（第1条a款）。而‘基本农产品’是指成员国减让表和相关支持材料中列明的尽可能接近第一销售点的农产品（第1条b款）”。① 具体要考虑以下因素：一是市场价格支持。市场支持价格是以固定外部参考价格与实施管理价格之间的差额，乘以得到市场价格支持的产品数量计算。二是直接支付。如果直接支付取决于固定外部参考价格与实施管理价格之间的差额，就用该差额与产品数量的乘积计算或预算支出计算；如果直接支付的基础是生产要素，就应当用预算支出来衡量。三是其他措施。当产品得到政府的补贴或其他的政策支持时，计算综合支持量应当按照预算支出计算。

（2）削减承诺。

“在协议实施期内（1995—2000年）发达成员国承诺将削减国内支持20%。发展中成员在协议实施期内（1995—2005年）将削减国内支持13.3%；最不发达成员则免于削减。每个成员国每年需要削减等量的国内支持以保证在最后一年内实现既定目标。”②

（3）国内支持减让的例外。

根据《农业协议》，可以免除削减承诺的支持措施必须是以政府计划并且以公共资金方式的提出且不存在对生产者的价格支持、不是从消费者的转移而来或不对贸易产生扭曲作用。我国通常把免于减让的国内支持政策划分为绿箱政策、蓝箱政策和微量补贴政策三种形式。

3. 出口补贴的规定

（1）受约束的农产品出口补贴的范围。

根据《农业协议》第9条规定，削减承诺适用于以下的出口补贴：“一是政府或者其代理机构依据出口实绩而向公司、合作社或其他协会提供直接补贴（包括实物支付）。二是政府或者其他代理机构为出口而销售或处理非商业性农产品库存，价格低于向国内市场中同类产品的购买者收取的可比价格。三是通过政府行动融得的资金向出口作出支付（包括从生产者征税所得中融资的支付）。四是为减少营销成本而出口农产品提供的补贴（能够普遍获得的出口促销和咨询服务除外），而处理、升级和其他加工成本，国际运输成本和运费包括在内。五是政府提供或者授权的出口装运货物的运费的条件优于国内装运货物。六是依据出口产品所包含农产品的情况向该农产品

① 张汉林．农产品贸易争端案例［M］．北京：经济日报出版社，2003：56.

② 刘笋等．论WTO下的农产品贸易国内支持措施［J］．华东政法学院学报，2003（6）：50-55.

提供补贴。”上述所列的四类、五类补贴在《农业协议》执行期间不应要求发展中国家进行承诺。

（2）削减出口补贴的时间和幅度规则。

《农业协议》要求 WTO 的各成员国要削减用于农业补贴的资金金额，还要削减接受出口补贴的农产品数量并且承诺削减对其农产品的出口补贴，对于在基期内没有进行补贴的农产品，禁止在以后对该农产品提供出口补贴。①

（3）农产品出口补贴的例外。

根据《农业协议》第 9 条第 2 款 b 项规定："在实施期的第 2 年到第 5 年的任何一年中某成员国在特定年份所提供的出口补贴可以超过该成员国减让表第四部分所列明的该农产品的相应年度的承诺水平。"同时，还规定了相应的四种适用条件。

（4）防止规避出口补贴削减义务的规定。

根据《农业协议》第 10 条规定，为了防止成员国规避出口补贴削减承诺，协议规定："①对于没有列入第 9 条第 1 款的补贴行为的实施，不得以导致或者威胁导致规避出口补贴承诺的方式实施且不得以非商业性交易的形式规避此类义务。②各成员国保证努力制定管理提供出口信贷、出口信贷担保或者保险计划的国际间议定的纪律，并且承诺在就此类纪律达成一致协议以后，仅以符合这些纪律的方式提供出口信贷、出口信贷担保或者保险计划。③任何声称未对超过削减承诺水平的出口数量提供补贴的成员，必须证明未对所涉及的出口数量提供出口补贴，不管这种出口补贴是否被列入第 9 条之中。"

4. 动植物卫生检疫措施的规定

《卫生与植物检疫措施协议》"适用于所有可能直接或间接影响国际贸易的动植物卫生检疫措施，其目的在于确保各成员为保护人类、动物和植物的生命或健康实施的动植物卫生措施不对国际贸易产生限制。SPS 的基本原则是科学性、非歧视和透明度"。② 根据协议规定，卫生和植物检疫措施，是为了保护人类和动植物的生命与健康的需要，并且实施这一措施不能变相限制和歧视国际贸易。根据《卫生与植物检疫措施协议》附件一规定，这

① 宋秉斌. WTO 农业协议与我国农业保护立法对策［J］. 农业现代化研究，2001（6）：42-45.

② 胡明文等. 建立适应 WTO/SPS 规则的动植物检验检疫机制［J］. 中国检验检疫，2002（11）：18-19.

些措施主要包括："①保护成员国领土内的动植物的生命与健康免受外来病虫害传入危害；②保护成员国境内人类和动物的生命与健康免受食品、饮料或饲料中添加剂、污染物、毒素或者致病有机体传入的危害；③保护成员国领土内的人类的生命与健康免受动植物或动植物产品携带的病虫害的传入和传播所产生的危险；④防止和限制成员国领土内因病虫害的传入、形成和传播所造成的其他危害。"

依据《卫生与植物检疫措施协议》第2条规定，各成员方实施上述措施的时候应当遵守的基本义务是："①各成员国应当保证其所采取的任何卫生和植物检疫措施的实施不应超过保护人类和动植物的生命与健康所必需的程度；②应当以科学原理为依据，如果没有充分的科学依据则不应实施，但是第5条第7款规定的除外；③各成员国应当保证其卫生和植物检疫措施不在情形相同或者相似的成员国之间产生不合理或任意的变相的限制和歧视。"

为了防止和避免各成员国将这些措施作为限制农产品贸易的工具，《实施动植物卫生检疫措施协议》在第7条和附件B中规定了透明度原则。WTO的透明度原则是对卫生和植物检疫措施的重要制约，由于在一定程度上卫生和植物检疫措施可以偏离国际标准、背离最惠国待遇且具有较大的灵活性，所以对其透明度应当要求更高。各成员国的卫生检疫措施如普遍适用的法律法规应当及时公布并有一段合理时间间隔（紧急情况除外）以便使出口方有所准备。

第二节　WTO体制下的农产品贸易自由化规则例外：保障措施

在WTO法律框架下，以《农业协议》为基础，农产品贸易自由化取得显著的成果。但是，以《农业协议》为主的农产品贸易多边协议，更多照顾发达国家利益，忽视发展中国家的发展差异，条款的模糊性损害了农产品贸易的实质公平，发达国家农业补贴依然严重，造成农产品贸易保护主义并未得到有效控制，暴露了WTO体制下农产品贸易自由化规则的局限性。发达国家是WTO体制下实施农业保护政策的主体，并利用在多边贸易体制中的主导地位，从本国利益最大化出发，操纵着国际农产品贸易自由化进程，从而导致了多边贸易体制下农产品贸易自由化的困境，并缺乏紧急情况下的贸易救济手段。现行的农产品贸易自由化规则存在较大局限性，不能充分平衡发达国家和发展中国家以之间及发达国家内部的各方利益。特别是在缔约方在紧急情况下不能履行相关承诺时，缺乏相应的安全阀制度和贸易救济手段。而 WTO 多边贸易体制下的贸易救济措施之一——保障措施的产生和发展则在一定程度上提供贸易救济手段，缓解和解决农产品贸易中的贸易摩擦。保障措施（safeguard measure），亦称保障条款（safeguard clause），是 WTO 法律体制下的一种贸易救济法律条款。旨在“使缔约成员一方在规定的特殊情况下免除其承诺的法律义务或协定所规定的行为规则，从而对因履行协定或者无法预见所造成的严重损害进行合理补救或避免严重损害威胁可能产生的后果”。① 保障措施的出现不仅是增加了国际贸易中的贸易救济手段，也为缔约方不能履行相关承诺时建立了一个安全阀制度，有利于国际贸易的正常运行。“在公平的贸易条件下，由于关税减让与承诺的存在，可能会导致某种产品的进口数量在一定时间范围内激增，从而对该成员方相似或直接竞争的国内产业造成严重损害或严重损害威胁。为了维护本国经济安全和秩序，WTO 成员方可以在事实和法律的基础上，对损害国内市场的被调查产品采取进口数量限制或提高关税等保障措施，以便于保护本国产业，维护经济秩序稳定。”② 保障措施有广义和狭义之分。广义的保障措施是指在一个双边或者多边贸易协定中，为了保护某种更为重要的利益，准许协议的缔约方在特定的情况下撤销或者停止履行协议规定的正常义务，它包括反倾销、反补贴、国际收支平衡等。狭义的保障措施是指在一个双边或者多边贸易协定中，允许缔约方在特定情况下为缓解因履行协议中的承诺和义务所引起的困难或压力而暂时背离其承诺或义务的规定。本文所说的保障措施为狭义上的保障措施。一般说来，WTO 的保障措施制度包括一般保障措施制度和特别保障措施制度。GATT 第 19 条及《保障措施协议》适用于大部分受约束的产品和所有成员，因此，他们又属于一般保障措施制度。WTO 协议还包括了特别保障措施制度，例如《农产品协定》第 5 条的特别保障条款、《纺织品与服装协议》中的过渡性（transitional）保障措施条款、《中国入世议定书》第 16 条等。他们或者适用于特定的产品，或者适用于特定的成员。③ 国际农产品贸易所涉及的保障措施制度主要包括一般保障措施制度和

---

① 靖寒薇 . WTO《保障措施协议》的理论及实践争议［J］. 法制与经济，2003（11）：50-55.

② 周昕 . 关贸总协定，WTO 保障措施及中国的保障措施法律问题初探［EB/OL］. http：//article. chinalawinfo. com/Article_ Detail. asp？ArticleId = 22171. 2002- 4-26/2010-5-18.

③ 陈立虎，黄涧秋 . 保障措施法比较研究［M］. 北京：北京大学出版社，2006：61.

农产品特别保障措施制度，下面分别加以分析。

一、WTO一般保障措施制度（SG）

1. WTO一般保障措施的内容解读

（1）1947年GATT第19条。

1942年签订的美墨贸易协议最早制定保障措施，并被移植进1947年GATT中。基于“这可以使各国在执行《国际贸易组织宪章》第四章时有更多的灵活性，使各国在遇有紧急情况时可以跳出国际协议束缚的桎梏，可以使各国在特殊情况下，临时修改其所承担的义务”。① 大多数国家支持吸纳保障措施，因此设立了GATT1947第19条的“对某种产品的进口的紧急措施”。这一紧急措施是为了保护缔约方因未预见的发展和履行GATT义务时，导致某产品进口的数量大为增加，“该缔约方可以在防止或纠正这种损害的必要的程度和时间内，对该产品全部或部分地暂停实施其所承担的义务，或者撤销或修改承担的关税减让”。② 该条款被通称为“保护国内特定工业部门的保障措施条款”。随着保障措施的操作性不断增强，以后的国际条约和国内立法中经常出现保障措施的规定，尤其以美国《1974年对外贸易法》第201节规定得最为详细，影响很大。

GATT第三任秘书长奥利弗·隆所曾经对保障措施条款的立法宗旨评价：“保障措施代表了两种相反目标之间的交互作用，一个目标是各国政府对放松贸易限制承诺的尊重；另一目标是各国政府希望保持国内市场。”保障措施可以说成为缔约方在国际贸易中最大限度地实现本国经济利益的重要法律武器，被称为贸易自由化的“安全阀”。“从1956年到1993年，缔约方共向GATT秘书处通知了150余项保障措施。”③

（2）《保障措施协定》。

20世纪70年代以来，由于各国贸易保护政策新手段的出现，GATT1947第19条平衡国际贸易往来的作用日益减弱，由于该保障措施的规定较为含糊，标准不明晰，很容易给贸易大国利用这一漏洞寻求法律责任的规避。“1987年1月，改革与加强保障措施条款实施成为乌拉圭回合谈判

---

① GATT Analytical index: Guide to GATT Law and Pracetice [EB/OL]. http://www.wto.org/english/res_e/booksp_e/analytic_index_e/analytic_index_e.htm.

② 徐洁.WTO保障措施与中国［J］.乐山师范学院学报，2005（6）：67-71.

③ GATT Analytical index: Guide to GATT Law and Pracetice [EB/OL]. http://www.wto.org/english/res_e/booksp_e/analytic_index_e/analytic_index_e.htm.

的重点议题，并被认为就保障问题达成一项综合性协议，对加强总协定体制和这轮多边贸易谈判的进度有特别重要的作用。”① 经过长达七年的艰苦谈判，最终达成了 WTO 体制中构成“货物贸易多边协议”一部分的《保障措施协定》，标志着乌拉圭回合谈判的成功。②《保障措施协定》包括 14 个条款和一个附件，它是对 GATT1947 第 19 条“对某种产品的进口的紧急措施”的解释和细化。同时，对灰色区域措施、选择性适用等问题进行了适当限制，避免保障措施滥用造成贸易秩序失衡，对各缔约方采用保障措施具有重要的指导作用。

2. WTO 一般保障措施的实施

（1）WTO 一般保障措施实施的实体要件。

WTO 保障措施的实体要件有“未预见的发展”、“进口增加”、“产业损害”和“因果关系”四个方面。

首先，GATT1947 和《保障措施协议》中都没有“未预见的发展”的具体规定。而且在 WTO 贸易争端中，专家组和上诉机构也回避对“未预见的发展”进行解释。有学者认为，“未预见的发展是有关成员在承担 GATT 有关义务后所发生，且是不曾预见的情况”。③ 也有学者认为“如果以具体预见为标准，所有情况都可以归入未预见的情况，随时都可以援用保障措施，这显然不符合例外性的本质，因此，‘未预见的发展’只能以概括预见为标准”。④ 上诉机构在“韩国保障措施案”和“阿根廷保障措施案”中都提出相同意见，“根据 GATT 第 19 条和《保障措施协议》的规定及 WTO 保障措施争端解决实践，‘未预见的发展’虽然不是实施保障措施的一个独立条件，但它的存在必须作为一个事实问题被主管机关证明，否则，一成员不得采取保障措施。这是 GATT 和《保障措施协议》的宗旨和目标的要求，也是贸易自由化的要求”。⑤

其次，“进口增长”主要考察进口产品数量的绝对增长值，以及相比

① 对外贸易经济合作部国际经贸关系司．世界贸易组织乌拉圭回合多边贸易谈判结果法律文本［M］．北京：法律出版社，1999：29.

② 张玉卿，李成钢．WTO 与保障措施争端［M］．上海：上海人民出版社，2001：66.

③ 杨国华．WTO 保障措施基本法律问题研究［M］．北京：中国法制出版社，2002：135.

④ 张玉卿，李成钢．WTO 与保障措施争端［M］．上海：上海人民出版社，2001：71.

⑤ WTO document WT/D598/AB/R. 77-85p.

国内产量而言进口产品在一定时期的比较增长值。“进口增长”的考量与时间点的选择以及调查期的长度紧密相关。但是，GATT1947第19条和《保障措施协议》对此没有具体规定。一般来说应当首先考虑最近期间的本国进口数据，调查期间的长度要根据主管机关的裁决需要以及整个调查期间的进口趋势变化综合考虑。WTO关于保障措施的法律条款，都把“进口增长”作为适用贸易保障措施的重要前提条件。专家组在“阿根廷保障措施案”中提出：“该增加必须带来了严重损害或严重损害的威胁。”而其上诉机构进一步认为“进口增加必须在数量上和质量上足够迫近、足够剧烈、足够突然、足够显著地带来了严重损害或严重损害威胁”。专家组和上诉机构的意见表明，任何成员方不能仅仅依据“进口增加”一项因素就使用保障措施，除非该“进口增加”是明显迫近的，而且有理由相信这种“进口增加”的发展趋势必将对国内同类产业带来严重损害或严重损害威胁。

再次，关于国内产业造成严重损害或严重损害威胁。保障措施是一种救济手段，是减少或者消除对本国产业发展的严重损害所采取的违反WTO贸易自由化的例外行为。因此，“WTO成员方只有在确定进口对国内产业造成严重损害或严重损害威胁时，才能实施保障措施”。① 一是对同类产品的范围，WTO规则同样没有具体的规定。但是在一系列的贸易争端中，上诉机构认为：“在通常情况下，在保障措施调查中的‘进口产品’的范围应与该措施实施中的‘进口产品’的范围一致。如果在调查中包括了来自某一成员的进口，那么在实施中就不应将来自该成员的进口排除在外。”② 二是国内产业的范围，《保障措施协议》第4条第1款规定：“国内产业是指在一成员境内经营相似或直接竞争产品作为一个整体的生产者，或那些其相似或直接竞争产品的产量占这些产品的整个国内生产的重要比例的生产者。”在“羊肉保障措施案”中，基于“连续生产线”和“经济利益一致性”，美国主张活羊的饲养者和羊肉的加工包装者都属于“相似或直接竞争产品的生产者”。但是，该案的专家组和上诉机构都不支持这种观点。美国羊肉保障措施案上诉机构认为，“国内产业”应限定于羊肉的加工包装商。三是确定严重损害和严重损害之威胁。《保障措施协议》第4条第1款规定：“严重损害是指对某一国内产业的显著的全面的损害。”阿根廷保障措施案的上诉

① 肖锐．美国贸易法规与WTO规则矛盾冲突分析［J］．经济前沿，2005（6）：34-38.

② WT/DS166/AB/R. 94-101p.

机构认为，“不公平贸易行为”不是保障措施适用的先决条件，相比反倾销和反补贴措施的损害标准，实施保障措施的损害标准较高。关于“严重”的认定，上诉机构认为保障措施适用的损害标准是“苛刻的”，“严重”所体现的损害标准，比《反倾销协议》、《补贴与反补贴措施协议》和GATT1947所规定的“实质损害”要高得多。《保障措施协议》第4条第1款规定：“严重损害之威胁是指明显迫近的严重损害。”上诉机构在“羊肉保障措施案”对其进行了解释，认为“严重损害的威胁”是一种还没有发生的“严重损害”，在没有既定事实和趋势发展证明的情况下，这种“损害”实际是一个最终结果是否发生还无法确定的情形。

最后，关于因果关系的确定。GATT1947和《保障措施协议》都强调对外贸易损害事实与损害结果之间要有逻辑关联的因果关系，具体说就是，“进口增加”和“严重损害或严重损害威胁”之间应该存在必然的因果关系。但是，WTO成员方就如何确定两者之间的因果关系，还没有形成共识。其中主要有两种观点，一是在麦麸保障措施案和羊肉保障措施案中有代表性的专家组意见，即“进口增加单独或本身能够造成，或威胁造成‘严重损害’，进口增加必须‘足以’造成‘严重损害’”。① 二是美国在羊肉保障措施案中提出的代表性观点，即“适用其国内法中的法定标准，即进口增加是造成严重损害或严重损害威胁的实质原因”。② 但是，上诉机构对这两种观点都不支持。认为第一种观点过于强调进口增加，导致将其等同于造成“严重损害”的唯一因素，甚至排除其他因素所造成的影响，两者之间是否存在真正的、实质性的因果关系不够充分；认为第二种观点则降低了“真正的、实质性的因果关系”标准。上诉机构认为，国内主管当局审查保障措施的“因果关系”时，首先要区别“进口增加”对同类产品的国内产业造成的损害影响以及其他因素对国内产业造成的损害影响，其次要确保由于其他因素对生产同类产品的国内产业造成的损害影响不归咎于“进口增加”，最后才能决定“进口增加”和“严重损害或严重损害威胁”之间是否存在“因果关系”。

（2）WTO一般保障措施实施的程序要件。

从程序要件来看，WTO保障措施的实施程序主要包括采取保障措施之前的调查和裁定以及通知与磋商。

首先，《保障措施协议》第3条第1款规定，“WTO成员只有在其主管

① WT/DS166/AB/R. 138p；WT/DS177-178/AB/R. 238-241p.

② WT/DS166/AB/R. 137-138p.

机关根据以往制定的程序进行调查，并按 GATT1994 第 10 条进行公开后，方可实行保障措施”。该程序调查首先要对有利害关系的所有成员方以法定的形式进行合理的公告，以保障各国在 WTO 框架下法律运行的透明度。其次，所有利害关系成员方有权利参与调查过程或者公开听证会，并提出相关证据和发表意见，尤其是就保障措施的实施是否符合公共利益发表意见，使得损害调查在公开公平的程序下顺利进行。

裁定按照程序的先后分为先期的初裁决定和后期的终裁决定。初裁决定一般是主管机关通过对申请人和被调查人提交的证据材料和收集调查的证据进行分析和研究，初步作出法律判断。如果主管机关掌握的证据材料能够证明被调查产品的“进口增加”正在给国内产业造成“严重损害或严重损害威胁”，必须及时采取临时性保障措施，才能避免这种损害或者损害威胁的扩大，主管机关可以作出决定。初裁决定并不是最终决定，调查机关还应当继续进行事实和法律调查，充分听取意见，然后作出终裁决定。

其次，《保障措施协议》第 12 条明确了主管机关的通知与磋商的具体要求。《保障措施协议》第 12 条第 1 款规定成员方应该对保障措施委员会通报调查情况。通报调查的哪些内容还没有具体的法律规定，专家组和上诉机构在通报的内容上有时候还存在一定冲突，如在韩国保障措施案中，专家组认为不需要所有资料。但是，上诉机构最终裁定：“援用保障措施的 WTO 成员必须在其通知中，最低限度阐述在《保障措施协议》第 12 条第 2 款具体列明的‘所有相关资料的事项’，以及在《保障措施协议》第 4 条第 2 款中列明的要求在保障措施调查中进行评估的因素。”关于通知时间，协议规定：“在下列时候成员方应立即向保障措施委员会作出通知：对严重损害或严重损害威胁及其原因发起调查；对进口增加引起的严重损害或严重损害的威胁进行裁决；对采取或延长保障措施作出裁决。”

最后，磋商是实施保障措施的必要程序，《保障措施协议》第 12 条第 3 款规定：“提议实施或延长保障措施的成员，应该给作为有关产品的出口方而具有实质利害关系的成员提供足够的协商机会，尤其是审议上述第 2 款提供的资料，以及就为实现上述第 8 条第 1 款所提出的目标而采取的措施，交换看法，并达成谅解”。

二、WTO《农业协议》的农产品特殊保障措施（SSG）

特殊保障措施是一个与保障措施相对的概念。特殊保障措施指受特殊程序规则约束的保障措施。其适用的目的应当与一般保障措施相同，但具体的实施要件可能与一般保障措施不同。① 农产品特殊保障措施（SSG）规定于《农业协议》的第 5 条特殊保障条款，是一种农业贸易自由化的例外规定它是专门为在乌拉圭回合谈判中已经对农产品进口实行关税化改革的成员所设立的一种紧急救济措施，目的在于避免部分成员对农产品实施关税化管理后成员内农产品市场受到国际市场巨大波动的影响和农业受到的冲击。WTO 成员方根据《农业协议》第 5 条实施的农产品特殊保障措施（SSG），与一般保障措施的要求不同，并不以造成同类产品的国内产业的“严重损害或其威胁”为条件。

1. SSG 的内容解读

《农业协议》第 5 条对特殊保障条款规定详细，允许成员方在农产品非关税措施关税化过程中，“在特定农产品进口数量大增，或进口价格骤跌到规定水平时，可以征收一定的附加关税，以保护国内相关产业”。②

（1）适用条件。

《农业协议》第 5 条第 1 款规定：“尽管有 GATT1994 第 2 条第 1 款（b）项的规定，但是对于本协定第 4 条第 2 款所指的措施已转换为普通关税、且在其减让表中用‘SSG’符合标明为减让对象的农产品，任何成员仍可援用以下第 4 款和第 5 款的规定，条件是：（a）该产品在任何年度内进入给予减让的成员关税领土的进口量超过涉及以下第 4 款所列现有市场准入机会的触发水平；或，下列条件无须同时存在：（b）根据有关装运货物的进口到岸价确定的、并以该成员本国货币表示的该农产品进入给予减让的成员关税领土的进口价格，低于与该产品 1986 年至 1988 年平均参考价格相等的触发价格。”

因此，农产品特殊保障措施（SSG）仅适用于已经完成关税化改革的农产品，在价格与数量“触发器”允许的条件下，对被调查农产品征收额外的附加关税。由于农产品特殊保障措施（SSG）产生的背景源于发达国家与发展中国家关税化改革的一种临时性妥协，农产品特殊保障措施（SSG）与 GATT1947 第 19 条和《保障措施协议》的保障措施相比，最大差别就是农产品特殊保障措施（SSG）适用的前提并不是 GATT 和《保障措施协议》中传统的由于“进口增加”造成“国内产业的损害”。农产品特殊保障措施（SSG）是目前规定得最为具体化和标准化的以“触发水平”和“触发价

① 莫世健．贸易保障措施研究［M］．北京：北京大学出版社，2005：134.

② 周超．简析农产品特殊保障机制对 WTO 多哈谈判的影响［J］．安徽农业科学，2009（14）：46-50.

格”的相关规定来适用的特殊保障措施。

（2）触发水平及触发价格。

①触发水平及附加税的征收。

“触发水平以关税化农产品的进口数量为基础确定是否采取特殊保障措施。”① 根据《农业协议》第 5 条第 4 款的规定：“触发水平应根据下列以市场准入机会为基础的公式确定，市场准入机会被定义为进口相当于具备数据的最近 3 年的相应国内消费量的百分比；（a）如一产品的此类市场准入机会低于或等于 10%，则基准触发水平为 125%；如一产品的此类市场准入机会高于 10% 但低于或等于 30%，则基准触发水平为 110%；如一产品的此类市场准入机会高于 30%，则基准触发水平为 105%”。因此，触发水平与市场准入机会二者成负相关。“一农产品的市场准入机会越高，则其基准触发水平就越低，从而越容易受到农产品特殊保障措施的限制……这充分体现在多边贸易体制中农产品贸易的特殊性和敏感性。”②

②触发价格及附加税的征收。

《农业协议》第 5 条第 5 款规定触发价格及附加税的征收：“根据第 1 款（b）项规定征收的附加关税应根据下列公式确定：（a）如以本国货币表示的该批装运货物的进口到岸价（下称‘进口价’）与该项下定义的触发价格之间的差额（下称‘差额’）低于或等于该触发价格的 10%，则不应征收附加关税；（b）如进口价与触发价格之间的差额高于触发价格的 10% 但低于或等于触发价格的 40%，则附加关税应等于该差额超过 10% 部分的 30%；（c）如差额高于触发价格的 40% 但低于或等于触发价格的 60%，则附加关税应等于该差额超过 40% 部分的 50%，加上（b）项允许的附加关税；（d）如差额高于 60% 但低于或等于 75%，则附加关税应等于该差额超过触发价格 60% 部分的 70%，加上（b）和（c）项允许的附加关税；（e）如差额高于触发价格的 75%，则附加关税应等于该差额超过 75% 部分的 90%，加上（b）、（c）和（d）项允许的附加关税。”“6. 对于易腐和季节性产品，在适用以上所列条件时，应考虑此类产品的具体特性。具体而言，可根据第 1 款（a）项和第 4 款使用与基期内相应时期相比较短的时期，并可根据第 1 款（b）项对不同的时期使用不同的参考价格。”可见，农产品

① 李娟．试述 WTO 框架下的农产品特殊保障措施［J］．农业经济，2008（11）：91-92.

② 李娟．试述 WTO 框架下的农产品特殊保障措施［J］．农业经济，2008（11）：91-92.

特殊保障措施（SSG）的触发价格以累进税率的计算方式分为5个等级进行征收。

2. 农产品特殊保障措施（SSG）与其他例外条款的比较

一是农产品特殊保障措施（SSG）相比其他例外条款，援用率很低，几乎只被少数发达国家使用。SSG的援用率不高的原因主要是大多数发展中成员国的关税化改革进程慢，而SSG要求应该对原有的非关税措施进行关税化，因此多数发展中国家实际上没有获得使用SSG的资格；同时SSG适用的农产品范围严格限定为关税化产品，造成有资格使用特殊保障措施的国家只能在狭小的产品和关税税目范围适用。

二是农产品特殊保障措施（SSG）相比其他例外条款的适用条件模糊，相比价格触发水平较低，难以真正达到保护本国市场的目的。例如，20世纪90年代特殊保障措施的价格触发水平是以1986—1988年为基期，与90年代的价格相比，作为基期的实际价格是价格低落时期，两者的差距很大，影响对特保措施的运用。《农业协议》所制定的价格触发水平限制了农产品特殊保障措施（SSG）的实际效果。

三是农产品特殊保障措施（SSG）相比其他例外条款，对国内市场的保障效果并不明显。由于农产品特殊保障措施（SSG）是一种事后救济措施，只有在某种农产品的触发水平和触发价格达到一定程度时才可以实施，难以迅速有效地发挥提前保护同类产品国内市场的作用；由于农产品关税水平直接影响农产品特殊保障措施（SSG）适用效果，如果原有的农产品关税税率较低，农产品特殊保障措施（SSG）就难以起到明显效果，所以很难被成员方广泛利用以保护国内市场。

第三节　WTO 农产品特殊保障措施（SSG）之情势变更法理

"有约必须信守"是国际法上的基本原则。在国际贸易中，当一国产品输入到另一缔约国领土的数量大大增加时，从输出国的角度来看，只要其没有对该产品采取补贴或低价倾销等手段，其输出行为本身对关贸总协定来说就无"违法"可言，输入国就不能仅因进口数量大增而阻止其输入，否则即有违GATT宗旨。但是，若继续遵守条约的约定，继续开放国内市场，将导致一国相关产业遭受"经济废墟"或"生存毁灭"（德国判例创造的概念）时，应允许输入国采取相应的保障措施，以保护本国相关产业和其国家利益，其法理上的依据，就是情势变更原则。农产品特殊保障措施的法理基础，也就是情势变更原则。

一、民法上的情势变更原则

（一）情势变更原则的实质：追求合同的实质公平

情势变更原则，又称情事变更原则、情势变迁原则，是指“合同有效成立后，因不可归责于双方当事人的原因发生情势变更，致合同之基础动摇或丧失，若继续维持合同原有效力显失公平，允许变更合同内容或解除合同”。① 按照近代民法形式正义的理念，契约自由即为契约正义，由于契约是当事人基于自由意志而达成的，所以“契约即公正”、“对自愿者无不公”。② 契约一旦订立，就相当于当事人之间的法律，当事人必须严格按照约定履行义务，法官也必须严格按照契约约定的内容裁判案件，至于在契约订立之后，契约订立之时的社会经济条件是否发生根本性的变更，均不在考虑之列，这就是所谓契约严守原则。但是，无论当事人是否意识到，任何合同的订立，都是以合同订立之时存在的法秩序、经济秩序、货币购买力以及通常的交易条件等特定的环境和客观事实为基础的，比如战前订立的合同，就是以战前的货币购买力为合同基础的，如果战后货币严重贬值，战前约定的金额在战后将可能一文不值，如果严格按照契约履行将对当事人一方显失公平。有些情势的变更，若继续按照原合同条件履行合同甚至可能导致一方当事人面临“经济废墟”或“生存毁灭”（德国民法判例创造的概念）。在这种情形下，若法院依然因循契约严守原则作出裁判，而拒绝对这些无过失而又不幸的当事人予以救济，显然将会产生一个不正义的判决。于是，法院以情势发生根本变化为理由，根据当事人的申请，判决变更或者解除合同。可见情势变更原则的实质，是授予法院自由裁量权，综合具体个案的特殊情况，以实质正义为基本理念，强行干预和变更契约内容，其目的在于“消除合同因情势变更所产生的不公平后果”。③

按照通说，情势变更原则早在十二三世纪就有萌芽，在十七八世纪曾经得到广泛的运用。④ 但是，18世纪后期，随着资本主义的发展以及近代民法形式主义的追求和契约严守原则的确立，情势变更原则受到严厉的批评。在整个19世纪，情势变更原则在各国民法中几乎销声匿迹。进入20世纪，

---

① 梁慧星．中国民法经济法诸问题［M］．北京：中国法制出版社，1999：170.

② 高鸿钧．法治：理念与制度［M］．北京：中国政法大学出版社，2002：313.

③ 梁慧星．中国民法经济法诸问题［M］．北京：中国法制出版社，1999：170.

④ 韩世远．合同法总论［M］．北京：法律出版社，2008：332.

由于两次世界大战所导致的剧烈社会动荡以及各种社会问题的层出不穷，情势变更法理又重新被人们想起，并被赋予了新的内涵。可见，情势变更原则是在现代民法的理念由形式正义向实质正义转变的过程中，基于对实质正义的追求，为排除因合同基础发生根本变更而导致的不公平后果的衡平性准则。实践证明，情势变更原则是打破契约严守原则的途径之一，是“用来处理经济及社会情况剧变问题的有效制度”。① 诚如学者所言，“随着合同法的伦理化及形式主义合同概念的扬弃，情势变更原则愈益具有重要意义”。②

我国立法上没有明确规定情势变更原则，但是审判实践中存在情势变更原则的运用。我国原《经济合同法》（1981 年）第 27 条第 1 款第 4 项规定“由于不可抗力或由于一方当事人虽无过失但无法防止的外因，致使经济合同无法履行，允许变更或解除合同”，关于这一规定是否是情势变更原则，大多学者持肯定意见，少数学者持否定意见。在制定统一合同法的过程中，关于是否应当规定情势变更原则，学者和立法机关之间存在广泛的争议，最后通过的《合同法》没有规定情势变更原则。虽然我国法律没有规定情势变更原则，但是审判实践中早有运用情势变更法理裁判案件的案例。最高人民法院 1993 年发布的《全国经济审判工作座谈会纪要》指出：“由于不可归责于当事人双方的原因，作为合同基础的客观情况发生了非当事人所能预见的根本性变化，以至按原合同履行显失公平的，可以根据当事人的申请，按情势变更的原则变更或解除合同。”这一规定事实上体现了我国审判实践中所形成的“裁判上固定见解”，并得到各级法院的遵从。2009 年《最高人民法院关于适用〈中华人民共和国合同法〉若干问题的解释（二）》第 26 条规定：“合同成立以后客观情况发生了当事人在订立合同时无法预见的、非不可抗力造成的不属于商业风险的重大变化，继续履行合同对于一方当事人明显不公平或者不能实现合同目的，当事人请求人民法院变更或者解除合同的，人民法院应当根据公平原则，并结合案件的实际情况确定是否变更或者解除。”这是当前我国司法机关对情势变更原则最新的态度。

情势变更原则作为一般条款，通常规定在合同法或债法总则部分。由于情势变更原则是对契约严守原则的突破，适用不当可能危害交易安全，因此一方当事人欲援引情势变更原则而变更或解除合同，应通过法院为之，不得擅自变更或解除合同。但是，这并不妨碍法律就个别法律关系，根据情势变

① 彭凤至．情事变更原则之研究［M］．台北：五南图书出版公司，1986：52.

② 韩世远．情事变更原则研究［J］．中外法学，2000（4）：45-50.

更法理做出专门规定，并赋予一方当事人解除合同的权利而无需通过法院为之。例如我国台湾地区“民法典”第674条、第750条、第1202条、我国《合同法》第337条以及我国《劳动合同法》第40条第3款等，就是根据情势变更法理就特殊情形下的法律关系做出的规定。究其原因，乃在于立法者已经预见到在这些特殊情形下作为合同基础的客观情势已经发生了根本性的变化，因此根据情势变更法理直接规定这些特殊情形下一方当事人解除合同的权利，以避免在这些特殊情形下由法官适用情势变更原则进行裁判而带来的司法资源的浪费，并减少当事人的讼累和维护法律适用的统一性。

（二）情事变更原则的适用要件

通常认为，情势变更原则的适用要件有四：

1. 须有情势变更的发生

什么叫情势？“情势就是合同订立时作为合同基础的一切客观情况。而情势的变更，就是作为合同基础的客观事实发生了根本性的变化。通常情况下，情势变更表现为货币的大幅贬值、价格的突然大幅涨落、国家法律或者政策的变动使得原本合法的行为变得不合法或者使得一方当事人的行为没有意义以及科技的进步使得合同基础的丧失等。”

2. 该情势变更不可预见并不可归责于一方当事人

情势变更应当是当事人所不能预见的，如果当事人在订立合同时已经预见到情势的变更，则意味着当事人自愿承担由此带来的风险，因而法律没有予以特别保护的必要。情势的变更还须不可归责于当事人，即“情事的变更不为当事人尤其是受不利影响的当事人所能控制”。① 如果受情势变更不利影响的一方当事人对该情势的变更具有过错，则其行为具有可谴责性，因而法律没有必要对其予以特别的照顾。

3. 情势变更所产生的风险不应当由受不利影响的一方当事人承担

国际商事合同通则和欧洲合同法原则均规定：“情势变更之风险非受不利影响之当事人所应当承担。”② 如何判断所谓“情势变更之风险非受不利影响之当事人所应当承担”？这需要根据合同的性质来确定，一些高风险的行为，比如炒股票或者期货，这类行为虽有高收益但也有高风险，因此当事人应当承担由其行为所产生的不利影响，即便当事人对于所谓炒股票或期货所存在的风险一无所知。

---

① 国际商事合同通则第6·2·2条（c）项.

② 国际商事合同通则第6·2·2条（d）项以及欧洲合同法原则第6：111条第2款第3项.

4. 须继续按照原合同约定履行合同显失公平或有悖于诚实信用原则

契约严守原则是合同法的普通性原则，而情势变更原则则是衡平性原则，因此契约严守原则不可轻易否定，除非在具体个案中继续履行合同所产生的显失公平的后果达到一定的严重程度，一方当事人获得了不正当的超额利益，而另一方当事人则遭受重大损失，而且他对这种损失并无过错。将自己的快乐建立在别人的痛苦之上，这显然是有违诚实信用原则的。

（三）情势变更与商业风险的比较

关于情势变更与商业风险的区分，理论上通常认为：（1）商业风险属于从事商业活动的固有风险，而情势变更属于异常风险；（2）对于商业风险，当事人应当能够预见，而对于情势变更，当事人不可预见；（3）因商业风险而产生的损失，可归责于当事人，而情势变更则不可归责于当事人；（4）商业风险是能够由当事人自行承担的风险，而情势变更的情形下若继续履行合同对一方当事人显示公平，甚至于遭受‘经济废墟’或‘生存毁灭’，而另一方当事人则获取巨额利益。但实践中，二者的界限却通常是不明显的。笔者认为，情势变更原则实质上授予了法官自由裁量权，是否应当适用情势变更原则对合同关系予以调整，法官应结合个案的具体情况予以考量，在情势变更与商业风险难以区分的场合，法官的态度应趋于保守，即如果不能确定经济因素的变化是属于情势变更还是商业风险的情形下，法官应遵循契约严守的原则，作出该变化属于商业风险的判断。

二、情势变更原则向国际法的渗透

（一）国际法上的有约必守原则

“有约必守”（pacta sunt servanda），也称“契约严守”、“约定必须遵守”或“有约必须信守”，是一条古老的民商法基本原则。按此原则，合同是民商事当事人之间的法律，民事或商事关系当事人之间一旦订立了合同，对于双方约定的条款就必须认真遵守和履行。如果合同对于当事人之间的权利义务的安排不能得到尊重和执行，则一方当事人对另一方当事人的行为或给付不能得到合理的预期，那么民商事主体之间的交易将失去安全的保障。离开了有约必守原则，交易秩序的稳定和商品的正常流通将是不能想象的。

后来，“这条原则被援引适用于国家与国家之间的政治、经济等方面的关系中，即‘条约必须遵守’原则”。从某种意义上讲，条约其实就是缔约国之间的合同。如果条约可以不必尊重和遵守，则缔约国之间将不能对对方的行为有一个合理的预期，那么国家与国家之间的交流、交易和合作以及国际社会秩序的稳定和国际经济贸易的繁荣将是不可能的。从这个意义上讲，有约必守原则是国际法，包括国际公法、国际私法和国际经济法必不可少的主要基石之一。1969年5月开放供各国签署并于1980年1月开始正式生效的《维也纳条约法公约》在序言中就开宗明义地强调“条约必须遵守原则乃举世公认”。该《公约》第26条规定：“凡有效之条约对其各当事国有拘束力，必须有各该国善意履行”。该《公约》第27条又进一步指出国际条约与缔约国国内法之间的关系，即“一当事国不得援引其国内法规定为由而不履行条约”。1974年的《各国经济权利和义务宪章》列举了用以调整国际经济关系的15条基本准则，其中之一就是要求各国都“真诚地履行各种国际义务”。①

(二) 情势变更原则在条约法上的确立

世上没有不讲条件的事物。任何不可争辩的真理，都是附有一定条件的，也都是有一定限度的。有约必守原则同样不例外，否则若将此原则绝对化，势必会导致极不公正的结果。有约必守原则主要受到两点限制：第一，有约必守之“约”必须是合法而有效的。就合同而言，不合法的合同可以不必遵守，无效的合同显然也可以不必履行。对于条约而言，违反国际强行法的条约可以不必遵守，无效的条约自也无必守可言。第二，即便条约是合法而有效的，但如果条约缔结之后发生了不可归责于缔约国的原因，导致若继续履行条约对一方缔约国来说明显有失公平，甚至于危及缔约国一方的生存或者重大发展，则有约必守原则应当受到限制，这就是条约法上的情势变更原则。

情势变更原则本为民商法上的概念，国际法学者将这一法理引进国际法领域，即“如果由于不可预见的情势变更或事态变化而使国际条约中所规定的某项义务危及缔约国一方的生存或重大发展，该缔约国一方应当有权要求解除这项义务”。② 无论缔约国是否意识到，任何条约的缔结，都是以条约缔结之时存在的国际法律秩序、国际经济秩序、货币购买力以及通常的交易条件等特定的环境为前提的。如果条约缔结之后，在履约过程中，这些条约缔结之时的特定环境发生了不可归责于缔约国的根本性变化，因而导致如果继续严格履行条约将危及缔约国一方的生存或者重大发展时，如果继续履行条约所规定的义务，则有违基本的公平正义理念，因此，在此情形下，应

① 参见1974年的《各国经济权利和义务宪章》第一章第10点。

② [英] 詹宁斯.瓦茨.奥本海国际法（第一卷第二分册）[M].王铁崖等译，北京：中国大百科全书出版社，1998：680-681；周鲠生.国际法（下册）[M].北京：商务印书馆，198：673-675.

当允许缔约国一方解除或者更改条约所规定的义务。

1969 年《维也纳条约法公约》第 62 条和 1986 年《关于国家和国际组织间或国际组织相互间条约法的维也纳公约》在第 62 条规定了条约法上的情势变更原则。例如 1969 年《维也纳条约法公约》第 62 条规定："一、条约缔结时存在之情况发生基本改变而非当事国所预料者，不得援引为终止或退出条约之理由。除非：（甲）此等情况之存在构成当事国同意承受条约拘束之必要根据；及（乙）该项改变之影响将根本变动依条约尚待履行之义务范围。二、情况之根本改变不得援引为终止或退出条约之理由：（甲）倘该条约确定以边界；或（乙）倘情况之基本改变系援引此项理由之当事国违反条约义务或违反对条约任何其他当事国所负任何其他国际义务之结果。"

三、WTO 农产品特殊保障措施（SSG）中的情势变更法理

（一）WTO 一般保障措施（SG）与情势变更法理

WTO 一般保障措施（SG），是指"如果发生了未能预见的情况，进口至一成员方境内的产品数量激增，导致对生产同类或直接竞争产品的国内产业造成严重损害或者严重损害威胁时，则该成员方有权在防止或补救此种损害所必需的限度和时间内对该产品的进口采取限制措施"。在 WTO 多边贸易协定中，各成员都作出了削减关税和减少其他贸易壁垒的承诺，在无倾销和补贴的情形下，其他成员的产品进入一成员的市场本无"违法"可言，但是该成员却采取了限制进口的措施，表面上看起来，该成员违背了其承诺，也直接违反了"有约必守"的基本原则。但是，该成员"违背"其承诺的原因是由于进口数量的增加导致其国内相关产业遭受严重损害或者严重损害威胁，在此情形下，如果要求该成员继续履行承诺，势必使得该成员相关产业面临"经济废墟"或"生存毁灭"，甚至可能危及该成员的生存和重大发展，因此，承诺的继续履行对于该成员来说显失公平。为了确保贸易自由化的可持续发展和适应纷繁复杂的国际贸易关系，在此情形下，应允许该无过失而又陷于不幸的成员采取救济措施，即该成员有权在必要的限度和时间内，解除其根据协定所应承担的义务。可见，WTO 一般保障措施（SG）的实质，同样是为了追求自由贸易中的实质公平。为防止各成员滥用此项权利，有必要就此权利行使的条件和程序进行详尽的规定，GATT 第 19 条和《保障措施协议》就是关于此项权利的制度安排。总之，WTO 一般保障措施是就 WTO 多边贸易体制下所有类型的贸易而做出的一般规定，它相当于民法领域作为一般条款规定在合同法或者债法总则中的情势变更原则。

（二）WTO农产品特殊保障措施（SSG）与情势变更法理

和民法领域法律就个别法律关系根据情势变更法理作出专门规定一样，WTO也有针对特殊情况，根据情势变更法理作出特殊规定的例子，这就是WTO《农业协议》第5条所规定的农产品特殊保障措施（SSG）。农产品特殊保障措施（SSG）是指在乌拉圭回合谈判中已经将非关税措施转化为普通关税的成员，对于其在减让表中标明为“SSG”的农产品，如果进口数量增加或者进口价格下跌到规定的水平时，该成员可以采取征收附加关税的措施，以保护国内相关产业。启动SSG不需要证明国内相关产业遭受严重损害或者严重损害威胁，只需要进口数量增加或者进口价格下跌到一定水平即可。WTO《农业协议》签订以前许多国家对农产品进口实行数量限制或者其他与之相似的措施，这些措施透明度低、任意性大、产生歧视性的机会大并有可能被滥用。在此情形下，起码从形式上看起来，已经将非关税措施关税化的成员在农产品贸易中处于不利地位，其相关产业极有可能遭受其他未进行关税化改革的成员的农产品的冲击而遭受严重损害或者严重损害威胁。换句话说，各缔约方已经预见到，在此情形下的农产品贸易对已经进行关税化改革的成员来说显失公平，因此应允许已经进行关税化改革的成员在进口数量增加或者进口价格下跌到一定水平采取征收附加关税的救济措施。由此可见，农产品特殊保障措施（SSG）是针对农产品贸易自由化过程中非关税措施关税化改革的特殊情形，根据情势变更法理作出的特殊规定。

第四节　WTO农产品特殊保障措施（SSG）的适用与去向

《保障措施协议》中的一般保障措施（SG）没有对保障措施适用的产品范围进行明确规定，既可以适用于农产品，也可以适用于非农产品。《农产品协议》中的农产品特殊保障措施（SSG）是只能针对农产品适用。因此，当农产品进口数量增加并对进口国相关产业造成损害或者损害威胁时，如果符合二者各自所规定的实体要件，进口国则将面临着在一般保障措施（SG）和农产品特殊保障措施（SSG）之间的选择适用。本文将在第三章通过对WTO主要成员方的农产品保障措施及相关成案对此进行分析。以下仅对WTO农产品特殊保障措施（SSG）的适用情况予以介绍。

一、WTO农产品特殊保障措施（SSG）的适用

特殊保障措施条款规定，在遇农产品进口激增或价格骤跌至一定限度

时，成员国可以对该进口产品加征附加税，但是该项产品须已量化成关税，并在该国关税减让表的该产品栏目中标明“SSG”，表示已保留采取特殊保障的权利。由于谈判的复杂性以及技术能力的缺乏，很多发展中国家在乌拉圭回合谈判中没有意识到特殊保障措施的战略价值，因此，只有 WTO 的少数成员事实上具有援引农产品特殊保障措施的权利，这些国家绝大多数属于发达成员。特殊保障措施主要包括有效期问题、可以援引该条款的成员、涉及的农产品以及触发机制等几个方面的内容，因此，特殊保障措施的适用情况也可以从这几个方面来考察。

（一）WTO 农产品特殊保障措施（SSG）的有效期

根据 WTO《农业协议》第 1 条第（f）项的规定，农业协议的有效期是指自 1995 年开始的 6 年时间。但是该协议同时规定了一些条款的有效期例外。一是该协议第 13 条所规定的“和平条款”① 除外，“和平条款”的有效期是指从 1995 年开始的 9 年时间。二是该协议第 5 条所规定的特殊保障措施（SSG）例外。《农业协议》第 5 条第 9 款规定，“本条的规定在根据第 20 条确定的改革进程期间应继续保持有效”，第 20 条规定了各成员在《农业协议》有效期结束的前一年开始继续新一轮贸易自由化谈判的承诺，② 也就是说特殊保障措施（SSG）在新的谈判期间有效，即特殊保障措施的有效期及其最终命运将取决于新一轮贸易自由化谈判的结果。

根据《农业协议》第 20 条的规定，世界贸易组织从 2000 年开始了新一轮农业贸易自由化谈判。根据 2001 年的多哈部长宣言列出的时间表，新一轮 WTO 农业贸易谈判应在 2005 年 1 月 1 日前结束。也就是说，如果谈判顺利，农产品特殊保障措施的有效期应截止到 2004 年 12 月 31 日。但是，由于各成员方差距巨大，多哈回合几度陷于困境，谈判进程一再被拖延，到目前为止并没有达成一个最终的协议。在谈判进程被拖延的情况下，特殊保障措施条款是否依然有效呢？笔者认为，《农业协议》第 20 条所规定的改革进程期间本身不是一个确定的时间段，该期间应由新一轮农业贸易谈判来

---

① WTO《农业协议》第 13 条的标题是“适当的克制”，该条的目的是为了防止或避免单方面采取补贴或反补贴措施并形成贸易战，因此该条款通常被称为“和平条款”。

② 《农业协议》第 20 条“改革进程的继续”规定：“认识到导致根本性改革的实质性逐步削减支持和保护的长期目标是一个持续的过程，各成员同意将在实施期结束的前一年开始继续此进程的谈判，同时考虑：（a）届时从实施削减承诺中获得的经验；（b）削减承诺对于世界农产品贸易的影响；（c）非贸易关注，对发展中国家成员的特殊和差别待遇，建立一个公平的、以市场为导向的农产品贸易体制的目标，以及本协议序言所致的其他目标和关注；以及（d）实现上述目标所需的进一步承诺。”

确定，即便谈判进程被拖延，新一轮农业贸易谈判仍然属于第20条所规定的期间，所以在当前多哈回合尚未结束的情形下，农产品特殊保障措施依然有效。

（二）WTO农产品特殊保障措施（SSG）的成员以及产品范围

1. 有资格适用农产品特殊保障措施（SSG）的成员以及产品范围

根据《农业协议》第5条的规定，"农产品特殊保障措施（SSG）适用于按照《农业协议》第4条第2款的规定，已经将其他非关税措施转换为普通关税，并且在该成员关税减让表中的该产品栏目中标明'SSG'，表示已保留采取特殊保障的权利的农产品"。在乌拉圭回合谈判中，已经进行了关税化管理的成员有39个①，也就是说只有39个成员获得使用WTO农产品特殊保障措施的权利，这些成员包括欧盟、美国、日本、加拿大、澳大利亚、韩国②等多数发达成员，也有保加利亚、波兰、罗马尼亚等部分东欧转型国家。另外，为了扩大SSG的影响，有21个发展中成员获得使用特殊保障措施的权利，但是，由于关税化改革的问题，大多数发展中成员都被排除在SSG之外，造成农产品特殊保障措施往往成为发达国家的有力武器。

"从可以采用特殊保障措施的产品范围来看，成员保留特殊保障措施权利的关税项目共有6156个，占农产品关税税目的15%，主要涉及谷物、油料、糖料、奶类、动物及肉类、蛋类、饮料及烈酒类、水果及蔬菜类、烟草、植物纤维、咖啡、茶、可可及制成品、其他农产品。不同成员方之间保留税目差别较大，波兰、匈牙利、欧盟、南非等成员保留SSG权利的税目所占比例较大，一般超过30%以上；美国、澳大利亚、加拿大等农产品出口大国保留SSG权利的农产品税目所占比例较低，一般只有10%。"③ 从SSG产品的类别来看，大多数成员对于谷物类、畜牧业保护倾向是非常明显的。

2. 实际实施WTO农产品特殊保障措施的成员和涉及的农产品

---

① 分别为：澳大利亚、巴巴多斯、博茨瓦纳、保加利亚、加拿大、中国台湾、哥伦比亚、哥斯达黎加、捷克共和国、厄瓜多尔、萨尔瓦多、欧盟、危地马拉、匈牙利、冰岛、印度尼西亚、以色列、日本、韩国、马来西亚、墨西哥、摩洛哥、纳米比亚、新西兰、尼加拉瓜、挪威、巴拿马、菲律宾、波兰、罗马尼亚、斯洛伐克共和国、南非、斯威士兰、瑞士、泰国、突尼斯、美国、乌拉圭、委内瑞拉。

② 在SSG的分类中，韩国被作为发展中成员，但实际上韩国经济发展水平很高，我们这里把其视为发达成员。

③ 刘李峰，张照新．新一轮农业谈判中的特殊保障机制问题及我国的立场［J］．新疆农垦经济，2006（6）：1-5.

《农业协议》所规定的农产品特殊保障措施（SSG）只针对已经关税化的而且标明SSG标志的农产品。由于大多数发展中国家对农产品没有采取关税化，大多数农产品也没有标明SSG标志，实际上没有采取特殊保障措施的所谓合法权利。因此，从农产品特殊保障措施（SSG）产生以来，只有美国、欧盟、日本等少数发达国家在利用这一例外条款保护本国农业市场。

根据WTO秘书处背景报告的资料来看，“1995—2001年间，有10个国家向WTO报告自己实施了特殊保障条款，分别是欧盟、美国、日本、韩国、波兰、瑞士、匈牙利、捷克、斯洛伐克、哥斯达黎加。除了哥斯达黎加外，都是发达国家和东欧转型国家，其中，美国、欧盟、日本、韩国几乎每年都会援用特殊保障条款。从涉及的产品税目数量看，10个成员国在6年间对658个农产品税目采取了特殊保障措施……在1995年到1999年的6年期间，美国和欧盟动用特殊保障条款的税目个数分别为262个和212个，分别占到10个成员国使用产品税目总数量的34.6%和28.0%。此外，日本和韩国虽然每年也都援用特殊保障条款，但涉及的产品税目相对较少，其中日本6年间援用SSG措施共涉及税目104个，韩国涉及产品税目22个。”① 背景报告显示，农产品特殊保障措施（SSG）实际所涉及的农产品主要是奶制品、水果蔬菜、糖和畜牧产品等，例如在1995—2001年期间，美国对奶类制品实施农产品特殊保障措施（SSG）达131次，欧盟对水果蔬菜实施农产品特殊保障措施（SSG）占全部保障措施的69%。从比例上看，日本、韩国对谷物产品使用的比例要高一些，反映了这两个东亚国家对粮食自给性的重视。②

（三）WTO农产品特殊保障措施（SSG）触发机制的适用情况

如上所述，WTO特殊保障措施（SSG）可以由两种情况触发，一种是数量触发机制，另一种是价格触发机制。从近年来各成员方实施特殊保障措施（SSG）的实际情况来看，通过价格触发机制援用农产品特殊保障措施（SSG）的要比通过数量触发机制援用的多。根据WTO秘书处背景报告的资料来看，在757个次的农产品特殊保障措施（SSG）实施案例中，由价格触发引起的占501个，占66%；由数量触发引起的有256个，占34%。③

---

① 《Special Agricultural Safeguard》Background Paper by the Secretariat, G/AG/NG/S/9/Rev.1 19 February 2002.

② 《Special Agricultural Safeguard》Background Paper by the Secretariat, G/AG/NG/S/9/Rev.1 19 February 2002.

③ 《Special Agricultural Safeguard》Background Paper by the Secretariat, G/AG/NG/S/9/Rev.1 19 February 2002.

WTO成员方倾向于使用价格触发机制来援用SSG，往往是出于保护本国农业生产者的利益的考虑。当某种农产品进口价格降低时，将会损害国内生产者的收益水平，引起国内市场不稳定，需要政府运用价格机制来进行干预。运用价格触发机制可以有针对性地对不同国家采取不同的贸易措施，避免引起国内市场反应过度，可以灵活地针对某个国家或者某些低价农产品实施特殊保障措施，提高SSG的实施效果，避免不必要的争议。从价格和数量对促进消费者利益来看，即使一些农产品进口“数量激增”，只要价格平稳或者增幅不大，对国内市场的损害不大，就没有影响国内生产者的收益水平，从而应避免盲目的进口数量限制，损害消费者的福利。

二、WTO农产品特殊保障措施（SSG）的去向

“农产品特殊保障措施仅在《农业协议》第20条确定的‘改革进程期间’保持有效。虽然第20条规定了各成员国同意将在实施期结束的前一年开始继续此进程的谈判和应当考虑的因素，但并未对‘改革进程期间’或其时间表作出明确的规定。”① 受多哈谈判进程缓慢的影响，农产品特殊保障措施（SSG）的有效期虽然仍然有效，根据新一轮谈判结果，农产品特殊保障措施（SSG）的发展方向主要有三种可能。第一种可能是谈判达成协议，继续保留农产品特殊保障措施（SSG），或者对该措施进行变革，适当均衡发达国家和发展中国家的矛盾，但是农产品特殊保障措施（SSG）的实质不变。第二种可能是谈判达成协议，废除农产品特殊保障措施（SSG），对农产品特殊保障措施（SSG）进行实质改变，消除对发展中国家农产品贸易的不利影响，建立新的只适用于发展中成员的贸易救济机制，即农产品特殊保障机制（Special Safeguard Mechanism，SSM）。第三种可能是谈判没有达成新的协议，世界贸易组织宣布谈判终止，则意味着《农业协议》第5条的有效期结束，农产品特殊保障措施自动失效。在新一轮农业贸易谈判过程中，关于是否应当继续保留农产品特殊保障措施（SSG）的议题，成员方之间存在较大的争议。根据目前的谈判情况来看，WTO大多数发展中成员都主张取消特殊保障措施条款，建立一种只能为发展中成员方适用的特殊保障机制（SSM）。

① Jai S. Mah, Reflections on the Special Safe guard Provision in the Agreement Agriculture of the WTO, Journal World Trade, Vol. 33 (1999), No. 5.

第二章　从 WTO 农产品特殊保障措施（SSG）到 WTO 农产品特殊保障机制（SSM）

第一节　WTO 农产品特殊保障机制议题（SSM）的产生

目前正在进行的 WTO 农产品特殊保障机制（SSM）谈判，是对 WTO 农产品特殊保障措施（SSG）的扬弃。它既是对农产品保障措施制度的延续，也是对 WTO 农产品特殊保障措施（SSG）制度内容和实施情况的总结。通过对 WTO 农产品特殊保障机制议题（SSM）的提出背景、主要内容和蕴含法理进行分析，有利于更好地理解和参与议题谈判，把握农产品保障措施制度变迁的规律。

一、WTO 农产品特殊保障机制（SSM）议题的提出及其背景分析

（一）WTO 农产品特殊保障机制（SSM）议题的提出

根据 WTO《农业协议》第 20 条“成员应于 1999 年底前启动新一轮农业谈判，继续对全球农业贸易体系进行自由化改革”的授权，2000 年 3 月 WTO 新一轮农业谈判正式开始。2001 年 11 月 WTO 在卡塔尔首都多哈召开的第四届部长级会议发表《多哈部长宣言》，进一步明确了农业谈判的任务和方向。在多哈回合谈判中，G33 集团（发展中成员农业问题 33 国协调组，印尼牵头，包括印度、中国等成员）要建立新的只适用于发展中成员的贸易救济机制，即农产品特殊保障机制（Special Safeguard Mechanism，SSM）。经过各方努力，WTO 终于在 2004 年 7 月达成的《七月框架协议》，该协议第 42 条明确确认：“将制定特殊保障机制供发展中成员使用”，农产品特殊保障机制（SSM）由此获得正式谈判授权。

在 2005 年日内瓦 WTO 大会之前几天，G33 发表了一项声明，该声明重申了 G33 在特殊产品（SP）和特殊保障机制（SSM）上的立场。G33 认为，为了有效解决发展中成员的粮食安全、生存保障和农村发展，即将建立的农产品特殊保障机制应当实现下列目标：特殊保障机制应当能够自动触发；特

殊保障机制应当能够适用于所有的农产品；特殊保障机制应当能够适用于进口激增或国际价格波动的情形，因此价格和数量触发保障均应当得到周详的考虑；附加关税和数量限制应当成为针对进口激增和价格下跌的救济措施；特殊保障机制应当与发展中国家的机构能力和资源相适应，因此该机制应当简单、有效和易于实施。①

农产品特殊保障机制（SSM）自其提出之日起就引起了各方的广泛争议，大体上，绝大多数发展中成员表示支持，而发达成员则担心该机制被滥用，要求对该机制施以严格的限制。各方争议的焦点主要集中在触发机制、使用资格、适用的产品范围、实施的透明性、使用频率等问题上。2007 年世界范围内的粮食危机，使得各成员在 SSM 问题上的争议更加激烈。在 2008 年 7 月底的日内瓦小型部长会议上，进攻方和防守方依然差距巨大，虽然各方花了“六十几个小时”试图弥合差距。WTO 总干事拉米说：“那些担心特殊保障性机制会破坏正常贸易的成员希望把触发门槛设得越高越好。而那些担心保障机制负担过重而无法运作的成员希望有一个较低的触发门槛。”② 自 2004 年 7 月达成的《七月框架协议》对于农产品特殊保障机制的正式谈判授权以来，此后的 WTO 历次会议都对农产品特殊保障机制进行了艰苦的磋商，但到目前为止，并没有取得实质性的进展。农产品特殊保障机制虽然不是 WTO 多哈回合谈判的核心，但却类似一根稻草的重量，数次使整个谈判陷于困境。对于农产品特殊保障机制的最终出台，我们还需要更多的耐心和智慧。

（二）WTO 农产品特殊保障机制（SSM）议题的提出背景

1. WTO 农产品特殊保障机制（SSM）提出的政治背景

（1）发展中成员谈判实力增强。

美国和欧盟的贸易量占世界贸易量的近一半，他们是 GATT/WTO 体系的创建者和天然领导者。长期以来，一旦美欧就某个问题达成一致，其他成员很难有能力改变。美国、欧盟、日本和加拿大构成了乌拉圭回合谈

① Jayson Cainglet and Robert Stemmler, Can Protective Trade Policy Instruments like Special Products (SP) and Special Safeguard Mechanisms (SSM) contribute to a more Sustainable and Fairer Multilateral System of Trade in Agriculture? Global Issue Papers, Nr. 22. Published by the Heinrich Böll Foundation, Southeast Asia Regional Office, December 2005. p. 13.

② 曹文. 多哈回合与成功擦肩而过——WTO 小型部长级会议纪实［J］. WTO 经济导刊，2008（9）：11-14.

判的领导核心。但是，这种局面在多哈回合谈判中出现了变化。① 到目前为止，发展中成员已经占到 WTO 成员总数的 80% 以上。经过长期多边贸易谈判的磨练，广大发展中国家日益成熟起来，他们逐渐懂得在谈判中如何维护自身的利益，这在很大程度上改变了过去主要由发达成员制定贸易规则的现象。随着中国、印度、巴西等新兴发展中国家的贸易额在全球贸易中的比例的快速提升以及发展中成员联合谈判的趋势，美欧对农业谈判的进程的控制日益感到力不从心。同时，由于美欧之间分歧的加剧，它们之间的协作已不像以往那么紧密，这直接导致其他成员对美欧的领导作用丧失信心。

发展中成员谈判实力的增强，使得 WTO 成员内在结构的权力发生变化。这种变化首先打破了欧美发达国家主导多边贸易规则制定权的传统。其次，由于发展中成员谈判实力的增强，他们迫切要求通过贸易促进发展，这就使得新一轮多边贸易谈判以发展作为主线，使多哈回合成为发展回合。最后，发展中成员谈判实力的提高，虽然改变了过去在多边贸易规则制定过程中发展中成员的利益遭到忽视的局面，但是这也使得多边贸易规则的谈判和决策变得更为复杂而不易达成妥协，这就注定新一轮多边贸易谈判必将旷日持久。②

（2）发展中成员的粮食安全问题依然严峻。

粮食安全问题是一个经济问题，但更主要的是一个政治问题。关于粮食安全的概念，1983 年联合国粮农组织（FAO）所作出的界定获得了普遍的认可，即“粮食安全的最终目的是，确保所有的人在任何时候既能买得到又能买得起所需要的基本食品”。③ 粮食安全的概念最初是在 20 世纪 70 年代全球严重粮食危机的背景下提出的。这个时候人们认为，产生粮食危机的根源在于粮食生产不足，因此解决粮食危机只需要增加粮食生产和库存以平抑粮食供应的波动。但是，人们很快发现即便在粮食产量上升和粮食储备增加的情形下，仍然存在大量的饥饿人口，因此解决粮食危机不仅需要增加粮食供应，还需要提高低收入者的购买力，确保所有人都买得起粮食。随着经济的发展和大量食品卫生方面的问题的产生，人们对粮食的卫生安全以及营

① 王晓东．多哈谈判举步艰难的原因．国际经济合作，2008（4）：29-34.

② 陈松洲．多哈回合谈判屡陷困境原因及其前景探析．对外经济实务，2009（6）：39-42.

③ FAO. World Food Report [R]. FAO of Rome，1983，p. 6.

养结构有了新的要求。① 但是，既要买得到，又要买得起满足基本需要的粮食，始终是粮食安全的最基本要求。

大量研究表明，世界粮食生产总量完全可以满足人们的有效需求。② 然而，当今世界饥饿和营养不良问题并没有得到有效的解决。根据世界粮农组织发布的报告，自 20 世纪 90 年代以来，全球营养不良的人口都在 8 亿以上，1995 年以后还呈现不断上升的态势，2008 年世界饥饿人口已达 9.15 亿。③ 2009 年全世界的饥饿人口数量估计已突破 10 亿，从饥饿人口的分布地区看，主要集中在发展中国家。全球有 29 个国家如刚果（金）、布隆迪、厄立特里亚、塞拉利昂、乍得和埃塞俄比亚等国，正面临严重或极端严重的饥荒。世界粮农组织的报告同时也指出在发达国家也有 1500 万人的饥饿人口。④

可见，当今世界的饥饿和营养不良问题的主要根源不在于世界粮食生产不足，而在于贫困。发达国家虽然也存在一定的饥饿人口，但总的来看，发达国家和发展中国家面临完全不同的粮食安全形势。发达国家在粮食生产、流通以及营养水平等方面都获得了较好的保障。由于生产力水平高，发达国家的粮食生产能力与其国内消费需求相比，存在严重过剩，如果说发达国家也存在粮食安全问题的话，那么其粮食安全问题已经不是如何解决粮食的可获得性的问题，而是如何在国际市场上销售其过剩粮食，保障国内农业生产者的收入水平和维持粮食生产能力。而发展中国家则不同，发展中国家不仅需要解决粮食生产、流通以及营养水平等方面的问题，而且需要提高大量贫困人口的收入，以提高其购买粮食的能力。总之，无论历史上看还是现实考察，粮食安全问题都主要是发展中国家的问题。

粮食安全对于一个国家的人民生存、经济发展和社会稳定具有战略意义，粮食安全向来是各国政府关注的重点，对于人口大国来说尤其是这样。

---

① 1996 年世界粮食首脑会议上对粮食安全的概念进行了拓展，即“只有当所有人在任何时候都能够在物质上和经济上获得足够、安全和富有营养的粮食来满足其积极和健康生活的膳食需要及食物喜好时，才实现了粮食安全”。参见 FAO. Rome deceleration on world food security and world food summit plan of action. FAO of Rome，1996，p. 8.

② FAO. The state of food insecurity in the world：economic crises-impacts and lessons learned [R]. Rome：FAO，2009：p. 8，p. 9 p. 11，p. 49.

③ FAO. The state of food insecurity in the world：economic crises-impacts and lessons learned [R]. Rome：FAO，2009，p. 11.

④ FAO. The state of food insecurity in the world：economic crises-impacts and lessons learned [R]. Rome：FAO，2009，p. 49.

虽然农产品自由贸易可以促进粮食安全，但是也会给粮食安全带来严重的威胁，出于政治方面的考虑，难以想象一个国家愿意把自己人民生死攸关的吃饭问题交给自己难以把握的世界粮食市场，因此各国都需要长期的政策对粮食安全可能面临的风险予以防范。由于各方面的原因，国际市场粮食供给具有不确定性，为了确保既买得到又买得起满足需要的基本粮食，防范农产品自由贸易给粮食安全带来的危险，最根本的办法就是确保国内基本的粮食自给率和保存国内粮食生产能力。虽然封闭经济体制之下完全自给自足的粮食安全政策显然不可取，但是维持基本或者最小粮食自给率显然是各国确保粮食安全的必然选择。

要维持基本的粮食自给率和保存粮食生产能力，就必须对农业提供强大的支持。由于有强有力的国内支持，发达国家粮食自给率和粮食生产能力都有可靠的保障。而发展中国家则不同，由于缺乏有力的国内支持，很多发展中国家的粮食生产尚不能满足基本自给，粮食生产能力与发达国家相比也存在较大差距，因此发展中国家的粮食自给和粮食生产能力都没有有效的保障。为了发挥农产品贸易对粮食安全的积极作用，发展中国家需要开放农产品市场，但是，农产品贸易对于发展中国家基本的粮食自给率和粮食生产能力又可能带来消极影响，因此发展中国家需要一个有效的机制防范可能发生的风险。由于粮食安全的极端重要性和高度敏感性，这个机制应当简便、快捷和有效。

2. WTO 农产品特殊保障机制（SSM）提出的经济背景

（1）农产品贸易自由化程度进一步深化。

人类发展的过程，也是由约束走向自由的过程。作为人类活动的一种，国际贸易也遵循同样的过程，即由约束走向自由。随着世界经济的发展，尽管各国经济发展水平的差异性与经济利益的民族性，但是融合经济、政治、社会、文化等多重内核的全球化趋势日益明显，贸易自由化就是这场全球化趋势中的核心。农产品贸易自由化是指世界各国通过降低和减免关税，取消非关税壁垒，减少对本国农产品实施的出口补贴措施和各种损害贸易自由的农业国内支持，逐步实现农产品市场全面开放的过程。乌拉圭回合谈判达成的《农业协议》，标志着农产品贸易真正迈出了自由化的第一步。WTO《农业协议》的达成使得非关税措施关税化、关税大幅度削减、出口补贴受到削减和限制，关税配额等政策的实施使得农产品的市场准入程度提高，这是人类有史以来首次在全球范围内大幅度地推进了农产品贸易的自由化。由于《农业协议》的实施，世界农产品市场被充分激活，使发达国家的农产品在强大的国内支持和出口竞争措施的帮助下，获得了更多的市场准入机会，使其受益匪浅。另外，世界市场的农产品价格也会由于《农业协议》所发动的改革计划而上涨，这将大大有利于发展中国家的农产品出口，改善发展中国家农产品的贸易现状。由于大多数国家都从农产品贸易自由化中获益，因此，农产品贸易进一步走向更深入的自由化是大势所趋。

（2）农产品贸易保护依然严重。

《农业协议》虽然推动了世界范围内农产品贸易政策的改革，在一定程度上遏制了农产品贸易保护，但是，由于《农业协议》本身的模糊性，使得各成员依然可以利用这些原则性的条款推行实质上的贸易保护措施。随着多边贸易规则的产生，传统的关税壁垒由于过于明显的保护色彩显然不能适用，各种隐蔽的贸易保护措施迅速成为农产品贸易保护的主要手段。反倾销、进口配额、技术壁垒、保障措施、发达国家高额的国内支持和出口补贴等进一步加剧了农产品贸易的扭曲，国际农产品贸易中的摩擦和纠纷不断发生。发达国家以“绿色消费”为借口，不断强化食品监测体系，进一步将外国农产品拒之门外，绿色壁垒和技术壁垒成为新的更为隐蔽的贸易保护措施。另外，发达成员还将劳工标准、环保标准纳入谈判议题，再加上在转基因产品上的激烈争论，新一轮世界范围内的农产品贸易政策的改革困难重重。

（3）发展中成员在农产品贸易中处于不利地位。

作为农产品出口国的发展中国家显然是发达国家农业保护政策的直接受害者。这种损害至少来自两个方面：其一，发达国家为保护本国农产品市场不受外部产品的冲击而设立的层层贸易壁垒使发展中国家相当一部分质优价廉的农产品难以进入发达国家市场；其二，发达国家为处理国内日益堆积的过剩农产品而采用的出口补贴等不正当竞争手段，人为压低了国际市场价格，抵消了发展中国家农产品的竞争力，从而侵占了大量原本属于发展中国家的第三国市场份额。这种政策扭曲使众多严重依赖农产品出口的发展中国家遭受沉重打击：出口受挫，外汇收入锐减，在与发达国家相竞争的温带农产品（主要是粮食产品）领域丧失了大部分的市场份额。热带农产品（包括热带经济作物和饮料作物）出口国虽然无需直接面对来自发达国家产品的竞争，进入发达国家市场的贸易壁垒也相对较低，但处境同样不容乐观：一方面，出口国之间的激烈竞争和发达国家需求的缺乏弹性导致产品价格持续下跌；另一方面，发达国家为保护本国农产品加工业而普遍存在的关税升级现象（即关税随着产品加工程度的提高而提高）使得进入发达国家市场的只能是低附加值的初级农产品，高附加值的半成品和制成品往往被拒之门外，从而严重阻碍了发展中国家农产品加工业的发展，使其难以摆脱对初级产品出口的依赖。

作为粮食进口国的发展中国家面对发达国家的农业保护往往喜忧参半。除小部分国家外，大多数发展中国家都是粮食净进口国。由于发达国家的生产过剩和出口补贴导致国际市场粮食价格下跌，粮食进口国通常可以从中受益。但是，对低价粮食带来的益处应作具体分析。对于那些在粮食生产方面毫无比较优势且外汇支付能力较强的国家（如部分石油出口国和一些新型工业化国家）来说，进口部分或全部粮食体现了国际分工需要，符合国际贸易规律。而对于相当一部分其他粮食进口国（特别是因政策扭曲导致国内粮食生产受挫而进口粮食的发展中国家）来说，虽然进口低价粮食短期内有利可图，然而长期而言，较低的粮食价格会进一步抑制对国内粮食生产的激励，并促使人们改变生活习惯（如变得更喜好国外的食品）。由此得到好处的往往是少数比较富裕的城市居民，而大多数贫穷的农民却尝到恶果。事实上，若发达国家和发展中国家都停止对农业的不当干预，一些原本进口粮食的发展中国家在粮食生产方面的优势就会逐渐显露出来，它们完全可能成为粮食出口国或至少实现粮食自给，但扭曲的市场形势却使它们把希望寄托于从国际市场进口粮食，而推迟或不能坚定地实施能在根本上解决本国粮食供给问题的发展战略。

发达国家依靠其高额的农业补贴及贸易壁垒等行为，其在整个国际农产品贸易格局中仍然处于绝对的优势地位。而广大的发展中国家仍然处于弱者地位，其农业经济和国家粮食安全都受到严峻挑战。除了许多不公平的贸易往来外，一般来说，发达国家出口的农产品大多数为粮食和肉类，特别是美国和欧盟。而粮食的需求弹性在农产品中是最不充分的，且其需求量最大的是人口众多的发展中国家。反之发展中国家出口的农产品大多为经济或者热带作物，其需求弹性要比粮食充分得多。至于其相互替代性也远大于粮食。事实上，近年来欧美国家对茶叶的需求量相对于咖啡，其增长幅度更大。有些原料性的农产品，由于科学技术的进步，其可替代性越来越大，因此，市场价格就不可避免地趋跌，这对于出口这类农产品的发展中国家显然是不利的。特别是自世界贸易组织成立以来，虽然农产品的关税有了大幅度的下降，但是各种非关税的技术性壁垒特别是绿色壁垒却显著提高。要么发展中国家所生产的农产品难以满足发达国家安全卫生质量要求被拒之门外，要么为了满足发达国家安全卫生质量的要求要大幅度地增加生产成本，这样发展中国家农产品的价格竞争力和利润率就会大幅度下降。农产品国际贸易更有利于发达国家而不是发展中国家。

在农产品国际贸易中，发展中国家主要出口鲜活农产品，而发达国家主要出口粮食等大宗农产品。在国际市场上，发展中国家通常是价格的接受者，而不是价格的制定者。在农产品国际贸易中发展中国家实质上处于不利地位，换句话说，当前的农产品国际贸易体系是不公平的。随着农产品贸易自由化的发展，一方面，大部分发展中成员农产品关税将大幅度降低，农产品贸易自由化程度大大提高；另一方面，随着市场竞争的加剧，国际农产品市场波动频繁，发展中成员国内农产品市场和产业受到国际市场冲击的可能性增大。如何保护发展中成员国内的农产品市场，避免发展中成员农产品市场及生产受到冲击，成为 WTO 成员普遍关注的一个重要问题。

总而言之，农产品贸易自由化的趋势不可逆转，特别是 WTO《农业协议》签订以来，全球范围的农产品贸易自由化取得了重要的进步。但是，由于发达国家高额的国内支持和严重扭曲贸易的保护措施，使得发展中成员在农产品贸易自由化过程中处于不利地位。农产品贸易自由化所产生的利益分配是不均的：一方面，需要进一步促进农产品贸易自由化；另一方面，发展中成员的农业安全、粮食安全、农民收入等问题又必须得到充分的考虑，否则，贸易自由化将难以为继。因此，无论是发展中成员，还是发达成员都意识到有必要赋予发展中成员在特殊情形下采取救济措施的权利。

3. WTO 农产品特殊保障机制（SSM）提出的法律背景

（1）WTO《农业协议》存在重大缺陷。

WTO《农业协议》虽然将农产品贸易纳入 WTO 多边贸易体制之中，并在一定程度上促进了农产品贸易自由化的发展，但是由于发达成员对于农业的支持保护根深蒂固，以及《农业协议》大量条款的原则性，在执行过程中，该协议逐渐暴露出诸多重大缺陷。

首先，关税化缺乏明确的计算方法。《农业协议》要求各成员将各种非关税措施根据等值保护的原则转化为关税，但是该协议并没有规定一个统一的计算方法，如何计算关税等值由各成员自己决定，这就导致各成员普遍高估关税等值的现象。由于这种关税化参杂了太多的水分，所以被学者们称为肮脏的关税化（Dirty Tariffication）。关税化税率的高估，严重阻碍了发展中成员的农产品进入发达成员的国内市场。

其次，对国内支持的限制过于宽松。《农业协议》要求各成员不得采用严重扭曲贸易的国内支持措施，对于对生产和贸易扭曲作用较小的国内支持措施则可以采用，但是，并没有规定所谓对“生产和贸易扭曲”的判断标准。在实际执行中，许多发达成员将本应禁止采用的国内支持措施以及需要削减的“黄箱”支持改头换面置于“绿箱”支持之中，这使得发展中成员在发达成员高额的国内支持之下难以发挥比较优势。

最后，有关出口补贴的规定过于模糊。与国内支持相比，出口补贴对于农产品贸易的扭曲作用更为明显，危害也更大。《农业协议》并没有绝对禁止出口补贴，而是禁止新的出口补贴，逐步削减现有的出口补贴。但是相关规定过于模糊，比如，没有规定实施期内每年的削减份额，没有就单个农产品的应削减的出口补贴量进行限制，这就导致成员国可以随时根据需要灵活调整削减幅度以及在出口农产品的种类之间调剂补贴量，从而达到保护本国农业的目的。

（2）WTO 框架下的救济措施不足以保障发展中国家的粮食安全、生存安全以及农村发展。

在 WTO 框架下，针对不公平竞争、市场波动以及过渡期等问题可能导致成员国内市场的不稳定及对生产者可能的损害，制定了各种保护和保障措施，主要有四种：一是补贴与反补贴协定（SCM）；二是反倾销协定（AD-CD）；三是一般保障条款（SG）；四是农产品特殊保障措施（SSG）。但这些措施都不足以在适当的时候向发展中成员提供及时有效的救济。

反补贴协定和反倾销协定主要是针对不公平竞争所设立的对成员国内市场和产业的一种保护措施。为了防止被滥用，实施反补贴措施和反倾销措施需要有明确的证据证明这种倾销或者补贴已经对国内产业造成损害或者有损害威胁，而且损害与倾销行为或者补贴行为之间存在因果关系。大部分发展中成员缺乏相关立法以及证明进口对国内相关产业造成损害或者有损害威胁以及这种损害与倾销行为或者补贴行为存在因果关系的能力，难以利用这两个协定对国内相关产业进行有效保护。

一般保障条款是在公平贸易的条件下为保护成员国内市场及相关产业的救济机制，所有成员均可使用。为防止保障措施条款被滥用，世贸组织对实施一般保障措施有比较严格的限制条件：一方面，实施国需要充分的证据证明进口或者价格的变化对国内产业造成损害或者损害威胁；另一方面，还要求实施国对受到影响的成员做出相应的补偿。对于发展中成员来说，调查取证显然非常困难，而且，补偿措施还会影响自身产品的出口市场。此外，一般保障措施还要求实施国有健全的立法机制，能够在法律上启动这个措施，很多发展中成员缺乏相应的立法机制。所以发展中成员难以利用一般保障措施条款保护国内的农产品市场和产业。

农产品特殊保障措施（SSG）是在关贸总协定乌拉圭回合谈判中提出的针对农产品贸易自由化的保障措施，它是专门为在乌拉圭回合谈判中已经对农产品进口实行关税化改革的成员所设立的一种紧急救济措施，目的在于避免部分成员对农产品实施关税化管理后成员内农产品市场受到国际市场巨大波动的影响和农业受到的冲击。由于当初对农产品实施关税化管理的多为发达成员，获得采取农产品特殊保障措施权利的也多为发达成员，所以，农产品特殊保障措施（SSG）实际上成为美国，欧盟、日本等少数发达成员保护本国农产品市场的工具。

此外，在世贸组织框架下，还有针对发展中成员幼稚工业发展需要而采取大的短期保护措施以及为了平衡国际收支对进口采取限制措施等。但是这些措施仍然要符合比较严格的条件，难以满足发展中成员保护国内市场稳定的需要。

（3）WTO《农业协议》的谈判授权与《多哈宣言》的谈判愿景。

1995 年生效的 WTO《农业协议》规定，应在 1999 年开始新一轮谈判，继续全球农业领域的改革进程。新一轮农业谈判的法律依据主要规定在《农业协议》第 20 条，该条规定，WTO 各成员为达到逐步实质性地减少对农业支持和保护的长期目标，承诺于《农业协议》实施期结束的前一年开始继续进行农业领域改革进程的谈判，并指出新一轮谈判应讨论的问题为："总结执行乌拉圭回合谈判减让承诺的实际经验；乌拉圭回合减让承诺对世界农产品贸易的影响；非贸易关注问题，给予发展中成员的特殊待遇和差别待遇，建立一个公正的、以市场导向为目标的农产品贸易体系；为实现大幅度逐步削减支持和保护这一长期目标所需要的进一步承诺。"

自 WTO 成立以来，成员国一直在寻找合适的机会启动新一轮多边贸易谈判。由于发达国家和发展中国家在劳工标准等敏感问题上的激烈冲突，1999 年的西雅图部长级会议在抗议和示威声中失败落幕。2001 年 11 月，在卡塔尔首都多哈，新一轮谈判终于在近两年的讨价还价后得以启动，并冠名为"多哈发展议程"谈判，以显示本轮谈判对发展中国家利益的关注。在多哈会议上通过了《部长宣言》，又称多哈宣言。多哈宣言重申了《农业协议》第 20 条关于农产品贸易的长期改革目标。宣言对新一轮农业谈判的目标表述如下："我们忆及《农业协议》规定的长期目标，即通过基础性的改革方案包括强化规则的约束力和对支持和保护的承诺，以纠正和防止对国际农产品市场的限制和扭曲，建立一个公正的市场本位的贸易体系。我们重申我们的承诺。在迄今为止进行的工作的基础上并对谈判结果不做预设的前提下，我们承诺针对以下目标问题进行全面充分的谈判：对市场准入的实质性改进；对所有形式的出口补贴的削减和逐步取消；对产生贸易扭曲的国内支持的实质性削减。我们同意发展中国家的特殊和差别待遇应成为《农业协议》谈判中各个问题的不可或缺的组成部分，并且在减让和承诺表中得以体现，并适时体现在将要谈判的规则和纪律中，以便使其有效实施并使发展中国家可以充分考虑其发展需要，包括粮食安全和乡村发展。我们注意到成员提出的谈判建议里反映的非贸易关注问题，并在此确认，非贸易关注将依照《农业协议》的规定列入谈判议题。”

《农业协议》关于农业领域的进一步改革目标的规定以及《多哈宣言》所确定的谈判愿景，都强调了对发展中成员利益的关注，包括发展中成员对于粮食安全和乡村发展的关切，这为农产品特殊保障机制的提出确立了法律依据。

二、WTO 农产品特殊保障机制（SSM）议题的主要内容

到目前为止，虽然 WTO 未就农产品特殊保障机制（SSM）达成最终协议，我们无法就该机制的具体内容进行描述，但是，根据新一轮贸易自由化的谈判进程，我们还是可以了解农产品特殊保障机制（SSM）的大体框架。WTO 农产品特殊保障机制主要包含农产品特殊保障机制的界定、农产品特殊保障机制的政策目标、适用农产品特殊保障机制的资格、农产品特殊保障机制的产品范围、农产品特殊保障机制的触发机制以及可以采取的保障措施等几个方面的内容：

（一）关于农产品特殊保障机制的界定

虽然目前尚没有关于农产品特殊保障机制的官方定义，学者们从不同的角度对该机制的界定也不尽相同，但是根据目前谈判中的共识，可以认为，农产品特殊保障机制，是指在进口激增或价格下跌的情形下，发展中成员可以通过征收附加税或者限制进口数量的方式，以保障本国的粮食和生存安全以及农村发展。

（二）关于农产品特殊保障机制的政策目标

根据 1994 年关贸总协定中的《农业协定》的规定，农产品特殊保障措施（SSG）的政策目标主要是保障部分成员进口措施关税化农产品的国内市场稳定。在新一轮农产品贸易自由化谈判中，根据发展中成员的提案，农产品特殊保障机制（SSM）的政策目标应是主要保障发展中成员小农户及其自身的粮食安全。在大部分发展中成员，存在着大量的小规模农户，由于缺乏相应的保险制度安排，这些小农户收入来源单一，而且没有其他收入来源，农产品市场的波动会给这些农户的生活带来严重的影响。因此在扩大市场准入机会的同时，通过建立农产品特殊保障机制，稳定发展中成员农产品市场，避免其陷入贫困，是极为必要的。

对于农产品特殊保障机制的政策目标，大多数成员没有分歧，但是部分发展中成员，特别是农产品出口国，如阿根廷、菲律宾、泰国、巴拉圭、玻

利维亚等提出，农产品特殊保障机制定义不应过于宽泛，因为定义过于宽泛会损害没有补贴的出口国的利益，因此农产品特殊保障机制的目标应该主要是消除由出口补贴而带来的贸易扭曲。但是，这种观点实际上将农产品特殊保障机制作为一种反补贴措施，偏离了发展中成员提出建立农产品特殊保障机制的初衷，难以被大多数发展中成员所接受。还有部分成员，如日本、韩国等提出原来拥有采取农产品特殊保障措施权利的成员应该继续保留实施农产品特殊保障措施（SSG）的权利，后来又提出建立针对易腐产品和季节性产品的保障机制，根据目前的谈判情况来看，这一观点也难以被大多数成员所接受。

（三）关于农产品特殊保障机制的使用资格

虽然 WTO 成员几乎一致认为只有发展中成员享有使用特殊保障机制的资格，但是，由于现在的发展中成员的概念比较宽泛，很多成员都是自我认定，因此，关于具体哪些成员有资格援用农产品特殊保障机制，目前还没有达成共识。主要有四种意见：（1）所有发展中成员均有资格使用农产品特殊保障机制。古巴、洪都拉斯、巴基斯坦等成员持这种观点。泰国也认为所有的发展中成员都应享有使用农产品特殊保障机制的权利，反对把发展中成员区别为最不发达成员和粮食净进口成员以及其他发展中成员，认为这种划分没有实际意义。（2）以美国为代表的部分发达成员提出，农业出口大国（或者说净出口国），如巴西应排除在外，不能适用特殊保障机制。美国大豆协会在向美国政府提交的一份报告中明确提出，巴西、阿根廷等农业出口大国不应享受农业协议中的差别待遇。（3）以澳大利亚为代表的农产品出口成员提出，农产品特殊保障机制的使用资格应当与产品的关税自由化程度挂钩，可以将关税低于×%作为标准。斯里兰卡则认为，适用农产品特殊保障机制的产品必须符合两个标准：一是约束性税率较低；二是没有国内支持削减义务或出口补贴。（4）由各成员自主声明使用农产品特殊保障机制。韩国持这种观点。

由于几乎所有的发展中成员都有相当部分的贫困人口和粮食安全问题，判定哪些成员具有使用农产品特殊保障机制的资格确实是一件非常困难的事情，从历次谈判的情况来看，这也是新一轮贸易自由化谈判的焦点问题之一。

我们注意到，英国有研究者对农产品特殊保障机制的使用资格的几种可能判定标准进行了分析。第一种是根据成员对国内农业生产者转移支付水平来确定农产品特殊保障机制的使用资格。这种主张假设，如果一个成员有能力对国内农业生产者进行转移支付，就表明这个成员在农产品价格过低时，有能力对农业生产者进行支持，因袭，只有一个成员对农业生产者的支持水平低于某个水平时，才能使用农产品特殊保障机制。但实际上，特殊保障机制的政策目标与国内支持的政策目标并不相同，把两者挂钩会扭曲特殊保障机制的政策目标。第二种是以农产品出口额占国内生产总值的比例来确定。这种方法假设，能够大量出口农产品的成员不会是一个粮食安全难以得到保障的成员。但是研究者认为，实际中很难看到这种联系，相反那些对国际市场开放程度很高的成员，其国内农业越容易受到国家市场的影响而不稳定，更需要农产品特殊保障机制的保护。第三种是按照实际人均收入水平进行划分或者按照联合国粮农组织确定的低收入粮食进口国的标准确认。这种方法最为简单和透明，或许最能得到成员国的支持。

（四）关于农产品特殊保障机制的产品范围

关于农产品特殊保障机制适用的产品范围，主要有两种意见：第一种意见认为应包括所有的农产品。发展中成员多持这种观点。第二种意见认为农产品特殊保障机制的产品范围应仅限于部分特定的农产品。发达成员多持这种观点。日本和韩国则建议，农产品特殊保障机制应针对易腐和季节性产品，这一主张受到了多数成员的反对。基于农产品特殊保障机制的政策目标，农产品特殊保障机制所包括的产品应该是对国家粮食安全具有重要意义，或者比较敏感的产品，即对农民生活具有重要意义的产品。

（五）关于农产品特殊保障机制的触发机制

关于农产品特殊保障机制的触发机制，主要有两种，即价格触发机制和数量触发机制，大多数发展中成员主张两种触发机制可以同时适用，而发达成员则认为只应适用单一的数量触发机制。关于触发价格的确定，古巴、巴基斯坦等国提出两种选择：一种是根据前三年今后平均到岸价计算或者根据近六年进口到岸价中最低三年的平均价格计算；另一种是根据当年国内市场平均价格计算，与农产品特殊保障措施（SSG）相类似，农产品特殊保障机制的触发价格也应逐船计算。英国研究者则提出，触发价格水平应根据汇率的变动进行调整。可以根据进口产品到岸价格的移动平均价格确定触发价格水平，这种方式的好处在于能够考虑该商品价格变动的长期趋势。关于数量触发水平的确定，古巴、巴基斯坦等 11 个成员提出，把前三年的进口数量的平均值作为基期值，同时不把触发水平与进口量在国内消费量中的比例相挂钩。这主要是考虑到部分发展中成员提供国内消费量的数据可能存在困难。

英国研究者对于两种触发机制的有效性和合理性进行了分析。他们认为，价格触发机制的合理性非常明显。短期内进口价格的波动可能影响农户的生活状况，而价格触发机制则是消除这种短期波动。但为了避免对国际市场的干扰，触发价格应该设定在一个比较低的水平上，使其仅仅是在异常情况下用来避免对国内生产者带来损害。而且，触发价格应该定期进行调整，这既是适应商品价格长期趋势的表现，允许国际价格合理变动传递到国内市场的需要，也可以防止一个国家频繁启动农产品特殊保障机制。但数量触发机制的合理性就不那么明确了，从理论上说，某种农产品全球供给的增加会导致价格的下降，这种情况可以通过价格触发机制来加以防范，这就意味着没有必要设立数量触发机制。如果某种商品进口快速增加的同时，并没有伴随着价格的下跌，那么是国内需求增加的正常反应，也就不会影响到国内生产者的竞争地位。在这种情形下启动数量触发机制实际上会损害国内消费者的利益。但也有研究者认为，上述推理是建立在市场充分竞争的前提下的，如果存在不完全竞争，垄断性贸易会吸收一些价格变动，因此设立数量触发机制还是有一定的合理性的。

三、WTO农产品特殊保障机制（SSM）与周边制度的比较

作为一种在贸易自由化的背景下，为保护国内产业而采取的紧急措施，农产品特殊保障机制与《保障措施协议》所规定的一般保障措施以及《农业协议》所规定的农产品特殊保障措施存在密切的关系，通过对农产品特殊保障机制与这两个周边制度的比较，有助于我们加深对该机制的理解。

（一）WTO农产品特殊保障机制（SSM）与一般保障措施（SG）的比较

（1）相同之处。

首先，SSM与SG都是一种紧急措施。二者都是在特定情况下为维护国内产业利益对相关义务和承诺的背反，都是一种除外条款和例外条款。其次，SSM与SG都以进口数量的增加作为启动相关措施的前提。《保障措施协议》所规定的保障措施以进口产品数量的增加作为发送调查的前提。根据目前的谈判情况来看，农产品特殊保障机制也极有可能以进口数量的增加作为触发机制之一。最后，SSM与SG相关措施的采取都应当遵循透明性原则。《保障措施协议》规定的保障措施在发动调查前、实施措施前及延长保障措施均应通知保障措施委员会；并应就提议实施或已实施之临时措施或延长保障措施与利害关系方进行充分的事先磋商；另外对任何意义上的磋商结果、中期审查结果、补偿、减让，还应及时通知货物理事会。根据目前的谈判情况，农产品特殊保障机制的发起和实施，同样要遵循透明性原则。

（2）不同之处。

其一，SSM与SG针对的产品不同。《保障措施协议》所规定的产品具

有普遍性，而农产品特殊保障机制所针对的产品则是农产品，而且从目前的谈判情况来看，极有可能仅针对大宗农产品以及一些敏感的农产品。其二，SSM 与 SG 实施条件不同。《保障措施协议》所规定的保障措施，是以进口增加给国内产业造成严重损害或者严重损害威胁为发动调查的条件，对“严重损害”有明确的界定和量化的指标，且对进口与国内相关产业的损害之间的因果关系具有明确的要求。农产品特殊保障机制则不存在这方面的要求。其三，SSM 与 SG 进口数量增加的条件不同。《保障措施协议》所规定的保障措施要求进口量增加既可以是绝对增加，也可是相对于表观消耗来说的相对增加，哪怕从静止的意义上来说进口量近几年没有变化，但是如果相对值在上升，也可以认定为进口的增加。根据目前的谈判情况，农产品特殊保障机制所要求的进口数量的增加应强调绝对增加。其四，SSM 与 SG 限制水平不同。《保障措施协议》所规定的一般保障措施，其限制水平有一定的量化额度，即在使用数量限制措施时，该措施“不得使进口量减少或低于最近 3 年内的平均水平”，此后应逐步扩大配额，直至最终取消限制。从目前的谈判情况来看，农产品特殊保障机制没有这方面的要求，其实施起来具有更强的随意性。其五，SSM 与 SG 实施的措施不同。《保障措施协议》规定的保障措施的实施，不仅可以适用关税措施和数量限制，还可以采用其他对实现这些目标最合适的措施。从目前的谈判情况来看，农产品特殊保障机制的实施应该可以采用征收附加税或者数量限制这两种形式。其六，SSM 与 SG 是否可以采取临时保障措施不同。根据《保障措施协议》的规定，在有明确证据证明如不采取相关措施，进口增加将对国内产业造成难以补救的损害的紧急情况下，允许成员方采取提高关税形式的临时保障措施。从目前的谈判情况来看，没有任何提案认为农产品特殊保障机制应当规定临时保障措施，可以肯定农产品特殊保障机制应当没有这方面的要求。其七，SSM 与 SG 补偿要求不同。当一成员方采取一般保障措施时，原则上必须商定给予受该措施影响的其他成员方相应的补偿，协商不成时受影响的成员可以采取报复措施。从目前的谈判情况来看，采取农产品特殊保障机制并不要求发展中成员对有关利益方进行补偿。

（二）WTO 农产品特殊保障机制（SSM）与 WTO 农产品特殊保障措施（SSG）的比较

通过上文对农产品特殊保障机制含义的概括，我们大概能够总结出其与 WTO 农产品特殊保障措施（SSG）的异同点。

（1）相同之处。

其一，SSM 与 SSG 都是在进口激增或价格下跌的情况下，为保护成员国粮食安全和相关产业而设计的制度。其二，SSM与SSG都采用定量化的方式，设定触发价格和触发数量。其三，SSM与SSG都不需要证明相关产品的进口对国内产业造成损害或者有损害威胁。其四，根据目前的谈判情况，可以肯定，和农产品特殊保障措施一样，在适用农产品特殊保障机制的时候，也不能适用其他保障措施，即几种保障措施不能在同一个产品上同时使用。

（2）不同之处。

其一，特殊保障措施（SSG）虽然没有限定是否只有发达国家可以使用，但是，由于其设定只有关税化的产品以及标注了（SSG）的产品才可以使用，所以，事实上能够援引特殊保障措施（SSG）主要是部分发达成员，而大多数发展中成员则不能援引特殊保障措施（SSG）。其二，关于就哪些成员享有援引农产品特殊保障机制（SSM）的问题上，WTO还没有达成共识，但是，目前各成员方已经一致认为只有发展中成员可以援引特殊保障机制（SSM），而发达成员则不享有援引特殊保障机制（SSM）的资格。不过，是否所有的发展中成员都享有援引特殊保障机制（SSM）的资格，目前还没有达成一致。其三，农产品特殊保障措施只针对在乌拉圭回合中实行关税化的农产品，而特殊保障机制则没有这方面的要求，但是，关于特殊保障机制是否应当适用于所有的农产品，目前各成员方分歧严重。其四，关于触发条件，特殊保障措施采用数量触发和价格触发两种形式，而关于特殊保障机制的触发条件，各成员方争执不休，但是有一点是可以肯定的，即将诞生的农产品特殊保障机制与农产品特殊保障措施的触发条件会有很大的不同。其五，农产品特殊保障措施的实施条件极为复杂，由于受到各方面的条件和能力的限制，发展中成员难以适用，根据目前的谈判情况来看，农产品特殊保障机制的是条件将比特殊保障措施更为简单、有效和容易实施。

四、WTO农产品特殊保障机制（SSM）与情势变更法理

（一）情势变更原则的永恒性与变化性

如前所述，情势变更原则最初产生于民法，是对合同实质公平的追求。国际法中的有约必守原则，是情势变更原则在国际法中的运用，表明了国际法对国家间权利义务的伦理态度。不论是国内法还是国际法，不论是情势变更原则还是有约必守原则，不变的是对缔约双方的伦理关怀，即缔约双方的权利义务配置是否符合人们对公平、正义的追求。公平、正义是人们千百年来的不断追求。那些有利于促进和实现公平、正义的法律制度被人们采纳，那些不利于促进和实现公平、正义的法律制度被人们抛弃。

关于公平、正义的内涵，各家众说纷纭。如亚里士多德认为，公平/正义是人类最高的美德①。“由正义衍生的礼法，可凭以判断（人间的）是非曲直，正义恰是树立社会秩序的基础。”② “所谓公正，是一种所有人由之而作出公正的事情来的品质，它使他们成为做公正事情的人。由于这种品质人们行为公正和想要做公正的事情。不公正的意思也是这样，人们由此做不公正行为和想不公正的事情。”③ 伊壁鸠鲁认为，“自然的公正，乃是引导人们避免彼此伤害和受害的互利的约定”。④ 休谟认为，“正义起源于人类协议；这些协议是用以补救由人类心灵的某些性质和外界对象的情况结合起来所产生的某种不便的。心灵的这些性质就是自私和有限的慷慨；至于外物的情况，就是它们的容易转移，而与此结合着的是它们比起人类的需要和欲望来显得稀少”。⑤ 庞德认为：“在伦理上，我们可以把它（正义）看成是一种个人美德或是对人类的需要或要求的一种合理、公平的满足。在经济和政治上，我们可以把社会正义说成是一种与社会理想相符合，足以保证人们的利益与愿望的制度。在法学上，我们所讲的执行正义（执行法律）是指在政治上有组织的社会中，通过这一社会的法院来调整人与人之间的关系及安排人们的行为；现代法哲学的著作家也一直把它解释为人与人之间的理想关系。”⑥ 罗尔斯认为，正义“是社会制度的首要价值，正像真理是思想体系的首要价值一样”⑦，并提出了关于正义的两个基本原则。“第一个原则：每个人对与其他人所拥有的最广泛的基本自由体系相容的类似自由体系都应有一种平等的权利。第二个原则：社会的和经济的不平等应这样安排，使它们被合理地期望适合于每一个人的利益；并且依系于地位和职务向所有人开放。”⑧ 虽然人们对公平、正义的内涵不能形成一致的看法，但人们对公平、正义的向往和追求是永恒的话题。这也正是情势变更原则得以从理论形态转

① 亚里士多德．亚里士多德选集伦理学卷［M］．北京：中国人民大学出版社，1999：103.

② 亚里士多德．政治学［M］．北京：商务印书馆，1997：9.

③ 亚里士多德．亚里士多德选集伦理学卷［M］．北京：中国人民大学出版社，1999：101.

④ 周辅成．西方伦理学名著选辑（上卷）［M］．北京：商务印书馆，1964：96.

⑤ 休谟．人性论（下）［M］．关文运译，北京：商务印书馆，1980：534-535.

⑥ 庞德．通过法律的社会控制——法律的任务［M］．北京：商务印书馆，1984：71.

⑦ 罗尔斯．正义论．何怀宏等译［M］．北京：中国社会科学出版社，1988：3.

⑧ 罗尔斯．正义论．何怀宏等译［M］．北京：中国社会科学出版社，1988：60-61.

化为制度形态、从国内法向国际法渗透的生命力所在。

“正义具有着一张普洛透斯似的脸，变幻无常，随时可呈不同形状，并具有极不相同的面貌。”① 因此，人们对公平、正义的向往和追求也具有较大的变化性。一方面，不同的人对公平、正义的理解不同。另一方面，当客观条件发生了变化，公平、正义的内容也会发生相应的改变。正基于此，伊壁鸠鲁才认为，“如果没有任何新的情况发生，一件事过去曾被宣布为公正，而现在表明在实践中并不符合于一般的理解，那么，这件事就不是公正的。但是，如果一件事曾被宣布为公正，因为发生了新的情形，不再表现为与利益相符合，那么，这件曾是公正的事（因为它曾有利于社会关系和人类交往）只要不再有用，就不再是公正的”。② 后者正是情势变更原则得以产生的逻辑起点。从情势变更理论引入法律制度的历史来看，20世纪30年代爆发的全球性经济危机，使得人们有机会认识到公平、正义的另一面向，改变了意思自治中有关“合同必守”的成规。

正是由于公平正义的永恒性使情事变更原则具有强大的伦理基础，同时公平正义的变化性也使情事变更原则的适用具有一定的变化性，情事变更原则的适用会根据时代的不断发展而与时俱进。

（二）国际社会发展的时代主题与情事变更原则

发展问题，是“二战”以后世界范围内最重要的、最突出的时代主题之一，也是各国人民面临的主要任务之一。发展问题的产生可以追溯到18—19世纪。当时正处于世界资本主义体系的形成期和帝国主义的殖民统治和扩张期。按照罗尔斯的理论，发展问题的本质是国际社会中分配正义问题。“基于国际贸易在促进经济增长和发展方面的重要作用，战后以关贸总协定（GATT）和世界贸易组织（WTO）为基础的多边贸易体制，历来是发展中国家推动解决发展问题的重要场所。”③

在GATT成立初期，由于发展中国家数量的较少，其贸易量在所有缔约方中的比例较小，发展中国家的发展问题一直没有受到应有重视。直到1958年哈伯勒提交有关GATT与发展中国家关系的报告，才标志着发展中

① 庞德．通过法律的社会控制——法律的任务［M］．北京：商务印书馆，1984：73.

② 北京大学哲学系外国哲学史教研室．古希腊罗马哲学［M］．北京：商务印书馆，1961：347.

③ 黄志雄．WTO与发展问题研究报告［J］．武大国际法评论，2007（6）：190.

国家在 GATT 的地位发生了根本性改变①。该研究报告认为，当时的贸易规则对发展中成员不利，建议 GATT 采取措施维持和扩大发展中成员出口收入。20 世纪六七十年代，一大批新独立国家登上国际舞台，共同的经历和相同的地位使它们凝聚为一股强大的政治力量，要求实现完全的经济独立与发展，进而要求在新的国际政治、经济秩序中反映其利益和主张。GATT“与欠发达国家有关的法律和组织框架委员会”、联合国贸易与发展委员会（UNCTAD）和“七十七国集团”的产生，标志着发展中国家作为一个整体，开始对多边贸易体制产生影响。但是，在肯尼迪回合期间生效的 GATT 第四部分“贸易与发展”，由于规则制定的主导权依然在发达国家手中，其“最大努力”的软约束条款并没有给发展中成员在多边谈判中带来明显利益。② 东京回合开始时，发展中国家在 GATT 缔约方中的比例已达到 2/3③。该回合谈判首次全面将非关税壁垒作为多边贸易谈判的主要目标，并力图进一步调和发达国家与发展中国家间的分歧。其标志性的举措是 1976 年 11 月根据巴西代表的提议，在原有 6 个谈判议题的基础上新增一个“协议框架”谈判组。巴西希望从总体上调整 GATT 的法律义务结构，尤其是将永久性差别待遇纳入 GATT 框架，从而改变发展中国家在 GATT 的地位。其具体建议包括：要求 GATT 对在 UNCTAD 支持下实施的普惠制提供永久的法律基础，对发展中国家以国际收支、经济发展为目的的保障措施给予更大的灵活性，并承认非互惠作为发展中国家的一项权力等④。乌拉圭回合中，发展中国家在向发达国家做出让步的同时，也取得了将农产品和纺织品纳入到多边框架等一系列积极成果。

20 世纪 90 年代后期以来，随着经济全球化的加快和南北差距的进一步扩大，国际社会要求解决发展问题的呼声重新高涨。在 2000 年召开的联合国千年首脑会议上，各国首脑们通过了《千年发展宣言》。《宣言》认为，“我们今天面临的主要挑战是确保全球化成为一股有利于全世界所有人民的

① 张幼文．多哈发展议程：议题与对策［M］．上海：上海人民出版社，2004：19.

② 张幼文．多哈发展议程：议题与对策［M］．上海：上海人民出版社，2004：19.

③ 仅在 1960—1969 年间新加入 GATT 的 39 个国家中就有 34 个是发展中国家。参见张汉林．张汉林解读中国入世［M］．北京：经济日报出版社，2002：477.

④ Winharn，Gilbert R. 1986：International Trade and the Tokyo Round，Princeton，NJ：Princeton University Press p. 145，转引自张幼文．多哈发展议程：议题与对策［M］．上海：上海人民出版社，2004：20.

积极力量。因为尽管全球化带来了巨大机遇，但它所产生的惠益目前分配非常不均，各方付出的代价也不公平。我们认识到发展中国家和转型期经济国家为应付这一主要挑战而面临特殊的困难。因此，只有以我们人类共有的多样性为基础，通过广泛和持续的努力创造共同的未来，才能使全球化充分做到兼容并蓄，公平合理。这些努力还必须包括顾及发展中国家和转型期经济体的需要、并由这两者有效参与制订和执行的全球性政策和措施”。《宣言》承诺，“将不遗余力地帮助我们十亿多男女老少同胞摆脱目前凄苦可怜和毫无尊严的极端贫穷状况。我们决心使每一个人实现发展权，并使全人类免于匮乏”。“建立一个开放的、公平的、有章可循的、可预测的和非歧视性的多边贸易和金融体制。”“对发展中国家在筹集资助其持续发展所需的资源时面临各种障碍表示关切。”“设法满足最不发达国家的特殊需要。”

国际社会发展的时代主题强化了在国际贸易中适用情事变更原则的需求和需要，加剧了发展中国家在国际贸易中适用情事变更原则的紧迫性，对情事变更原则的适用也提出了新的时代要求，赋予了情事变更原则适用的新的内涵，即在农产品贸易中追求实质公平和粮食安全。

（三）WTO 农产品特殊保障机制（SSM）对情势变更原则的应用：实质公平与粮食安全

2001 年 10 月 22 日，中国与 77 国集团共同发表宣言。宣言指出“由于目前国际经济、贸易体制存在的缺陷，许多发展中国家并没有能够分享到全球经济繁荣所带来的好处。而全球经济下滑将会对包括最贫穷国家在内的发展中国家造成最严重的影响。因此，下一轮世贸谈判必须重视发展中国家的发展问题”。① 2001 年 11 月 13 日，WTO 第四届部长会议在多哈召开，通过了《WTO 多哈部长宣言》，将多哈回合确定为“发展回合”。《宣言》在序言中明确表示，“WTO 的大多数成员是发展中国家。我们寻求将它们的需要和利益置于本宣言通过的工作方案的中心”。“我们将继续作出积极的努力，以保证发展中国家，特别是其中的最不发达国家，在世界贸易增长中获得与其经济发展需要相当的份额。在这方面，市场准入的扩大，规则的平衡以及有针对性、得到持续资助的技术援助和能力建设方案，可以发挥重要作用。”“我们承认最不发达国家的特别脆弱性及其在全球经济中面临的特殊结构性困难。我们致力于解决最不发达国家在国际贸易中的边缘化问题和提高它们有效地参与多边贸易体制的能力。”多哈回合的成功，将有助于发展中国家更好地参与国际经济竞争与合作，有助于发展中国家发挥“后发优

① 丁刚. 联合国期盼“发展回合”[N]. 人民日报，2001-11-19（7）.

势”，逐步缩小与发达国家的差距，使多边贸易体制为发展中国家更好地提供多边贸易保护机制，并且帮助最不发达国家克服短期调整困难，进一步融入多边贸易体制中来①。

可见，“发展”的呼声已经成为当今时代的最强音。情势变更原则必须体现“发展”蕴含的分配正义要求，在现有的多边贸易体制框架下更加维护和促进发展国家的利益②。因为“随着国家间相互依存关系和国际社会连带性的加深，国家间的分配正义不但成为可能，而且正日益成为经济、法律和道德的必然要求”③。虽然 WTO 农产品特殊保障措施（SSG）与 WTO 农产品特殊保障机制（SSM）都体现了情势变更法理，但由于提出的时代背景不同，WTO 农产品特殊保障机制（SSM）中有关情势变更的内涵更加注重“发展”的时代要求。

作为对“发展”呼声的回应，WTO 农产品特殊保障机制（SSM）下的情势变更原则，必须促进发达国家与发展中国家之间的农产品贸易实质公平和维护发展中国家的粮食安全。一方面，在现有的农产品国际贸易秩序中，发展中国家的农产品贸易发展能力不足，粮食安全长期处于低级状态。这既是现有农产品国际贸易秩序注重形式公平忽略实质公平的结果，也是发达国家在历史上对发展中国家进行长期掠夺所造成的。因此，只有改变注重形式公平而忽略实质公平的农产品国际贸易秩序，让发达国家更多地承担起促进发展中国家发展的历史责任，才能真正提高发展中国家的农产品贸易发展能力和粮食安全保障能力。另一方面，从农产品贸易自由化与发展和安全的关系来看，任何忽视发展中国家贸易利益和粮食安全的制度安排，无论将对农产品贸易自由化起多大作用，都不可能获得这些发展中国家的支持。因为这些制定安排缺乏对发展中国家贸易利益和粮食安全的关注，自然对发展中国

---

① 薛荣久，樊瑛．WTO 多哈回合与中国［M］．北京：对外经济贸易大学出版社，2004：6.

② 张向晨认为，“多哈回合最初的目标定位是一个‘发展回合’，但实际上它对发展中国家，尤其是最不发达国家的关心是不够的，没有针对性的积极措施来解决最不发达国家的问题。虽然多哈回合谈判被称为‘发展回合’，实际上它并不能完成促进世界发展的使命。事实上，要实现贫穷国家发展的目标，依靠多边谈判是很无力的，还需要各方面的努力，比如国际援助组织、世界银行、货币基金组织等，同时更需要这些发展中国家自己调整”。(参见袁瑛．多哈回合作为一个发展回合，对最不发达国家的关心是远远不够的——访商务部世界贸易组织司司长兼中国政府世贸组织通报咨询局局长［J］．商务周刊，2006（16）：45-47)

③ 黄志雄．WTO 体制内的发展问题与国际发展法研究［M］．武汉：武汉大学出版社，2005：7.

家产生吸引力。最终不可避免地会伤害贸易自由化。只有切实关注和保障发展中国家贸易利益和粮食安全，才能争取本身已经处于弱势地位的发展中国家参与经济全球化的信心，使农产品贸易自由化得到切实推进。

第二节　WTO农产品特殊保障机制（SSM）与农产品贸易的实质公平

一、多哈回合以来农产品贸易利益的非均衡性

随着“二战”后关贸总协定和世贸组织的成立，贸易自由化取得了前所未有的发展，但是，由于历史传统、经济、政治、社会等各方面的原因，使得国家和地区间以及不同产业间贸易自由化的发展很不均衡。农产品贸易自由化的阻力向来大于工业品贸易，农产品贸易是WTO多边贸易体制下保护最为严重的领域。尽管WTO《农业协议》生效之后，农产品贸易的保护水平有了一定程度的降低，但总体保护水平仍居高不下，有的甚至还在上升。① 农产品贸易所产生的利益在各国间的分配也很不均衡，大体上看，发达国家获利较多，而发展中国家获利较少，有的国家甚至是净损失。

这种利益分配上的不均衡，不仅来源于发达国家农业相对于发展中国家的比较优势，更重要的还来源于发达国家严重扭曲贸易的国内支持。联合国国际食品政策研究所2007年的一份研究报告指出：“发达国家每年对国内农业实施的补贴总额高达2350亿美元，其中，仅欧盟的补贴政策就使发展中国家每年损失200亿美元，美国和日本的影响分别是110亿美元和50亿美元。由此导致发展中国家每年减少出口额达400亿美元。除贸易损失外，还造成发展中国家农民收入损失240亿美元，其中拉美和加勒比地区农民的损失最大，为83亿美元，其次是亚洲和非洲南部国家，分别为66亿美元和20亿美元。报告指出，如发达国家取消其国内农业的补贴，发展中国家的农产品贸易额可增长三倍，达到6000亿美元。”② 综上所述，在农产品国际贸易中，贸易利益的分配是不均衡的，发达国家分享了大部分利益。

农产品贸易保护是以牺牲广大消费者和其他利益集团的利益为代价的，

---

① 赵伟．国际贸易：理论、政策与现实问题［M］．大连：东北财经大学出版社，2008：172-183.

② 赵伟．国际贸易：理论、政策与现实问题［M］．大连：东北财经大学出版社，2008：179-180.

发达国家为何要不惜代价对国内农业进行保护呢？维斯恩（Swinnen）在新近的研究中发现，农产品贸易制度的保护水平，通常由三个方面的因素决定：一是比较优势和市场波动，该因素影响市场收益，进而这一市场力量会刺激政府采取保护；二是经济结构，该因素影响经济发展从而影响分配成本和政治组织能力；三是政治体制及其组织架构，该因素决定了体制外因素对政策决策的影响程度。① 就第一个因素而言，由农业生产要素的性质决定，在工业化的发展过程中，农业相对于其他产业逐渐变成弱势产业，同时，市场波动又直接影响了农民的收入，收入的下降直接刺激农民要求政府提供保护。就第二个因素而言，在工业化国家，农业在国民生产总值中的比重以及农业就业人口占总人口的比重较低，食品消费占总消费比重也较低，以至于消费者对农产品保护所带来的食品价格的上升已经不敏感，资本所有者对由此带来的工人工资上升也变得不敏感，因而对保护所带来的损失的反应就不那么强烈。另外，发达国家经济实力强大，国内支持财政支出的绝对额虽然很大，但是，所占财政支出的比重较小，不易遭到其他行业的反对。就第三个因素而言，政治体制决定了不同利益集团对农业保护政策决策的影响程度，发达国家民主程度较高，利益集团在政策决策中具有很高的影响力。根据集体行动原理，规模较小的集团往往比规模较大的集团对政策决策更有影响力，这是因为集团越大，越容易存在搭便车现象。广大消费者本来是自由贸易的潜在受益者，但是由于他们受益面分散，缺乏较强的内在动力去进行院外活动，而发达国家农民人数少，利益集中且组织良好，因而他们更能对农产品贸易政策施加影响。

发展中国家的情况则与发达国家相反，因此，发展中国家农产品贸易制度保护的水平较低。上述三个因素虽然揭示了发达国家和发展中国家农产品贸易制度保护水平不同原因，但是，应当注意的是这三个因素的背后是各国农业发展阶段的不同。世界经济发展史表明，农业在国民经济发展中必然要经历两个阶段，即农业主导国民经济阶段和工业反哺农业阶段。在农业主导国民经济阶段，国家工业化所需要的资本原始积累主要来自于农业剩余的转移，在工业化过程中，各国都实行以农养工的政策，通过工农业剪刀差，完成工业化的原始积累，所以，在这个阶段，政府既无能力也无动力对农业提供支持。广大发展中国家多处于工业化的起步阶段或工业化过程中，这就决

① Swinnen J F M: The Growth of Agricultural Protection in Europe in the 19th and 20th Centuries. 12th Congress of the European Association of Agricultural Economists EAAE. 2008. pp. 20-25.

定了它们不能对农产品贸易提供过多的保护。在工业反哺农业阶段，农业相对于其他产业变成“弱势产业”，这是由该产业的生产要素特性决定的。越来越少的土地面积、肥沃程度、降雨的丰沛程度和地域条件等自然禀赋难以改变，农业机械化受农业单位耕作面积的限制，农业技术相对于工业技术而言难以突破。所有这些因素决定了农业生产率的进步无法与其他经济部门相提并论，再加上自然灾害、国际市场变化等因素带来的价格波动，导致农民生活处于低水平的不稳定状态。所以，在工业反哺农业阶段，发达国家既有能力也有动力对农业提供支持，这就决定了发达国家会对农产品贸易提供高额的国内支持。综上所述，农业发展阶段的不同是各国农产品贸易保护程度不同的根本原因。

二、农产品贸易利益的非均衡性与保障措施

在近现代的国际贸易发展过程中，国际贸易中自由主义与保护主义曾进行过长期的激烈斗争。但随着二战后经济的发展和国际关系的改善，自由贸易政策主张越来越被人们所认识和采纳，成为国际贸易理论和实践的主流。通过自由贸易进行国际分工，减少和消除扭曲措施，能够发挥比较优势，提高资源的使用效率，从而提高贸易国的福利水平的贸易理论十分流行。但是，自由贸易理论对现实贸易政策的理论解释也具有局限性。首先，自由贸易理论适用经济学手段研究贸易的模式和获利问题，忽略了贸易政策决策中的政治问题，因为在自由贸易改善一国总体福利的背后，隐含着某些利益集团利益的恶化，这些集团会在政治上对贸易政策施加影响，通过一定的贸易保护措施维持或提高他们的利益，从而使贸易政策偏离自由贸易轨道。其次，我们看到，任何一种贸易理论都存在或多或少的假设前提，这些假设多数在现实中是不成立的，因而限制了理论对现实的解释力。

西方主流经济学假设政治因素作为外生给定，用纯经济学的分析方法，阐述自由贸易和保护贸易对国民福利和国家利益的影响。但是，如果我们对现实贸易政策进行观察就不难发现，但从经济学角度解释贸易政策就会存在贸易理论的悖论，即自由贸易理论与保护贸易理论的悖论。因为单从经济学角度看，自由贸易会带来一国乃至世界的净福利的增加，而保护贸易则会带来净福利的减少，因而世界各国都应该实行自由贸易政策。但是现实世界中的情形却是，自由贸易政策与保护贸易政策不仅同时存在于不同的产业之间，甚至同一产业的贸易政策本身也是自由贸易与保护贸易思想的混合体。完全的自由贸易和完全的保护贸易都只存在于贸易理论的抽象研究之中，而

现实的贸易政策却是二者某种程度的结合。①

贸易政策历来都是自由贸易和保护贸易平衡的结果，因此，研究贸易保护制度也必须考虑贸易自由主义对贸易政策决策的影响。现实贸易政策决策更多的是为争夺贸易利益分配的政治过程。这种利益分配包括两个方面，一是贸易利益在国内不同利益集团之间的分配。为了维护或改变自由贸易利益的自然分配格局，不同利益集团会激烈地游说决策者的政治活动，游说的结果往往是自由贸易利益的自然分配格局被打破。二是贸易利益在贸易伙伴国之间的分配。贸易伙伴国围绕某种产业领域的安排进行政治斗争，保留实施保护措施的权力来改变贸易条件从而改变贸易利益的国别分配。

自由贸易虽然能够创造利益，但是由于不同国家和地区以及不同产业利用对外贸易的能力不同，因此它们在贸易自由化过程中所能分享的利益也不同。有的国家在国际市场上捞尽好处，有的国家则感到力不从心；有的产业在贸易自由化过程中获得腾飞，而有的产业则在对外开放中逐渐萎缩。不同的境况，决定了不同国家和地区以及不同产业对于贸易自由化的不同态度。贸易利得较大者希望贸易的限制越少越好，而贸易利得较少，甚至亏损者，显然不愿意贸易自由化的过快发展。所以，在现实世界中，自由贸易和保护贸易总是相伴而生，自由贸易决定着贸易利益的创造，保护贸易决定着贸易利益的实际分配，利益和利益分配的均衡决定了现实贸易政策的状况。②

如果一个国家不能从自由贸易中获得任何利益，除非有国际霸权的存在，否则很难想象这个国家会开放市场。但是，理论和实践均已证明，自由贸易的确能带来诸多好处，受到利益的驱使，各国通常都有进行自由贸易的愿望，而且都有各自对于可获得的贸易利益的预期。如果一个国家在自由贸易中所获得的利益符合其预期，则其会继续开放市场；如果一个国家所获得的利益低于其预期，则其倾向于采取保护贸易的政策。

由于贸易利益分配不均，导致了国家之间和产业之间加快市场开放与限制市场开放两种态度的冲突。一国希望加强与另一国在某一产业领域的贸易往来，而另一国更希望加强与该国在其他领域的来往；国内强势产业的利益集团希望政府采取更加开放的贸易政策，而弱势产业的利益集团则指望政府加强贸易保护。如果各国都各行其是，那么它们都将不能分享自由贸易所带

① 张曙光．《中国对外贸易政策的政治经济学分析》评介［C］．中国对外贸易政策的政治经济学分析．上海：三联书店、上海人民出版社，2002：15.

② 张曙光．《中国对外贸易政策的政治经济学分析》评介［C］．中国对外贸易政策的政治经济学分析．上海：三联书店、上海人民出版社，2002：15.

来的利益，那么将会导致“囚徒困境”式非合作博弈的结果。如何解决这一矛盾呢？经过国际贸易的不断实践以及国家之间的磋商，国际社会发现，只有制定一套既能确保贸易自由化稳步向前发展，又不恶化弱势国家和弱势产业处境的机制，才能有效缓解这一矛盾。这样的机制就是贸易自由化过程中的保障措施机制，即当由于进口数量的增加导致国内相关产业遭受严重损害或者严重损害威胁时，该国可以对该产品的进口采取限制措施。保障措施作为一种例外条款，它通过在一定条件下允许成员政府在必要时背离特定自由化承诺的途径，起到安全阀的作用。

综上所述，由于自由贸易能够创造利益，因此各国都有开放市场的愿望，但是，由于自由贸易所带来的利益分配不均衡，所以各国都有限制市场开放的动力，为了规避自由贸易带来的风险，各国通过合作创设了保障措施机制。由于保障措施的存在，各国即便明知开放市场可能有危险，也会充满信心地开放市场，因为即便危险真的来到，它可以启动保障措施合法地限制外国商品的进入。保障措施条款对贸易自由化协议的存在和运作往往至关重要，因为它通过在一定条件下允许成员政府在必要时背离特定自由化承诺的途径，起到安全阀的作用。① 因此保障措施消除了人们对于贸易自由化的顾虑，使得自由贸易能够持续健康地进行下去。

三、WTO 农产品特殊保障机制（SSM）的实质公平观

（一）WTO 一般保障措施（SG）不足以保障农产品贸易的实质公平

作为 WTO 多边贸易协定的情势变更原则，WTO 一般保障措施（SG）当然也能够适用于农产品贸易领域，但是，由于下列原因，WTO 一般保障措施（SG）不能满足保障农产品贸易实质公平的需要：

其一，由于一般保障措施严格的实施条件和高额的实施成本，发展中成员难以利用其保障国内农业免受严重损害。为防止保障措施条款被滥用，GATT 第 19 条和《保障措施协议》对一般保障措施规定了较为严格的限制条件：一方面，实施国需要充分的证据证明进口或者价格的变化对国内产业造成严重损害或者严重损害威胁。要证明损害的存在需要进行大量的调查、需要大量的专业人才以及健全的对外贸易立法等，这些对于发展中成员来说

① Kenneth W. Dam: The GATT, Law and International Economic Organization. University of Chicago Press, 1970, p. 106；伯纳德霍克曼、迈克尔考斯泰基．世界贸易体制的政治经济学——从关贸总协定到世界贸易组织［M］．刘平等译．北京：法律出版社，1999：159.

都存在较大的困难。另一方面，还要求实施国对受到影响的成员作出相应的补偿，这对于发展中成员来说通常也是难以承受的。有研究表明，实施保障措施，既有成本，也有收益，而且成本先于收益之前就必须承担。通常情况下只有收益大于成本时，一个国家才会实施保障措施，因此一个国家的实施成本的承受能力决定着一个国家对于实施保障措施的态度。① 发达成员对于实施成本有较强的承受能力，所以在保障措施的发动者中，发达成员占据主角，而发展中成员则少有实施保障措施者，发展中国家难以运用一般保障措施条款保护本国的农业。

其二，由于农业生产的特殊性，一般保障措施不能及时为发展中成员农业免受严重损害提供保障。与工业品生产不同，一个国家的农业生产要素通常由该国的土地面积、气候条件、地域条件等决定，农业机械化受到农业单位耕种面积的限制，农业技术相对于工业技术而言也难以突破，农业生产还受季节限制，一旦农民因受到严重损失而错过耕种时间，将会对一个国家的经济发展和社会稳定产生重大的影响。同时，农田一旦被抛荒，恢复再生产能力也会比较困难。而实施一般保障措施，需要经过信息收集、调查和磋商等程序上的严格限制，这显然不能照顾到农业生产的特殊性，不能及时对农业生产提供保护。

其三，由于农产品贸易问题的高度敏感性，一般保障措施不能满足发展中成员对于粮食安全、生存安全和农村发展的高度关切。与其他产业不同，其他产业遭受损害虽然也会给国民经济造成负面影响，但是通常不会导致诸如生存安全、社会动荡、政治危机等严重的社会和政治问题，而农业是国民经济的基础，农业遭受损害也就意味着一个国家粮食安全、生存安全和农村发展受到重大影响。粮食安全、生存安全和农村发展主要是发展中成员面临的问题，而农产品自由贸易对发展中国家粮食安全、生存安全和农村发展可能带来的影响，很难反映到 WTO 一般保障措施所要求的国内产业的损害中去，因此一般保障措施不能照顾到发展中国家对于粮食安全、生存安全和农村发展的关切。

（二）WTO 农产品特殊保障措施（SSG）不适应新形势下农产品贸易的实质公平要求

WTO 农产品特殊保障措施（SSG）是针对乌拉圭回合谈判中非关税措施关税化改革的特殊情形，根据情势变更法理作出的特殊规定。在乌拉圭回

---

① 黄文俊．保障措施法研究——理论框架与实证分析［M］．北京：法律出版社，2004：18-27.

合谈判中，已经完成关税化改革的主要是发达成员，因此有资格适用 SSG 的主要是发达成员，实践中曾经启动 SSG 的也主要是发达成员，可见 SSG 主要是保障发达成员的利益。而在 WTO 多哈回合谈判中，发展中成员已经普遍将非关税措施关税化，并且大幅削减了农产品关税，也就是说，各方在形式上已经趋于平等。但是，形式上的平等却掩盖了实质上的不平等，因为发达成员高额的国内支持使得发展中成员在农产品贸易中处于不利地位，而发展中成员处于工业化的起步阶段或者工业化进程中，要想提高国内支持显然力所不及。事实上，根据新一轮农业谈判 2008 年所达成的最新模式草案，关于农产品特殊保障措施（SSG），明确发达成员实施期开始即将实施 SSG 的税目减至总税目的 1%，在实施期第 7 年完全取消 SSG，发展中成员实施期开始即将实施 SSG 的税目削减到总税目的 2.5%。可见，WTO 农产品特殊保障措施（SSG）事实上是在农产品贸易自由化进程中，为应对各成员农产品关税化改革的不同进度而创设的一项过渡措施。但是，在新一轮农业谈判过程中，形势已经发生了变化，各成员已经根据《农业协议》的要求，相继完成了农产品贸易的关税化改革，WTO 农产品特殊保障措施（SSG）显然已经不适应农产品贸易新形势的要求。在新一轮农业谈判中，广大发展中国家主张 WTO 农产品特殊保障措施（SSG）应当取消，WTO 农产品特殊保障措施（SSG）其实已经基本完成了其历史使命，也已经几乎失去了存在的基础。综上所述，WTO 农产品特殊保障措施（SSG）也不能保障新形势下农产品贸易中的实质公平。

（三）建立农产品特殊保障机制（SSM）有利于保障农产品贸易的实质公平

如果说在乌拉圭回合谈判中，发展中成员尚可以利用关税措施和各种非关税措施对抗发达成员高额的国内支持的话，那么，在多哈回合谈判中，由于发展中成员已经普遍将非关税措施关税化，并且大幅削减了农产品关税，在这种新形势下，农产品贸易中的实质不公平则是显而易见的。联合国国际食品政策研究所 2007 年的一份研究报告指出，发达国家每年对国内农业实施的补贴总额高达 2350 亿美元，其中，仅欧盟的补贴政策就使发展中国家每年损失 200 亿美元，美国和日本的影响分别是 110 亿美元和 50 亿美元。由此导致发展中国家每年减少出口额达 400 亿美元。除贸易损失外，还造成发展中国家农民收入损失 240 亿美元，其中拉美和加勒比地区农民的损失最大，为 83 亿美元，其次是亚洲和非洲南部国家，分别为 66 亿美元和 20 亿美元。报告指出，如发达国家取消其国内农业的补贴，发展中国家的农产品贸易额可增长三倍，达到6000亿美元。① 2005年世界银行发布的《全球农业贸易与发展中国家》报告指出，如果农产品贸易完全自由化，全球经济收益将高达3000亿美元，但中国农业和农民遭受的损失将是世界各国中最多的——中国农业总就业将减少6.6%，农民收入将下降3.1%。② 农产品贸易中的实质不公平是如此严重和显而易见，以至于若不加以防范，将可能会给发展中成员的农业带来严重损害，并进而威胁到发展中成员的生存和重大发展。和民法领域为了维护实质公平，法律会针对特殊情况根据情势变更法理作出特殊规定一样，在多哈回合谈判中，有必要针对农产品贸易中的这一特殊情况作出特殊的规定。在多哈回合谈判中，如果我们不能期望发达成员作出彻底或者较大幅度地削减国内支持的话，那么，在市场准入水平趋于一致的情形下，就有必要赋予发展中成员一项特殊的权利，这项特殊的权利就是在进口数量增加或者价格下跌到一定的程度时，发展中成员有权解除或修改其所承诺的义务，即允许发展中成员采取措施限制进口。关于这项权利的制度安排，就是即将建立的农产品特殊保障机制（SSM）。这个机制的实质，是为了保障农产品贸易中的实质公平，因此，这个机制的政策目标应当是保护发展中成员的大量贫困农户和国内粮食安全免受国际农产品市场波动的影响。这个机制应当与发展中成员的机构能力和资源相适应，应当能够适应农业生产的特殊性，应当对农产品贸易的高度敏感性有足够的关照，并且这个机制应当简便、有效和易于实施。

四、WTO农产品特殊保障机制（SSM）对贸易自由化的促进

近现代自由贸易理论研究表明，在经济上，贸易保护会扭曲市场，导致资源配置失效，进而导致国民净福利的损失，损人又损己；而自由贸易则可通过资源在世界范围内的重新配置提高资源使用效率，使国民净福利和世界净福利增加。从政府及选民理性人的假设出发，人们会主动趋利避害，选择自由贸易。从长期博弈角度看，人们也会选择合作实现共赢。特别是在国际贸易制度下，随着制度内成员的不断增加以及成员在国际经济贸易中实力的增强，少数成员垄断国际制度的现象在逐渐弱化，以合作方式表现出来的贸易自由化就会成为历史的必然选择。再者，保护是需要付出代价的。政府对农业实行保护加重了财政负担，引起国内收入再分配方面的利益冲突，迫使

① 赵伟．国际贸易：理论、政策与现实问题［M］．大连：东北财经大学出版社，2008：179-180.

② 李秉龙，薛兴利．农业经济学［M］．北京：中国农业大学出版社，2009：122.

政府不得不改革其农业保护政策以实现利益均衡。例如，欧盟委员会和美国政府的财政对农业补贴早已不堪重负，也受到区内和国内农业部门的巨大政治压力，因此都在努力改革其农业政策。虽然农产品贸易是当前 WTO 多边贸易体制下保护最严重的领域，但是，由于农产品自由贸易能够创造利益，无论是发达国家还是发展中国家都有进行农产品自由贸易的愿望，长远来看，人们会选择合作实现共赢，因此，农产品贸易进一步走向自由化的趋势不可逆转。

农产品贸易自由化是降低和约束关税、取消非关税壁垒、削减贸易扭曲型的农业国内支持与出口补贴措施、逐步开放农产品市场的一个过程。至于这个过程能够进行到何种程度，是一个难以预测和回答的问题。这是因为，农产品贸易不同于工业品贸易，它不仅涉及一个国家的经济利益，更重要的是还涉及政治利益，包括自由化带来的净利益在国内不同利益集团之间的分配（这种分配涉及国家政局和社会稳定、执政者的再次当选等）、国家粮食安全、农村发展和农民收入等重大问题。农产品贸易自由化所带来的净利益在世界各国间的分配也是不均衡的，一些国家获利多一些，一些国家少一些，甚至是净损失。所以，在国际关系中国家利益至上的条件下，一国在多边农业谈判中能够作出什么让步和让步到什么程度，主要取决于谈判结果对该国的国家利益的影响程度。

农产品贸易自由化的阻力大于工业品贸易。贸易制度的变迁取决于经济主体对政策制度变迁成本收益的权衡，如果改变贸易政策的成本大于收益，则不会支持政策调整；反之，就会支持调整。但这还不是充要条件，要成功实现对贸易政策决策的影响，还必须有一个利益一致的组织严密的组织来施加强有力的影响。相对于工业利益集团而言，农业利益集团的利益统一性和组织协调性更好，在发达国家尤其是这样。所以，农业利益集团对政策决策的影响力往往大于工业利益集团，它们为了获取或维持贸易保护带来的既得利益，会极力阻挠农产品贸易自由化。

为粮食安全、社会稳定、经济结构等宏观因素考虑，政府往往倾向于农业保护。不论发达国家还是发展中国家，粮食安全都是政府关注的重点，对人口大国来说尤其是这样。尽管贸易自由化可以带来世界粮食价格的下降，降低进口成本，但是出于政治考虑，很少有一个国家愿意把自己人民生死攸关的吃饭问题交给自己难以控制的世界市场。正是因为如此，各国明知农业保护的代价很高，也要不惜代价予以维持。维持社会的公平和稳定也是政府的重要职责之一，为此目标所实行的保护能够提高农民收入，缩小城乡差别，实现全体国民共同富裕，保证国家长治久安，由此也维持了农业在国民经济中的适当比例。但是发展中国家则有所不同，它们一方面通过保护提高农民收入，维护社会稳定，另一方面还要面临农村城市化的重任。

经济结构影响利益分配，经济越发达，农产品贸易保护倾向越严重。20世纪60年代前150多年农业贸易发展史印证了这一推断。在农业经济时期以及工业化初期，较高的恩格尔系数使得广大消费者对农业保护导致的高粮价非常敏感，因而反对农产品贸易保护的势力就会占上风；工业化后期，随着收入水平的提高，恩格尔系数大大降低，人们对农产品贸易保护相对就不再那么关注，农场主对政府政策的政治影响力量就相对上升；另外由于农业生产和消费都缺乏弹性，随着工业化进步，农产品对于工业品的相对贸易条件，或者说农业相对收入在不断恶化，导致了政府更倾向于对“弱者”实行保护，在发达国家尤其是这样。①

虽然农产品贸易自由化的趋势不可逆转，但是，一定程度的农业保护将成为常态，因为农业是国民经济的基础性产业，在工业化过程中和后工业化时代，农业逐渐变成弱势产业，为了稳固农业的基础性地位，各国必须对农业提供强有力的支持。经济越发达，越要对农业提供支持。如果说后工业化国家对农业的支持有些过头的话，后发工业化国家对农业的支持才刚刚开始。② 所以与工业品贸易不同，在农产品贸易中允许大量国内支持措施的存在，甚至在“绿箱措施”中也允许具有贸易扭曲作用的国内支持措施的存在。在多哈回合农业谈判中，虽然发达成员普遍面临进一步削减国内支持的压力，但是显然不可期待发达成员完全削减国内支持措施。通过经验观察发现，不论是发达国家还是发展中国家，考虑到农业在一国的政治经济中的特殊地位，除少数农产品竞争力很强的国家，农产品贸易支持与保护已成为常态。而且越是保护严重的国家，在谈判中越是不肯轻易让步。

如上所述，一方面农产品贸易自由化的趋势不可逆转，另一方面一定程度的农产品贸易保护将成为常态，这就需要在WTO农业谈判中既要朝着自由化的方向迈进，又要考虑到农产品贸易的特殊性和现实。形式上讲，发展中成员也可以“合法”地采用国内支持措施，但是由于如前所述的原因，发展中成员既无能力也无动力对农业提供支持，因此，形式上的公平掩盖了

---

① Swinnen J F M: The Political Economy of Agricultural Protection: Europe in the 19th and 20th Centuries, 12th Congress of the European Association of Agricultural Economists EAAE. 2008. pp. 20-25.

② 李勤昌．农产品贸易保护制度的政治经济学［M］．北京：科学出版社，2010：239.

实质上的不公平。WTO一般保障措施适用于公平贸易条件下的进口产品，而对于实质不公平的农产品贸易却难以提供足够的关照。（对此后文将有详述）因此，如果不针对农产品贸易的这一特殊性，在农产品进口数量增加或者价格下跌达一定条件时，赋予发展中成员采取措施以限制进口的权利，难以想象发展中成员会做出进一步开放市场的承诺。有关发展中成员在进口数量增加或价格下跌到一定条件时采取措施限制进口的权利的制度安排，就是农产品特殊保障机制（SSM）。

总之，农产品特殊保障机制可以消除人们对农产品贸易自由化的顾虑，有助于农产品贸易自由化的健康稳定发展，农产品特殊保障机制是农产品贸易自由化中的保障机制。农产品特殊保障机制产生于农产品贸易自由化，没有农产品贸易自由化就没有农产品特殊保障机制。农产品特殊保障机制是克服农产品贸易自由化负面影响的工具，同时又是维护农产品贸易进一步自由化的手段。农产品贸易自由化是农产品特殊保障机制的基础，农产品特殊保障机制将维护着农产品贸易自由化的稳定发展。农产品特殊保障机制的建立是农产品贸易进一步走向自由化的内在要求。

五、WTO农产品特殊保障机制（SSM）与农产品贸易自由化的对立与统一

农产品特殊保障机制是农产品贸易自由化过程中的保障机制。农产品特殊保障机制产生于农产品贸易自由化的过程中，没有农产品贸易自由化，就没有农产品特殊保障机制。农产品贸易自由化是农产品特殊保障机制的基础，农产品特殊保障机制将维护着农产品贸易自由化的稳定发展。农产品特殊保障机制与农产品贸易自由化相互依存，互为条件，相互作用，是对立与统一的矛盾体。

（一）农产品特殊保障机制与农产品贸易自由化的对立

贸易自由化是世界经济的必然，它的快速发展有利于促进世界经济的增长，有利于改善社会福利，有利于增进世界各国人民的交流和往来。但是绝对的贸易自由化是不可想象的，不过一个更加开放和自由的国际贸易应该成为人类追求的目标。由于贸易自由化是一把双刃剑，因此需要保障措施的出现以弥补其可能给人类带来的不利影响。与贸易自由化相伴相随的保障措施会在一定程度上延缓贸易自由化的进程。在农产品国际贸易中，一国采用农产品特殊保障机制后，其农产品市场的开放程度在一定时期内会下降，从而使农产品国际贸易活动减少，贸易增长能力相对削弱，从而延缓了农产品贸易自由化的进程。正因为农产品特殊保障机制的这一作用，所以在当前的谈

判中，WTO各成员都对农产品特殊保障机制的使用资格、触发条件、透明性等问题给予极大的关注。农产品特殊保障机制是抵御农产品贸易自由化负面影响的手段，运用不当在一定程度上也会阻碍农产品贸易自由化的进程。

（二）农产品特殊保障机制与农产品贸易自由化的统一

农产品特殊保障机制是规避农产品贸易自由化可能带来的重大风险的工具，它的存在可以促进农产品贸易自由化的稳定发展。保障措施的存在，防止一国或一产业因参与国际市场的竞争而遭受严重的损失，这是保障措施对贸易自由化进程的最大贡献。就农产品国际贸易来说，由于发达国家和地区强大的实力和成本承受能力，在与发展中国家和地区进行贸易的过程中，其遭受重大损失的机会将极少。而发展中国家和地区则不同，由于各方面的原因，发展中国家和地区在与发达国家和地区竞争过程中通常处于不利地位。农业事关一国或地区的根基，如果发展中国家和地区因扩大农产品市场开放而导致农业的一败涂地，大量农民破产，原本就贫困的农村更加贫困，国家粮食安全受到威胁，这样的国家显然不会再有心思继续农产品贸易自由化。如果发展中国家在开放国内农产品市场前就已经预见到可能存在的巨大风险，那么，它将会拒绝开放农产品市场，从而农产品贸易自由化也无从谈起。所以，只有建立农产品特殊保障机制，在发展中成员面对可能发生的巨大风险时可以采取保障措施，这样才能争取发展中成员进一步开放农产品市场，才能进一步促进农产品贸易自由化的发展。

综上所述，农产品特殊保障机制对于发展中成员来说，就好比一剂预防针，即虽然知道开放农产品市场有危险，但是依然充满信心地开放农产品市场。同时它又好比一剂强心针，如果危险真的发生了，那么，它可以通过强有力的保障措施缓解和消除危机。所以，农产品特殊保障机制的双重作用，可以消除人们对农产品贸易自由化的顾虑，同时也有助于农产品贸易自由化的健康稳定发展。农产品特殊保障机制的确会在一定程度上延缓农产品贸易自由化的进程，但是，这一机制从长期看有助于保证农产品贸易自由化的可持续发展。

第三节　WTO 农产品特殊保障机制（SSM）与发展中成员的粮食安全

一、粮食安全的概念与世界粮食安全形势

（一）粮食安全的概念

“粮食安全”的概念，在由联合国粮食与农业组织（FAO）在20世纪

70 年代初期首度提出来以后，随着经济发展其内涵也不断发展变化。在 WTO 倡导的贸易自由化的背景下，为了适应新一轮 WTO 谈判的需要，这一概念还在发展之中。20 世纪 70 年代初，连续两年的恶劣气候导致全球谷物歉收，主要生产和出口国粮食产量下降。而原苏联改变了过去国内谷物歉收时屠宰牲畜的一贯做法，出人意料地进入国际谷物市场，大量购买粮食，由此导致了 20 世纪 70 年代严重的粮食危机。1971/1972—1973/1974 粮食年度间，世界粮食库存锐减，粮食安全储备系数由 18% 下降到 14%，粮食价格上涨了 2 倍。这次粮食危机中，受害最大的是发展中国家，受影响最严重的是贫穷国家的儿童。据第四次世界粮食普查，全球 1/4 ~ 1/2 的儿童处于营养不良状态。发展中国家婴儿死亡率是发达国家的 5 ~ 8 倍，幸存下来的儿童寿命只有发达国家儿童的 2/3。一些最贫穷的国家，尤其是撒哈拉沙漠以南非洲国家，由于无钱购买粮食或得不到国际社会的援助，陷入空前的灾难之中，人口非正常死亡率急剧上升。

面对严重的粮食危机，国际社会积极应对。1974 年 11 月世界粮食大会通过了《消除饥饿与营养不良世界宣言》，提出“每个男子、妇女和儿童都有免于饥饿和营养不良的不可剥夺的权利……因此，消除饥饿是国际大家庭中每个国家，特别是发达国家和有援助能力的其他国家的共同目标”。同年，FAO 理事会同时通过了《世界粮食安全国际约定》，该约定认为，保证世界粮食安全是一项国际性的责任，有关国家应“保证世界上随时供应足够的基本食品……以免严重的粮食短缺……保证稳定地扩大粮食生产以及减少产量和价格的波动”。1983 年 4 月 FAO 世界粮食安全委员会总干事爱德华·萨乌马提出的粮食安全概念获得了广泛的认可，即：“粮食安全的最终目的是，确保所有的人在任何时候既能买得到又能买得起所需要的基本食品。”这个概念不仅获得了粮农组织理事会和大会的支持，而且还得到世界粮食理事会和联合国经济及社会理事会的支持。这些机构号召尽可能地实施这个新概念。1992 年国际营养大会进一步把粮食安全界定为：“在任何时候人人都可以获得安全营养的食品来维持健康能动的生活。”虽然各国学者也提出了许多有关粮食安全的概念，但是，到目前为止，联合国粮食与农业组织所提出的粮食安全概念被联合国、世界银行等国际机构以及一些国家的政府和研究机构所普遍采用。

（二）世界粮食安全的形势不容乐观

对 FAO 的有关统计数据分析显示，在过去的 40 年中，随着粮食生产和世界经济的发展，世界粮食安全形势得到了很大改善。20 世纪 90 年代后半期，发展中国家在总人口从 26 亿增加到 57 亿的同时，总的粮食可获得量

(grain availability) 按每人每天获得的热量（卡路里）和蛋白质（克）衡量，比60年代提高了30%以上。根据世界粮农组织发布的报告："自20世纪90年代以来，全球营养不良的人口都在8亿以上，1995年以后还呈现不断上升的态势，2008年世界饥饿人口已达9.15亿。"① 2009年全世界的饥饿人口数量估计已突破10亿，从饥饿人口的分布地区看，主要集中在发展中国家。全球有29个国家如刚果（金）、布隆迪、厄立特里亚、塞拉利昂、乍得和埃塞俄比亚等国，正面临严重或极端严重的饥荒。世界粮农组织的报告同时也指出在发达国家也有1500万人的饥饿人口。② 粮食和农业生产的发展趋势在地区之间也存在明显差异。拉丁美洲和加勒比海地区发展势头最好，亚洲发展中国家得到了稳定提高，非洲则停滞不前，在次撒哈拉非洲和最不发达国家则面临农业和粮食生产持续下降的趋势。这表明，在世界特别是发展中国家总体上改善粮食安全状况的同时，全球粮食安全形势在局部地区还很不乐观，这使世界粮食安全仍然面临挑战。

二、农产品贸易自由化对粮食安全的影响

贸易自由化对粮食安全是否具有促进作用，在新一轮WTO谈判中成为包括经济学家、决策者和谈判人员共同关心的重要问题，这不仅仅是因为粮食安全问题本身十分重要，而且还因为它涉及到为争取尽可能大的国内政策空间、各国需要采取的谈判策略、国内政策取向以及实现粮食安全的具体措施与途径等重大问题。在理论界和实践中，这一问题还伴随着完全相反的观点的争鸣：赞成贸易自由化的观点认为，贸易自由化能够带来国民福利的增加，提高贫困人口的收入，因而能够提高粮食安全的水平；反对贸易自由化的观点认为，贸易自由化扩大了收入差距，降低了贫困人口的福利水平，从而恶化了其粮食安全状况。总体而言，影响粮食安全的因素有很多，包括自然资源、生态环境、粮食市场、经济政策等，自由贸易对粮食安全无疑是一个重要的影响因素。农产品自由贸易是否促进了粮食安全，是多哈回合农业谈判中各成员普遍关心的问题。实际上，农产品贸易自由化对粮食安全既有积极影响，也有消极影响。

（一）农产品贸易自由化对粮食安全的积极影响

就其积极影响而言，主要有三个方面：其一，由于贸易机会的增加，农

① FAO. The state of food insecurity in the world: economic crises-impacts and lessons learned [R]. Rome: FAO, 2009, p.11.

② FAO. The state of food insecurity in the world: economic crises-impacts and lessons learned [R]. Rome: FAO, 2009, p.49.

产品自由贸易可以促进经济增长和国民福利，这可以加强一个国家包括粮食安全在内的整体安全。其二，由于农产品贸易自由化的推动，世界粮食市场的价格波动将会减弱而变得相对可以预见，这可以降低各国粮食安全受国际粮食市场价格波动的影响。其三，由于资源、气候、政策等各种各样的原因，各国粮食生产丰歉和粮食品种余缺的现象时常发生，而世界整体粮食生产的稳定性要大于局部地区粮食生产的稳定性，通过农产品自由贸易可以部分替代储备和调剂余缺，因而有助于国家粮食安全。

（二）农产品贸易自由化对粮食安全的消极影响

农产品自由贸易虽然对粮食安全具有促进作用，但是其对粮食安全的消极影响也同样不容忽视。农产品贸易自由化意味着本国农业部门与世界经济的融合程度加深，国内农产品价格会面临下降的压力，发展中国家由于政策工具运用不够，无法适应这种价格的传导，从而无法保障本国农民免受过低农产品价格的冲击。① 发展中国家由于无力对农业提供足够的支持，农产品贸易自由化将削弱发展中国家的粮食生产能力，增加其对国际市场粮食供给的依赖。由于粮食供需均缺乏弹性，使得国际市场粮食价格存在巨大波动可能，也使得短期内协调粮食供求关系并达到市场均衡显得十分困难，同时，粮源的可获得性不能经常保证，特别是在绝大部分粮源都掌握在少数国家和大型跨国公司手中的情形下，发展中国家极有可能受到“粮食霸权”的威胁，因此，发展中国家对国际市场粮食供给的过度依赖将会严重影响到其粮食安全。

三、WTO农产品特殊保障机制：对发展中国家粮食安全的保障

（一）多哈回合谈判中各成员对于粮食安全的关注

农产品贸易自由化对粮食安全既有积极影响，也有消极影响，这就需要一套“善”的规则来促进其积极影响，并克服其消极影响。WTO多哈回合谈判作为新的全球农产品贸易规则产生的谈判，发展中成员在谈判过程中自然对粮食安全问题给予了较高的关注，希望这套即将产生的贸易规则能够为发展中成员的粮食安全带来利好消息。我们注意到，为准备WTO新一轮谈判，一些发展中国家立足于FAO提出的粮食安全概念，结合发展中国家的实际情况，提出了新的粮食安全概念，这一概念认为，粮食安全是指“足够和稳定的富有营养的食品供应；良好的粮食分配系统；粮食的可获得性，

① Merlinda D. Ingco，John D. Nash. 农业与WTO：创建一个促进发展的贸易体制［M］. 北京：中国财政出版社，2004：203-204.

特别是贫困人口获得粮食的可能性；以及一定的国内食品生产的可靠性”。① 这一概念突出强调了四个方面的问题：一是保持和发展国内粮食生产能力，这是发展中国家保障粮食安全的基础；二是食品供应必须在数量上能够满足消费需要，并能够保证食品的持续供应和市场价格的稳定；三是要有完善的粮食分配系统，包括交通运输、仓储等基础设施以及市场分配和销售体系；四是粮食的可获得性。这与 FAO 所强调的目标是一致的，但其重点更为明确，即要保障贫困人口的粮食安全，首先是增加贫困人口的收入，提高其购买力水平。

发展中国家根据自身情况提出的粮食安全概念的目的是要在 WTO 谈判中争取相应的政策空间，保护国内的农业和粮食生产，保障农民的收入。为达到上述目的，发展中国家提出要在“绿箱”、“黄箱”和“蓝箱”政策之外，创建与粮食安全问题密切相关的“发展箱”政策或“粮食安全箱”政策。无论是“发展箱”还是“粮食安全箱”，其着眼点主要是：力争在并不公平的世界贸易体系中为发展中国家争取更大的政策支持空间，以保证本国粮食生产能力和农业的竞争能力不至于因为开放本国市场而大大削弱；为广大贫困人口的粮食安全提供基本保障；为农村劳动力保持和创造就业机会；防止廉价进口农产品对本国小农的冲击；保证发展中国家有能力进入世界农产品市场并获得价格竞争优势。

为了争取在新一轮 WTO 谈判中争取到有利于支持本国农业发展的政策空间，发展中国家和一些发达国家如日本、韩国、欧盟等都提出了农业多功能性的概念。所谓农业多功能性，是指农业生产活动除了提供消费者农产品和通过农业生产活动获取经济收入等经济功能之外，还具有多重政治的、文化的、环境的、社会的功能。一方面，农业生产具有明显的外部性特征。与其他经济和产业活动不同，农业的外部性在于适当的农业生产活动直接有利于保护环境，并提供除经济产品之外的公共产品，但过度的农业生产将导致负外部效应（如空气和水污染、土壤退化、水土流失、破坏生物多样性等）。在与负外部性相关的市场失败的情况下，政府的政策干预（如限制农业生产并对由此带来的经济损失进行补贴等）显然扭曲市场，对其他国家造成损害。但在新一轮谈判中，农业的正外部性被越来越多地得到强调。主张农业多功能性的国家认为，对与农业的正外部性相关的市场失败进行适当

① Cuba. Dominican republic. El Salvador. Honduras. Kenya, Nicaragua, Nigeria, Pakistan, Peru. Sri Lanka, Veneuela and Zimbabwe, Non Paper on Food Security. Special Session of the Committee on Agriculture, 23-27 July 2001.

干预，如通过补贴或其他途径对农业生产进行支持，以保证农业生产的延续，是必要的。农业的多功能性除了其经济功能之外，主要包括以下内容：(1) 保障粮食安全功能。它不仅包括 FAO 概念中所提出保障粮食供给、价格稳定等内容，还包括与满足营养和健康需要相关的内容。（2）保护环境功能。保护自然环境包括动植物栖息地和生物多样性，保持粮食生产的可持续发展，抵御自然灾害，保护农村景观等。（3）社会和文化功能。包括向农村居民提供就业和收入渠道，从而保持农村社区的存续和传统文化的传承。

（二）建立农产品特殊保障机制（SSM）有利于保障发展中国家的粮食安全

粮食安全对于一个国家的人民生存、经济发展和社会稳定具有不言而喻的重要意义，粮食安全向来是各国政府关注的重点，对于人口大国来说尤其是这样。虽然农产品自由贸易可以促进粮食安全，但是也会给粮食安全带来严重的威胁，出于政治方面的考虑，难以想象一个国家愿意把自己人民生死攸关的吃饭问题交给自己难以把握的世界粮食市场，因此各国都需要长期的政策对粮食安全可能面临的风险予以防范。由于各方面的原因，国际市场粮食供给具有不确定性，为了确保既买得到又买得起满足需要的基本粮食，防范农产品自由贸易给粮食安全带来的危险，最根本的办法就是确保国内基本的粮食自给率和保存国内粮食生产能力。当然封闭经济体制之下完全自给自足的粮食安全政策显然不可取，但是维持基本或者最小粮食自给率显然是各国确保粮食安全的必然选择。

要维持基本的粮食自给率和保存粮食生产能力，就必须对农业提供强大的支持。由于有强有力的国内支持，发达国家粮食自给率和粮食生产能力都有可靠的保障。而发展中国家则不同，由于缺乏有力的国内支持，很多发展中国家的粮食生产尚不能满足基本自给，粮食生产能力与发达国家相比也存在较大差距，因此发展中国家的粮食自给和粮食生产能力都没有有效的保障。为了发挥农产品贸易对粮食安全的积极作用，发展中国家需要开放农产品市场，但是，农产品贸易对于发展中国家基本的粮食自给率和粮食生产能力又可能带来消极的影响，因此发展中国家需要有有效的措施防范可能发生的风险。WTO 一般保障措施虽然可以在一定程度上防范农产品自由贸易对发展中国家农业可能带来的风险，但是，由于其高额的实施成本、复杂的实施条件、繁琐的实施程序，以及农业生产本身的特殊性，WTO 一般保障措施不能满足发展中国家保障粮食安全的需要。由于粮食安全的极端重要性和高度敏感性，保障发展中国家的粮食安全，需要一个简便、快捷和有效的机制，这个机制就是即将建立的 WTO 农产品特殊保障机制（SSM）。

综上所述，对于发展中成员来说，农产品自由贸易和粮食安全是一对矛盾。发展中成员要促进粮食安全，就离不开农产品自由贸易，而农产品自由贸易又可能危及发展中成员的粮食安全，要调和这一对矛盾，就必须建立农产品特殊保障机制（SSM）。农产品特殊保障机制一方面保障着农产品贸易自由化的发展，另一方面又保障着发展中国家的粮食安全，这个机制其实承载着双重保障的使命。

第三章　WTO 主要成员方的农产品保障措施及相关成案对 SSM 构建的借鉴与启示

第一节　WTO 主要成员方的农产品保障措施

作为国际条约，WTO 规则属于国际法的范畴。与国内法相比，国际法在法律性质、主体构成、法律渊源、效力依据、适用范围、调整对象和执行方式等方面，有着显著区别，但又彼此密切联系①。根据国际法中的“条约必须遵守”（pacta sunt servanda）原则，“凡有效缔结的条约对其各当事国有约束力，必须由各当事方依约善意履行”。② 1969 年的《维也纳条约法公约》第 27 条规定“一当事国不得援引其国内法规定为理由而不履行条约”，进一步确认了这一条约法上最重要的基本原则。“条约必须遵守”原则包括条约遵守和条约适用两个方面。只有遵守法律，才有可能将条约适用于国内，也只有将条约适用于国内，才谈得上遵守了条约，没有实际地适用，国际条约只是纸上谈兵。因此，WTO 成员方必须遵守包括《农业协议》在内的一揽子 WTO 协议，并保证这些协议在其国内得以适用。

本节旨在对 WTO 主要成员方的农产品特殊保障措施进行考察。选取的主要成员方既有发达成员（如美国、欧盟）又有发展中成员（如印度）。根据 WTO 公布的《2009 年贸易统计报告》，五国都属于农产品贸易大国，或者是主要的农产品进口国（如日本），或者是主要的农产品出口国（如澳大利亚、印度），或者兼而有之（如美国、欧盟）。其中，美国、欧盟、澳大利亚和日本属于享有采用特殊保障措施（SSG）和保留 SSG 权利的成员。而

① 国际法与国内法关系的基本理论是以一元论与二元论为核心的，这两种理论在关于国际法和国内法是属于同一个法律体系还是属于两种不同法律体系的问题上存在不同的看法。梁西．国际法［M］．武汉：武汉大学出版社，2000：18．

② 李浩培．条约法概论［M］．北京：法律出版社，2003：272．

印度则具有未采用特殊保障措施（SSG）或保留 SSG 权利的成员代表意义。分析这些国家的农产品保障措施的特点，对于我国农产品保障措施的构建具有重要的借鉴意义。

一、美国的农产品保障措施

“美国位于北美洲中部，东濒大西洋，西临太平洋，自然资源丰富，发展农业有着得天独厚的条件。农业主要集中于中部平原、西海岸的加利福尼亚州和东南沿海。”① “主要农作物有：玉米、小麦、大豆、水稻、棉花、花生、马铃薯、烟草、甜菜、燕麦、甘蔗、柑橘等。”畜牧业主要有牛、猪以及家禽等。经过二百多年的发展，美国从原始的印第安农业发展成为世界最大的农产品出口大国。2008 财年（本年 10 月到次年 9 月）美国农产品出口达 1150 亿美元，2009 财年受金融危机的影响降至 966 亿美元，“2010 财年预计农产品出口将达到 980 亿美元，2009 年的农产品进口料由 2009 财年的 734 亿美元增至 775 亿美元，2010 财年的农业贸易顺差预计为 205 亿美元”②。

（一）相关立法

美国宪法第 6 条第 2 项规定，“本宪法与依本宪法制定之合众国法律，以及在合众国权力之下已缔结及将缔结之条约，均为美国之最高法律，即使任何州的宪法或法律与之相抵触，每一州之法官仍受其拘束”。该条明确规定了美国接受国际条约方式——直接适用。按照美国的实践，条约在美国国内的适用，通常须经总统公告（proclamation），该程序并非为国际条约在美国的适用设定条件，而是起国际条约的公布作用。但对于 WTO 规则，美国却意外地明确排斥其自动实施。根据 1994 年《乌拉圭回合协定》之规定：“在发生冲突时美国法律优先。乌拉圭回合协定的任何规定以及任何此种规定对任何人或者情况的适用，如果与美国的任何法律不一致，即不具有效力。”

出于保护和调整本国产业的目的，美国通过从《1934 年贸易协定法》到 1994 年美国依据 WTO 协定中《保障措施协议》对国内法的修改，建立起了完备的保障措施法体系。

---

① 何利辉．中美农业综合开发比较分析［J］．世界农业，2005（1）：23-26．

②“2010 财年农产品出口料达纪录次高，复苏拉动需求”［EB/OL］．http://cn.reuters.com/article/commoditiesNews/idCNnCN076525520091201?rpc=368，2009-12-1/2010-5-2．

1.《贸易协定法》

美国于1934年制定了《贸易协定法》，该法律规定了一项“免责条款”：在出现紧急情势的情况下，美国可以偏离贸易协定或条约所规定的义务，实施贸易救济措施。由于这个早期的免责条款对“紧急情势”的标准要求非常高，很少有产业企业能够达到，因此对于产业受到紧急情势的企业的寻求救济的申请人来说，这一条款并非十分有效。

2.《贸易协定延长法》

美国于1951年制定了《贸易协定延长法》，将《贸易协定法》中申请救济的标准“产业严重损害”必须源于“不能预见的情况”以及关税减让的要求放松了，国会在制定这部法律时，去除了严重损害和“不能预见的情况”之间必须存在因果关系的要求，并且将严重损害与关税减让的因果关系也修改为“全部或部分地源于关税减让”①，同时规定关税委员会从对将要实施保障措施的前期调查必须在一年内结束并向总统提出实施建议。另外，总统修改关税委员会关于救济措施建议的权力也受到了一定的限制。②

3.《贸易协定延展法》

美国于1962年制定了《贸易协定延展法》，对以产业想要得到保障措施救济的满足条件，提出了三点：“一是存在某一产品进口增长的事实；二是进口增长主要是关税减让造成的；三是进口增长是其与国内产业损害和损害威胁之间因果关系的主要原因。”③ 这三个条件必须同时满足。第三个条件中的“主要原因”，关税委员会将其解释为“比其他所有原因综合作用更大的原因”。

该法的另一个突破点在于，在以往的关税救济措施之外，增加了进口损害的救济，规定了政府可以对生产商和工人提供调整援助。

4.《贸易法》

美国于1974年制定了《贸易法》，其中第201条对《贸易协定法》的“免责条款”做了很大修改，例如：放宽确定进口造成国内产业损害的原有标准，包括取消与关税减让的因果关系；将进口增长造成损害的“主要原

---

① U.S. Tariff Commission, Investigations under the "Escape Clause" of Trade Agreements, Nov. 1959.

② 《1951年贸易协定延长法》，《公法》第82～50号，第141章，§7（a），载《美国成文法汇编》，第65卷。

③ 《1962年贸易协定延展法》，§301（b），载《美国成文法汇编》，第76卷，第872、884页。

因（major factor）”改为“实质原因（substantial cause）”① ——重要而且不比任何其他原因次要的原因。另外，该法还扩大了总统否决权，即便国际贸易委员会认定某个产业遭受严重损害，而总统认为实施保障措施救济会损害“国家经济利益”，则总统可将救济否决。

5.《综合贸易与竞争法》

美国于 1988 年制定了《综合贸易与竞争法》，在《贸易法》的基础上对第 201 条进行了更加细致的修改。如要求提交一份产业调整计划，内容涉及是否向其他领域转移资源，是否调整产业结构等。该计划应与调查申请一并向国际贸易委员会提交。在开始调查后，要求国际贸易委员会除了调查进口因素外，还应该审查其他可能导致产业损害的所有相关因素。

6. 乌拉圭回合后的国内法修改

1994 年，根据乌拉圭回合达成的 WTO《保障措施协议》，美国对国内保障措施法律进行了修订。

（二）实施机构

美国实施保障措施的执法机构有很多，它们之间是分工又相互制约的关系。主要有美国国际贸易委员会（U. S. International Trade Commission，简称 USITC）、美国商务部、美国海关、美国贸易代表等。

对于保障措施来说，当某一产品进口增长威胁到国内产业时，首先要对这一事实进行调查。USITC 负责调查对产业造成的损害，最终出具调查报告，作为政府是否实施和多大程度上实施特殊保障措施的依据。USITC 的前身是成立于 1882 年的关税委员会，后随着职能的增加，根据《1974 年贸易法》更名为美国国际贸易委员会。该委员会现有 6 名委员，均先由总统任命再经参议院确认；委员会另有 300 多名工作人员，设有法律顾问办公室、经济办公室、工业办公室②等多个办公部门。

调查结果确定后，政府作出是否实施和多大程度上实施保障措施的裁定，这一裁定还要接受司法部门的审查。由国际贸易法院（U. S. Court International of Trade，简称 USCIT）负责单独审查政府部门在对外贸易方面作出的裁定。

（三）实施要件

第 201 条经过多次修改后，现行美国保障措施的救济标准是，“如果国

① 《1974 年贸易法》，§23.6，《公法》第 93 ~ 618 号，§201，载《美国成文法汇编》，第 88 卷，第 2012 页。

② 叶全良等．国际商务与保障措施［M］．北京：人民出版社，2004：141.

际贸易委员会裁定，某产品向美国出口的数量正在迅速增加，并且将对生产与进口产品同类或直接竞争产品的国内产业造成严重损害或严重损害的实质性威胁，总统在其权限内有权决定采取保障措施”①。内容上，美国保障措施的实施要件有以下四个：

1. 产品进口增长

根据美国《贸易法》规定，进口产品数量的增长包括绝对增长和相对增长。并且该增加必须发生在产业损害之前，距离损害相当近的一段时间内，且数量的增长仍在继续发生。现行法律规定对这一要件的规定与该法律相同，既包括产品数量的绝对增长，也包括产品数量的相对增长。

2. 受损害的国内产业

国内产业（the domestic industry）是指生产同类产品或直接竞争产品的整体或主要厂商。

产品的生产通常要经过不同的生产阶段，而不同加工阶段所涉及的生产商是否都属于同一国内产业，这个问题很复杂。美国的保障措施实践中，没有统一的标准，也没有统一的解决方案，只能根据个案的实际情况分析。

“同类”产品强调产品内在特征的实质一致性，“直接竞争”产品强调使用上可以替代性。

3. 严重损害或严重损害威胁

“严重损害是指国内产业遭受的重大的、总体损害；严重损害威胁是指严重损害具有明显性和迫近性。”

在确定国内产业严重损害时，应考虑的因素有，国内产业中生产设施的使用率、国内相关生产商的利润率、国内产业的就业率。在确定国内产业严重损害威胁时，应考虑的因素有国内产业的市场占有率、国内相关生产商的技术改造能力；受出口转移的影响程度。不过上述的每一个因素对于严重损害和严重损害威胁是否是实质性的原因，都不带有决定性。

4. 进口增长与严重损害或严重损害威胁的实质因果关系

进口增长与严重损害或严重损害威胁之间存在实质性因果关系，即进口增长是严重损害或严重损害威胁众多原因中最重要的。

除了进口增长的因素外，美国国际贸易委员会在调查后的裁定中，还会单独考虑一些重要的经济因素，将每一个因素与进口增长相比较。这些因素有：产业内部的竞争、政府管制的变化、产品的市场定价方法和消费模式的长期变化等。

---

① 19USCA §2252（c）（1）（C）（1998）.

（四）实施程序

美国保障措施的实施程序主要包括国内产业代表申请保障措施调查、美国国际贸易委员会调查裁定、总统对保障措施的审查和决策三大步骤。

1. 申请

国内产业代表提交的保障措施调查申请一般包括以下内容：相关进口产品的基本情况，如产品名称、生产商的名称和地址、进口数量变化，国内产业受损的原因、性质和程度描述，以及采取保障措施的具体要求等。

“申请人可在申请时或申请提起后120天内，向美国国际贸易委员会或美国贸易代表提交促进对进口竞争积极调整的计划。”① 在申请人提交申请后，美国国际贸易委员会作出损害裁定之前，美国的法律鼓励申请人积极提出针对进口竞争产品进行产业调整的计划。

2. 审查和裁定

保障措施调查的启动，除了应利益方的申请外，还可以应总统或贸易代表、参议院的财政委员会或众议院筹款委员会的要求进行。当然，国际贸易委员会也可以自行决定是否启动保障措施调查。法律对调查的频率有所限制，在对同一产品的调查与上一次对该产品的上交总统的调查报告时间距离不得少于1年。

“国际贸易委员会通常应在收到申请或要求后120天之内作出裁定，并且在合理的时间内举行公开听证会（hearing），并在做出需要实施保障措施的裁定后，应向总统建议消除严重损害或严重损害威胁并进行有效积极的调整措施。美国国际贸易委员会应在收到申请或要求后的180天之内向总统报告调查结果。”② 国际贸易委员会的报告在递交总统后应立即公布。

3. 审查和决策

总统有权决定是否采取保障措施以及如何实施保障措施。即便采取保障措施的实体要件都已经满足，美国总统有权决定采取保障措施，也有权决定采取其他他认为合适的措施。

（五）实施方式

一般情况下，美国实施保障措施方式主要有：“对进口产品提高或征收关税；采取关税配额；对进口产品修订或实施数量限制；采取一个或多个适当的调整措施；宣布必要程序，通过投标方式在进口商之间分配产品进口许可证数量；发起国际谈判并签订、执行国际协定，解决进口数量增加或降低

---

① 19USCA §2252（a）（4）（1998）.

② 19USCA §2252（f）（1）（1998）.

损害或威胁；向国会提交立法建议，促进国内产业对进口竞争积极调整；在法律权限内采取适当可行的其他措施；以及综合采取上述措施。"①

二、欧盟的农产品保障措施

"欧洲联盟（European Union），简称欧盟（EU）是在二战后欧洲共同体的基础上发展而来的。自 1993 年《马斯特里赫特条约》（简称《马约》）生效以来，欧盟的一体化进程不断加快。"欧盟现有 27 个成员国②，"总面积 432.2 万平方公里，人口 5 亿"③，GDP 总量达 14.5 万亿美元。自 1962 年欧共体开始实行共同农业政策以来，欧盟已经发展成为世界上农业和粮食现代化水平、市场化程度、农产品商品率最高的地区之一。"据欧盟 2008 年农产品贸易分析报告，欧盟 2008 年农产品出口额达 1220 亿美元，进口额为 1290 亿美元。作为世界最大的农产品进口地区，欧盟农产品出口额自 2003 年至 2008 年也一直保持全球第一。"④

（一）相关立法

根据欧洲法院的判例法，欧盟（欧共体）与第三国缔结的国际条约原则上是欧盟（欧共体）法律的组成部分，只有某些特定的条约应当根据个案决定是否具有直接的效力。在对 WTO 协议的适用态度上，欧盟借鉴了美国的做法，同时也吸收了欧洲法院的判例法。欧共体在乌拉圭回合达成的协议中，明确表明"根据其性质、建立世界贸易组织协定，包括其附件，不

---

① 19USCA §2252（a）（3）（1998）.

② 分别是：英国、法国、德国、意大利、荷兰、比利时、卢森堡、丹麦、爱尔兰、希腊、葡萄牙、西班牙、奥地利、瑞典、芬兰、马耳他、塞浦路斯、波兰、匈牙利、捷克、斯洛伐克、斯洛文尼亚、爱沙尼亚、拉脱维亚、立陶宛、罗马尼亚、保加利亚。

③ 据欧盟统计局公布的数据，欧盟的农业从业人口在 2000 年至 2009 年之间减少了 25%，相当于减少了 370 万个全工岗位。其中原 15 个欧盟国家减少 17%，而 2004 年和 2007 年新入盟的 12 国减幅达到 31%。2009 年，欧盟 27 国农业从业人口总计 1120 万个全工。其中原 15 国雇佣 540 万，其余 580 万属于新入盟 12 国。（"2000 年至 2009 年欧盟农业就业人口下降 25%"［EB/OL］. http：//sousuo.mofcom.gov.cn/query/queryDetail.jsp？articleid = 20100506906831&query = % E6% AC% A7% E7% 9B% 9F +% E5% 86% 9C% E4% B8% 9A. 2010-5-10/2010-7-11.）

④ "欧盟农产品贸易渐趋稳定"［EB/OL］. http：//www.shac.gov.cn/fwzx/hwzc/ltmy/200909/t20090908_ 1252485.htm，（上海农业网），2010-7-27/2010-9-11.

能由欧盟或其成员国的法院直接援引”①。

欧盟的保障措施立法始于欧共体在 1982 年制定的《进口共同规则》。这些在 WTO 成立之前的保障措施立法实施了大约有 20 余次。1994 年乌拉圭回合谈判结束后，为了履行国际义务，欧共体于 1994 年 12 月 22 日对保障措施法律进行了修正。

（二）实施机构

欧盟委员会是实施保障措施的主要机构，它负责保障措施调查和裁决。欧盟成员国在出现可能需要采取限制进口措施的进口倾向时，有义务通知欧盟委员会，欧盟委员会将这种情况转达给其他所有成员国。同时，欧盟委员会可提议或由成员国要求，召开欧盟委员会对有关的进口情况进行审查，并决定是否进入调查程序。

提请保障措施调查程序的主体仅限于成员国而不包括产业界，这一点与反倾销、反补贴的程序不同。

欧盟委员会还行使采取保障措施的决定权，一旦决定，这种措施立即生效，不过欧盟成员国有权就决定向欧盟理事会提出终裁申请。

（三）实施要件

欧共体第 519/94 号条例第 15 条第 1 款规定：“当进口到欧共体的某种产品数量激增，对欧共体内同类或直接竞争产品的产业造成或威胁造成严重损害时，为保护欧共体的利益，欧盟委员会可以应成员国申请采取或主动采取保障措施。”该条款的规定和《保障措施协议》第 4 条中保障措施的实施要件要求基本一致。

欧共体第 519/94 号条例第 5 条对“严重损害”的定义为“对欧共体生产者的地位造成的重大全面损害”；对“严重损害威胁”的定义为：“明显迫近的严重损害”；对“欧共体生产者”的定义为：“在欧共体领域内进行经营的同类产品或直接竞争产品生产者全体，或指同类产品或直接竞争产品的总量占这些产品在欧共体全部产量主要部分的生产者”。

（四）实施程序

欧盟保障措施实施程序主要包括通知、协商、调查和保障措施的决定与实施等。

1. 通知

当某一成员国内出现了可能需要采取进口监督措施或保障措施的产品进

① Decision 94/800/EC in OJ 1994 L336/1, in: Official Journal of the EC No. L336/2 of 23 December 1994.

口倾向，根据欧共体第3285/94号条例第2条的规定，该国应该将附有相关证据的通知提交欧盟委员会。同时，欧盟委员会收到成员国上述通知后，也应立即将相关信息通告欧盟所有成员国。

2. 协商

欧盟委员会收到成员国附有相关证据的通知后，应召开咨询委员会磋商会议对通知内容进行协商审查。咨询委员会在决定是否启动保障措施调查程序时，应对进口产品数量的历史变化和未来趋势进行审查。根据条例的规定，如果有需要，协商可以书面进行。如认为有必要展开调查，应在官方公报上公布调查程序的开始，并为利害关系方提供充分说明情况的机会。

根据第3285/94号条例第6条的规定，“若有关方没有在条例或欧盟委员会依据条例规定的期限内提供有关资料，或者调查受到严重阻碍，那么欧盟委员会可以根据现有事实公布调查结果。如果欧盟委员会发现利害关系方或第三方提供了错误的或令人误解的信息，则此类信息将不予考虑，欧盟委员会将只利用其能得到的事实”。

3. 调查

损害调查程序是欧盟决定是否需对第三国有关进口采取保障措施的关键程序，也是采取措施前的必经程序，由欧盟委员会负责进行。

第3285/94号条例第5条对调查对象规定为：“不限于与进口产品为‘同类产品’的欧共体生产者，与进口产品‘直接竞争产品’的欧共体生产者也属调查对象。”欧盟委员会在1984年的石英表案中确立了“可替代性”作为确定直接竞争产品的标准。

4. 决定和实施

欧盟委员会与欧盟理事会共享实施保障措施的决定权。第3285/94号条例第16条第7款规定，“欧盟委员会依据条例作出的决定应当通知理事会和各成员国，任何成员国在接到通知后一个月内，可以将欧盟委员会的决定提交理事会。如果成员国将欧盟委员会的决定提交理事会，理事会经特定多数表决通过，可以确认、修正或撤销该决定；如果理事会在3个月内没有作出决议，欧盟委员会的决定即视为撤销”。第3285/94号条例第17条还规定，“保障措施的采取也可以由理事会根据欧盟委员会的提案，以特定多数表决为之”。实践中，理事会从未行使过此权力，欧共体的保障措施都是由欧盟委员会采取的。欧盟委员会在保障措施的立法与实践中，其权力正在明显扩大。

（五）实施方式

欧盟实施保障措施的具体方式包括数量限制、提高关税和进口监督。

三、澳大利亚的农产品保障措施

澳大利亚位于太平洋西南部与印度洋之间，拥有丰富的耕地资源和草地资源，农牧业高度发达。全国主要有分为集约农业带、养牛带、牧业带。其主要农产品为："小麦、大麦、油菜籽、燕麦、高粱、糖、葡萄、羊、牛、猪。澳大利亚是主要的农产品出口国。"根据澳大利亚农业资源经济局统计，"2008—2009 财年（本年 7 月到次年 6 月），农、林、渔业人口 35.8 万，农、林、渔业总产值 491.32 亿澳元，农业生产总成本 369.4 亿澳元，农业净产值 82.24 亿澳元，农业增加值 281.78 亿澳元，农产品出口额 357.79 亿澳元。"①

（一）相关立法

澳大利亚通过国内立法机关的立法行为将条约内容制定为国内法，以国内法的形式适用。澳大利亚的保障措施相关的法律规定有 1973 年的《产业支持委员会法》、《关于保障措施程序方面的法规》以及 1998 年《生产委员会法案》。②

《产业支持委员会法》没有明确规定严重损害或严重损害威胁的判断标准。实践中，判定依据一般为相关产业的进口情况、就业情况、投资和利润率情况，产业在国内市场的占有率、库存等因素。

《关于保障措施程序方面的法规》规定了保障措施救济的方式，包括提高关税和进口数量的限制。《生产委员会法案》对相关的保障措施的管理机构进行了规定。规定澳大利亚生产委员会为保障措施的相关事务运行的主管机构，并规定了多项职责。关于通知磋商的程序性问题在澳大利亚的法律中没有规定，不过该国本身的透明度较高，执行机制效率也较高。

（二）实施机构

根据《生产委员会法案》的规定，澳大利亚没有专门负责保障措施事务的主管机关，只有生产委员会（Australian Productivity Commission）是主要负责保障措施事务进行咨询和调查的机构。

机构成立于 1998 年，该机构的主要职责是：就有关工业发展和生产事务进行调查并提交报告；为政府机构提供秘书处性质和研究方面的服务；对竞争投诉进行调查；对工业发展和生产问题进行自主研究；根据要求就工业

---

① "2008—2009 财年澳大利亚农业生产经营概况" [EB/OL]. http://www.mofcom.gov.cn/aarticle/i/dxfw/nbgz/201003/20100306823846.html，2010-3-16 /2010-5-7.

② 叶全良等．国际商务与保障措施［M］．北京：人民出版社，2004：172.

发展和生产事务为财长提供咨询；对法规进行评审，包括为内阁进行咨询等。

（三）实施要件

澳大利亚保障措施的实体要件与WTO《保障措施协议》的规定相同。关于提出保障措施申请的申请人资格方面，澳大利亚没有关于这方面的规定，同时对于能受理保障措施案件的主管机构也没有规定，因此任何人都可以向相关部门申请启动保障措施的调查。

（四）实施程序

任何相关利害人都可以向政府的有关部门申请启动保障措施调查。农产品的保障措施调查向政府的农林渔业部提出申请，然后由外交贸易部、农林渔业部、财政部、总理内阁部等有关各部召开内阁会议，决定是否需要委托澳大利亚生产委员会启动保障措施调查。

会议召开后，如果需要进行保障措施调查，则由政府委托生产委员会进行调查。调查期间，生产委员会独立承担调查、咨询事务。

调查结束后，生产委员会必须及时向相关的政府部门提交调查报告。

最终，上述组成的相关内阁会议根据调查报告分析得出是否要采取保障措施的决定，确定实施时，应将有关事项立即通知WTO保障措施委员会和相关利益方政府。

（五）实施方式

澳大利亚保障措施的实施方式包括提高关税和进口数量的限制。同时这些措施必须在非歧视的前提下实施，这一点是澳大利亚在多变的贸易谈判中极力主张的观点，这和澳大利亚本身是一个农牧业出口大国有着密切的关系。

四、日本的农产品保障措施

"日本是世界人口密度最大的国家之一，属典型的人多地少国家，为温带海洋性季风气候。日本资源比较贫乏，山地和丘陵约占总面积的80%，耕地面积只有504万公顷，占国土总面积的13.5%。根据地理位置、气候、土壤条件和生产特点，日本可划分为北海道、东北、北陆、关东和东山、东海、近畿、中国、四国、九州等10个农业区。主要种植水稻、小麦、大豆、蔬菜、水果、花卉和饲料等作物。农业生产仅能满足国内需求的40%，绝大多数农产品依靠进口。"① 日本的农产品进口来源地主要是美国、中国、

① "日本的'一村一品'及农业产业化"［EB/OL］. http://www.mofcom.gov.cn/aarticle/o/dg/200602/20060201452895.html，2006-2-6/2010-5-7.

澳大利亚、加拿大和泰国。据日本农林水产省的贸易统计显示，2004 年度日本进口农产物总额为 45739 亿日元，比前一年增加了 4.7%，同时日本农产物的出口额也在增加，2004 年度出口额为 2038 亿日元，比前一年度增加了 4.1%，贸易收支逆差为 43701 亿日元①。

（一）相关立法

“国际条约在日本通过纳入方式成为日本法的一部分，但国际条约在日本司法实践中是否具有适用效力却没有得到完全解决。尤其在 GATT/WTO 领域，日本迄今并未承认其在日本具有直接适用效力。”② 日本的保障措施法律规定主要分散于《关税定率法》、《外汇法》、《关于紧急关税的政令》以及《进口贸易管理令》当中。其中《外汇法》是日本国会颁布的法律，《关于紧急关税的政令》、《进口贸易管理令》则属于行政法规。它们因采取的保障措施不同而不同，最终决定采取什么样的保障措施则依据不同的法律规定。

（二）实施机构

在日本，参与保障措施实施的机构主要包括通商产业省（即现今的经济产业省）、通商产业大臣、主管大臣、大藏大臣（即现今的财务大臣）和农林水产大臣等。

1994 年日本的通商产业省发布了《关于产品进口增加时的紧急措施的规程》，其中第 8 条规定，“通商产业大臣负责对外国产品进口的增加以及对本国产业的损害等事实进行调查，一般通商产业大臣在接到相关产业主管大臣的要求后进行调查，通商产业大臣在作出进行调查决定之时，应该通知主管大臣和大藏大臣，并发布公告。”

在农产品调查方面，由于农产品属于农林水产省所掌管的物资，则由通商产业大臣、大藏大臣和农林水产大臣共同进行调查。如在 2000 年 12 月 19 日日本大藏省、通商产业省、农林水产省联名发布公告，决定启动对蔬

① “日本 2004 年农产品进出口总额达到新高”[EB/OL]. http://www.foodexpo.cn/news/newsinfo.asp?id=30845，2005-5-30/2010-5-7.

② 在 1990 年日本法院判决的当事人提出日本政府违反 GATT 规定，其立法行动本身不合法的“京都领带案”中，日本法院认为，如属违反 GATT，其后果也只是其他缔约方可要求与日本进行磋商或对日本采取报复措施，因此日本的这个立法行为并不违法。尽管日本在缔结 WTO 后尚未有相关的规定或案例，但可以肯定，在美国及欧盟均否定 WTO 法的直接适用效力的情况下，日本法院面对私人以日本国内法律违反 WTO 法为由提起的诉讼，绝不可能裁定日本法律无效。（兰平. WTO 法在我国法院的适用探悉[EB/OL]. http://www.law-lib.com/lw/lw_view.asp?no=1942，2008-3-2/2010-5-9.）

菜等农产品的保障措施调查。在与我国的农产品保障措施的谈判中，农林水产省大臣也出席——除了经济产业省外，实际上在农产品方面是否实施保障措施，农林水产省的意见更为重要。①

（三）实施要件

日本保障措施的实施要件主要包括：

1. 有进口增加的事实

日本《关税定率法》第9条第1款规定："由于外国产品价格下降或其他不可预料到的变化，有特定种类之产品的进口增加（包括与日本国内总生产量之间的比率增加）之事实。即包括产品进口数量的绝对增加，也包括相对增加。"这与《保障措施协议》第2条规定一致。

2. 严重损害或严重损害威胁

在严重损害或严重损害威胁方面，《关于紧急关税的政令》第1条和《关税定率法》第9条第1款规定："本国产业是指和进口产品同种类的产品或其他用途直接相竞争的产品在本国占总生产量一定份额以上的日本国生产者。"

3. 进口增加和严重损害之间有因果关系

进口增加和严重损害或严重损害威胁之间，存在客观、明确的关系，且该关系有证据足以证明。

4. 必要性

除满足前三个要件外，行政机关还必须从国民经济整体利益出发，综合考虑采取保障措施可能带来的影响。只有认为有必要时，才进入具体实施阶段。

（四）实施程序

日本实施保障措施程序主要包括：

1. 调查

调查的主管机关在决定实施损害调查时，应迅速在官报上公布其宗旨、调查的名称和型号、调查开始的日期、调查期间、事项概要，并由主管机关提出相关的证据和证言、发表意见、提供相关信息等。

调查活动限定在1年内结束，特殊原因可延长，但必须在作出延长决定时在公报上公布延长的时间和理由。

调查开始后，利害关系方可以主动或者被动的方式提供相关证据或证

① 黄文俊．保障措施法研究：理论框架与实证分析［M］．北京：法律出版社，2004（77）．

言，也可以申请阅览本国的书面文件，但涉及保密信息的除外。

2. 公告

有关采取措施或不采取措施的决定，应迅速在官报上公告，说明原因、期限和结论。

3. 咨询

政府机关在最终决定是否要发动或实施相关措施时，必须向相关专门审议会咨询。

4. 协商

采取保障措施之前，应就补偿、对抗等措施进行协商。

5. 通报

有关保障措施的任何决定，均须及时向 WTO 保障措施委员会通报。

（五）实施方式

1. 一般性方式

一般性方式主要有提高关税、数量限制以及提高关税和数量限制相结合。提高关税就是将提高后的关税税额的上限，限制在本国和外国产品的价格差之内；数量限制就是将进口数量原则上限制在保持近 3 年的平均进口数量上；前两者相结合的方式就是综合的进行数量限制并调整关税率。

对以上采取的措施有时间的期限，既保障国内产业减少损害又要保障对外贸易的稳定发展。日本对实施措施的时限原则上为 4 年，若经过复审认为需延长的，可最多实施 8 年。

2. 临时性方式

某些产品本身可能比其他产品更不易保存或证据容易灭失，因此法律还规定了临时性的措施，以应对紧急情况。依据《关税定率法》第 9 条和《关于紧急关税的政令》的规定，“有充分的证据表明，在调查结束前进口增长对国内产业造成严重损害，并且综合考虑采取临时性保障措施可能带来的影响，认为有必要时，方可采取”。采取临时性措施仅限于提高关税。

临时性保障措施（提高关税）限制在 200 天以内。在特殊情况下，提高关税可在保障措施调查结束前进行，调查的结果如显示对日本国内产业没有损害或损害威胁时，则返还已经征收的税额。

五、印度的农产品保障措施

印度位于南亚次大陆的印度半岛，拥有丰富的土地资源、水资源和热量资源，耕地面积数量居亚洲之首。“据欧盟 2007 年发布的报告，2005 年印度有可耕地 1.7 亿公顷，居世界第二，仅次于美国。印度水牛奶和香料产量居世界之首，稻米、蔗糖、小麦和奶牛奶产量居世界第二，土豆产量位列第三。印度还是世界第五大转基因作物生产国。"① "近年来，印度农业发展迅速，2004—2005 财年至 2007—2008 财年，印度农业年均增长 3.2%，粮食生产每年增长 1000 万吨左右，并于 2007—2008 财年达到 2.3 亿吨的历史最高水平。2008—2009 财年，印度农业产值为 56604.5 亿卢比，比上财年增长 1.6%，占 GDP 的比重为 17%。"②

（一）相关立法

与澳大利亚相同，印度对于国际条约也是采取转化方式，通过国内立法机关修改旧法或者制定新法与国际条约内容相一致，以颁布国内法的形式承认其国内效力。印度保障措施立法集中在 1975 年《海关关税法》（The Customs Tariff Act，1975）和 1997 年的《海关关税〈保障措施税证明与估价〉条例》（Customs Tariff〈Identification and Assessment of Safeguard Duty〉Rules，1997）中。

（二）实施机构

《海关关税法》赋予了印度中央政府征收保障措施税收的权力，具体的负责保障措施事务的首长是保障措施局局长。

保障措施局局长的权力主要为：一是依职权或依申请发动保障措施调查；二是确定应当适用保障措施税的产品；三是就保障措施调查的情况向中央政府提交临时或最终裁定；四是向中央政府建议所应当征收的保障措施税的数量和保障措施的征收期间以及逐步取消保障措施的进程；五是复审保障措施税的征收是否应当延期，并向中央政府提出延期或撤销保障措施税的建议；其他的还包括有决定保障措施申请书的内容的权力，向各方收集资料、要求提供保密信息摘要等权力。保障措施局局长的权力主要还是表现为程序性的。

（三）实施要件

印度保障措施的实施要件主要有五个："一是特定产品进口数量增加；二是这种产品进口数量的增加造成国内同类产品或直接竞争产品遭到严重损害或严重损害威胁；三是前两个要素之间存在直接因果关系；四是利害关系

① "印度已成为农产品净出口国"，[EB/OL]. http://www.foods1.com/addfav_id=369219&type=news.htm，2008-1-14/2010-6-9.

② "印度经济及三大产业概况" [EB/OL]. http://sousuo.mofcom.gov.cn/query/queryDetail.jsp? articleid=20090806455201&query=%E5%8D%B0%E5%BA%A6+%E5%86%9C%E4%B8%9A，2009-8-13/2010-5-7.

人的申请，即任何自认为受损害的国内同类或直接竞争产品的生产商、贸易团体、公司或其他代表本国产业的协会均有权向保障措施局局长提起申请，申请书必须符合条例的规定，申请书还应当包括关于进口增长、国内产业可能受到的严重损害和严重损害威胁及进口增长与国内产业可能受到的严重损害或严重损害威胁间存在因果关系证据，以及已经采取的或拟采取的产业调整措施的说明及证据；五是保障措施局局长的授权，即当保障措施局局长审查申请认为符合程序性条件，所要实施的保障措施经过调查认为确要实施的，保障措施局局长予以实施保障措施的授权。”

（四）实施程序

印度保障措施实施的程序包括调查的启动（公告）、损害调查的进行（搜集信息）、保障措施局局长的裁定、保障措施的具体实施和复审五个步骤。

1. 调查的启动

根据《海关关税〈保障措施税证明与估价〉条例》的规定，保障措施局长决定发起保障措施调查后，第一步就是将将要发起保障措施调查的情况及时进行公告，公告内容要包括：出口国和出口产品名称，发起调查的日期，有关严重损害或严重损害威胁所依据的事实概要，发起调查的理由，利害关系方提交其意见的地址、实现等内容。

2. 损害调查的进行

损害调查的进行主要是保障措施局局长通过各种广泛的渠道收集信息，以保证调查的科学性、全面性和准确性。

按照顺序，首先是保障措施局局长向出口商、外国生产商和有关国家的政府等利害关系方发放由其设计内容的调查表，以了解情况。并且这类调查有时间限制，接受调查的一方必须在 30 日内提供相关的信息，除非有特殊情况。其次，被调查的一方可以向保障措施局局长提供意见，如果被调查产品主要通过零售渠道予以销售，则有关的消费者组织也可以向保障措施局局长提供意见。再次，利害关系方可自行或委托代表发表意见或提供信息，在局长的同意下可以发表口头信息。最后，关于保密信息，原则上应当向保障措施局局长提供，而局长应当将保密信息予以保密不得泄露。以上调查进行的过程中，任何一利害关系方都可以向保障措施局局长请求得到其他各方提出的证据材料。如果某一方拒绝提供信息，则调查的结果就只依据现有的调查资料作出裁定。

3. 保障措施局局长的裁定

“如果有充分的证据表明，某一产品进口数量的增长已经造成国内产业的严重损害或严重损害威胁，如果延迟征收临时保障措施税将会对本产业造成难以弥补的损害时，保障措施局局长可以作出关于存在严重或严重损害威胁的初步裁定。”

保障措施局局长在调查启动后八个月内，应当作出关于实施特殊保障措施的最终裁定，这八个月的期限可以经中央政府允许予以延长。

最终裁定中通常包含作出结论所依据的全部调查事实和法律规定，包括基本情况说明、国内产业商的调查经过、国内产业的观点、出口商及出口国政府的观点以及最终保障措施局局长的裁定。

4. 保障措施的具体实施

印度保障措施的具体实施是根据《海关关税〈保障措施税证明与估价〉条例》的规定，对进口产品实施保障措施税的征收。

“保障措施税的征收税额不得超过补救或防止国内产业遭到的严重损害或严重损害威胁和国内产业对本行业进行积极调整所需要的数量。”① 征收的期限一般最长不超过保障措施税自实施起的4年，在特殊情况下有必要延长的，印度作为发展中国家可以最多延长至10年，并在实施征收保障措施税的1年后，应当相应地逐步放宽保障措施，② 或国内产业调整措施的具体实施内容。

印度虽然是发展中国家，但在实施保障措施时仍应当遵守非歧视性原则，征收保障措施税时只针对进口产品，不针对产品的来源，一视同仁。

5. 复审

保障措施实施后，保障措施局局长应当适时地对是否需要继续征收强制性保障措施税进行复审，复审后有两种可能：一是继续实施保障措施；二是撤销保障措施。

（五）实施方式

印度保障措施的实施方式为在一定期限内征收保障措施税。

第二节 WTO有关农产品保障措施的成案

WTO争端解决机制是在吸收了GATT争端解决机制的经验和教训基础上建立起来的。根据DSU（Understanding on Rules and Procedures Governing the Settlementof Disputes），WTO争端解决机制的宗旨是根据国际公法的习惯

---

① 印度《海关关税〈保障措施税证明与估价〉条例》第12条。

② 印度《海关关税〈保障措施税证明与估价〉条例》第17条。

规则来阐明 WTO 各项协定的内容、通过有效执行的裁决来解决成员方之间的贸易争端，以避免贸易冲突的产生，保障缔约方的相应权利义务得以实现或履行，从而为多边贸易提供安全保证和可预见性。承担 WTO 争端解决职能的机构有争端解决机构（Dispute Settlement Body-DSB）、专家小组（Panels）及其附设专家评审组和常设上诉机构（Appellate Body）。WTO 争端解决机制受理的争端包括“违法之诉”、“非违法之诉”和“情势之诉”三种，但是实际上主要是“违法之诉”①。WTO 争端解决流程，主要包括三个阶段：（1）协商阶段，即争端当事方政府之间进行协商；（2）法律阶段，主要涉及专家小组的调查、常设上诉机构的复核和争端解决机构的裁定；（3）执行阶段，即执行争端解决机构的建议或裁定②。

本文以下将选取三个涉及农产品的保障措施成案，对 WTO 保障措施与农产品的关系进行探讨。

一、对进口奶制品实施保障措施案

（一）案情简介

1996 年 5 月 2 日，韩国国家家禽合作联盟提出申请，要求政府对进口的脱脂奶粉制剂（奶制品）实施保障措施调查。同年 6 月 11 日，韩国将有关韩国贸易委员会（简称 KTC）进行保障措施调查的行动及其原因通知 WTO 保障措施委员会。10 月 23 日，KTC 完成了《关于某一进口奶制品的增加造成国内产业损害的报告》，12 月 2 日韩国通知保障措施委员会，KTC 发现进口奶制品的增加已经对国内产业造成严重损害。韩国在 1997 年 1 月 21 日通知保障措施委员会拟议对某一进口奶制品实施保障措施，1 月 31 日韩国提交了理由说明通知书。3 月 7 日韩国作出实施保障措施的最后决定。

欧共体对韩国实施的保障措施调查和保障措施提出质疑。1997 年 8 月 12 日，欧共体要求与韩国就上述一系列最终保障措施进行磋商，但最终磋商未果，欧共体于 1998 年 1 月 9 日请求 WTO 成立专家组来解决。

（二）裁决结果

本案经过了专门成立的专家组作出相关报告，但是韩国不满专家组的裁决，向上诉机构提出申请，最终由上诉机构作出了最终的裁决。

① 余敏友．世界贸易组织争端解决机制：法律与实践［M］．武汉：武汉大学出版社，1998：126-131.

② 余敏友，左海聪，黄志雄．WTO 争端解决机制概论［M］．上海：上海人民出版社，2001：79-81.

1. 专家组的裁决

专家组对该案的裁决如下：

“未预见发展”不构成独立的适用保障措施的基础，韩国未对其调查不违反WTO规则；韩国采取最终保障措施时，未按《保障措施协定》第5条第1款规定的标准就所选择的具体措施是如何满足进行说明；韩国未按《保障措施协定》第4条第2款规定充分检验所有严重损害的相关因素；韩国未按《保障措施协定》第12条第1款规定及时、有效的向保障措施委员会发出通知。以上方面导致了欧共体在《保障协议》下的利益受损，建议争端解决机构要求韩国规范其保障措施，使其符合《WTO协定》中的义务。同时，裁决驳回欧共体的其他请求。

2. 上诉机构的裁决

上诉机构的裁决如下：

上诉机构否定了专家组有关“未预见发展”不构成成员国（或地区）在使用保障措施之前所要证明的义务，不过由于该案专家组报告缺乏相关的实施调查结论或无可置疑的事实，上诉机构不能判定韩国是否违反该规定。上诉机构认为，调查机关应当确保使用的措施，不得超过救济严重损害和便利结构调整的必要范围。各成员国（或地区）只有在实施的保障措施是数量限制时，才需要做特定的解释。韩国并未违反《保障协议》第12条第2款下的通知义务。建议争端解决机构要求韩国修改其保障措施直至符合《WTO协定》的要求。

（三）涉及的法律问题

1. 实体方面

（1）“不能预见的情况。”

欧共体认为，韩国没有按照规定，审查被调查产品的进口趋势是否是“不能预见的情况”的结果。同时，欧共体还认为韩国未能按要求证明被调查产品的进口增长是否具有造成国内产业严重损害或严重损害威胁的性质。针对韩国后来提交的材料，欧共体认为韩国未按规定审查是何种原因导致了进口增长的发生（特别是未能考虑产品的进口价格）。韩国与欧共体还用了大量篇幅就进口增长是否能够预见这一问题的法律适用关系进行了阐述。

专家组认为，WTO协议是以“一揽子”的方式被各成员方所接受，成员必须遵守协议下的各项义务，除非各义务间存在明显冲突。《GATT1994》未包含进口增长是未能预见的证明义务。

（2）“在此条件下。”

欧共体认为，韩国未能按规定审查产品进口所发生的条件，尤其是受审查产品进口时的价格。虽然在韩国3月24日给出的国内奶粉和进口脱脂奶粉制剂通知中有价格表，但韩国没有对价格做出任何分析。欧共体还认为，虽然未加工牛奶、奶粉、脱脂奶粉制剂在某种程度上是可以互相替代的、竞争的，但仍旧有不同的特点和用途，仅仅比较这些产品的价格是不够的。因为在很多市场这种竞争品与替代品的价格很不同。

专家组认为，“尽管进口产品的价格往往是进口如何对国内产业带来严重损害的相关因素，但第2条第1款并未明确要求进口方对进口产品，以及进口方市场上相似或直接竞争产品进行分析”。① “在此条件下”这个短语仅仅是指进口成员方有义务充分评估进口增加对国内产业所造成的实质影响，并不是进口方在实施保障措施前必须满足的额外标准。

（3）“严重损害。”

欧共体认为，韩国未按要求正确地评估影响国内产业损害的所有客观的和可量化的因素。

专家组认为，《保障措施协议》中特别列举出的项目因素是在调查过程中应该优先调查的因素，同时主管机关必须审查所有列举出来的因素之间的相关程度。

专家组认为，韩国在履行《保障措施协议》第4条第2款规定的义务中出现了三点问题：“一是韩国贸易委员会调查报告未囊括《保障措施协议》第4条第2款所列举的一些因素。二是尽管韩国对市场分块的分析是恰当的（国内产业包括了奶制品市场中的两个部分），但必须评估列举的所有因素。韩国主管机关仅对国内产业的一部分进行评估，却未解释这种选择是如何与整个产业相关的，违反了《保障措施协议》第4条第2款规定。三是韩国主管机关没有充分解释为什么选择某些因素以及这些因素是如何支持其产业损害裁决的。”② 因此，认定韩国对本国严重损害的认定违反了《保障措施协议》规定。

（4）其他。

《保障措施协议》第5条第1款规定：“一成员方适用保障措施须仅适用至防止或救济严重损害并便利调整可能必需的程度。若使用数量来限制，则该措施不得把进口量降至最近一段时期内的进口水平以下，即统计数据表明有代表性的前三年的平均进口水平，除非有明确的正当理由，表明某一不同水平对防止和救济严重损害是必需的。为达到这些目标，各成员方应选择

① 专家组报告第7.50~7.51段。

② 专家组报告第7.58段。

最合适的措施。”

欧共体认为，韩国在以下方面违反了该条款：没有采取调整措施；没有考虑哪种措施是最适合救济严重损害或便利调整的；没有明确救济严重损害或便利调整所必需的配额数量；把1996年下半年排除在外，因此未选择适当的“三个有代表性的年度”，也未说明“某一不同水平对防止或救济严重损害是必要的”。

韩国认为，一旦某项保障措施的适用被证实为合法的，实施方就没有义务考虑调整方案。专家组在这一点上同意韩国的主张，但认为审查调整方案将是有关当局判定达到预定目标的强有力根据。不过这一解释被韩国在上诉审程序中予以否定，并认为这种解释给采取保障措施的成员方添加了两个原本条文中没有的新义务。

上诉机构同意专家组的解释，认为该条的词语表明，采取保障措施的成员毫无疑问地有义务，确保采取的措施与防止和救济严重损害和便利调整的目标是相称的。但上诉机构认为，“采取保障措施的成员方有义务结束所采取的保障措施是救济损害和便利调整所必需的，即使所涉的保障措施并非符合第5条第1款所规定的数量限制”。①

2. 程序方面

(1) 通知。

欧共体声称韩国未按规定及时履行通知义务。专家组分析了第12条的具体规定，认为第12条关于通知的问题主要包括哪些行为必须通知、通知的具体内容、通知的时间。

第12条第1款规定了必须要通知保障措施委员会的行为：“成员方必须就以下内容立即通知保障措施委员会：（a）发起与严重损害或严重损害威胁相关的调查程序及其原因；（b）对进口增加造成的严重损害或严重损害威胁提出调查结果；（c）就实施或延长措施作出决定。”

第12条第2款规定了通知的具体内容：“……包括增加的进口所造成严重损害或严重损害威胁的证据、对所涉及的产品和拟议措施的准确描述、拟议采取的日期、预计的期限以及逐步放宽的时间表。”欧共体对“所有相关信息”范围标准的理解为“成员方应概要地通知所有在国内应该公布的信息”，专家组没有认可欧共体的理解，而认为，被通知的信息数量必须足够充分，以便有实质利害关系的成员可以参与调查和寻求磋商。

专家组认为，成员应在磋商之前，“立即”将相关内容通知保障措施委

① 上诉机构报告第103段。

员会，以表明通知的紧急性。但此条未明确规定具体的时限，因此需要协调通知的内容和通知时间两者之间的关系，即通知的内容越详细，则通知的时限越久。专家组在审查韩国关于实施保障措施的通知后认为，韩国对调查程序和已实施措施的修改说明进行了通知，其做法符合规定的要求。关于磋商后附加通知的规定，专家组认为有利于提高多边的透明度，可以作为充分磋商的证据，还可构成对先前不很完备通知的补充和更正。专家组认为，韩国的通知义务未能及时履行。

（2）磋商

欧共体依据自认为韩国通知的内容不完整和不及时的事实，认定韩国之后作出的相关的磋商程序也是不充分的。根据第 12 条第 3 款规定，磋商必须在措施实施之前进行，而韩国在磋商前的通知中没有提供所有相关信息，使得成员在磋商前未得到所有的相关信息，因此欧共体认为，韩国的行为阻碍了有实质利害关系的成员寻求有意义的磋商。

专家组认为对拟采取措施所做的通知必须在磋商之前进行，这样磋商就会在措施实施之前进行，这一点上支持欧共体的主张。但专家组认为韩国通知的内容是完整的充分的，通知的内容已经过审议，欧韩双方也已就问题交换了意见和答复，韩国最终实施的措施也确实比最初拟议的措施限制更少。专家组认为，通知不完整未必构成磋商不充分，从事实来看，韩国和欧共体之间的磋商是有效而充分的。

（四）本案评析

本案是世贸组织成立后第一个有关保障措施的争端案例，也是第一个有关农产品的保障措施案例。它的解决为以后的保障措施争端提供了重要的借鉴意义。

1. 专家组的成立

在 WTO 多边体制下解决争端的第一步就是申请成立专家组，如何申请成立专家组对于一些刚加入世贸组织的不经常面临争端解决的成员方来讲，还是比较生疏的，因此若不能完全理解相关规定的确切要求，在以后的程序中就会引发争端。

《谅解》第 6 条第 2 款要求，设立专家小组的请求必须提供一份足以明确陈述问题的申诉法律依据的概要。要求成立专家小组的申请必须足够准确，因为申请既是通知抗辩方和第三方申诉的法律基础，也是确定专家小组权限的基础。因此，仅列举出被诉方行为违反的协议条款是不行的。若在后来又发现了新的违反行为而提出新的诉请，是不会得到专家组和上诉机构的支持。也就是说，在成立专家组申请中，申诉方应包括更详细的申诉的法律论据，不仅列举条款，而且要有适度的分析，申请内容要尽量详实，主张要尽量列出。

2. 举证责任的承担

本案说明了在国际贸易争端中，对保障措施合法性提出质疑的一方应当承担举证责任。投诉方需要证明“表面证据确凿”，被诉方只需要对投诉方的质疑提出有力的反驳。若被诉方无法对投诉方提出的“表面证据”给予有效反驳，则终了的裁决应该有利于投诉方。

3. 通知义务的履行

为保证WTO成员方的合法利益，同时保障措施是针对公平贸易，因此《保障措施协议》对保障措施的实施规定了比其他措施全面得多也严格得多的通知义务，以确保保障措施实施的透明度，确保其他成员方当局切实履行通知义务，相关有利害关系的成员方得以获得充分磋商的条件。因此，对于通知义务就要求在时间和通知内容两方面做得充分。专家组和上诉机构对韩国履行通知义务的分析和结论，充分说明了《保障措施协议》的这一目的。专家组还特别对协议所规定“立即通知”的含义进行了解释，体现了专家组严谨的工作态度。专家组关于韩国未及时履行通知义务的结论，对日后其他成员方实施保障措施，更好地履行通知义务有着很重要的警示。

4. 实施保障措施的条件和限度

为了防止保障措施的滥用，在实施保障措施前，应就进口增长是否由“不可预见的情况”引起的而进行调查。同时，严格限制保障措施的实施范围，确保实施保障措施的适度性。

二、对进口小麦面筋实施保障措施案

（一）案情简介

1997年9月19日，美国小麦面筋产业协会向美国国际贸易委员会（简称USITC）提出要求对小麦面筋的进口发起保障措施调查的书面申请。10月1日，USITC根据该申请决定启动调查程序。10月17日，美国将发起调查的情况通知了WTO保障措施委员会。1998年1月15日，USITC裁定：“小麦面筋进口数量激增，已经对美国国内小麦面筋产业造成了严重损害。”2月11日，美国将作出裁定的情况通知了WTO保障措施委员会。1998年3月24日，美国将其关于小麦面筋进口增长造成了美国国内相同产业严重损害的裁定及时通知了保障措施委员会。同时美国提交了一份USITC的调查报告，包括了USITC在调查中搜集的信息、对调查的分析以及未提交的保密信息的摘要。

1998年4月3日，USITC在美国贸易代表的要求下提供了进一步的资料，说明了国内相关产业的调整计划对提高产业中、长期的竞争力能有多大作用。1998年6月1日美国对进口小麦面筋实施了保障措施。同年6月4日美国将其实施保障措施以及该措施不适用于发展中成员的决定通知了保障措施委员会。同时，决定实施3年零1天的保障措施将不适用于加拿大和其他一些成员进口的小麦面筋产品。

1999年3月17日，欧共体向美国提请磋商，但磋商未果。1999年6月3日，欧共体提请DSB成立专家组解决争端。

（二）裁决结果

1. 专家组的裁决

专家组裁决如下：

USITC对进口增长的裁决符合相关规定；美国在保障措施调查期间将加拿大进口纳入调查范围内，之后在适用保障措施时加拿大的进口排除在外，违反非歧视原则；USITC所采取的因果关系分析标准不符合《保障措施协议》的规定。

2. 上诉机构的裁决

上诉机构的裁决如下：

USITC必须审查导致损害或者损害威胁的所有“相关因素”，甚至是那些证据掌握不足的因素。USITC应当证明进口增长和严重损害之间的因果关系，真正存在的、具有实质性，而不是仅仅停留在因果的状态表述上。USITC将加拿大的进口排除在外，违反了非歧视原则。实施保障措施的通知不必先于保障措施生效发出，但拟议措施的磋商必须先于保障措施生效发出。

（三）涉及的法律问题

1. 实体方面

（1）保密信息。

专家组认为，根据《谅解》第18条的规定，USITC公开报告中删除的某些资料应该有助于其对案件事实作出客观评估，同时，采用某些专门处理保密信息的程序又将有助于获取这些资料。之后专家组要求争端双方提供相关保密信息，并通知双方将采取特殊程序“关于处理私人保密信息的程序”来处理这些信息，确保各方的利益。

“关于处理私人保密信息的程序”规定，只有“获许可者”——专家组成员、争端双方的代表、秘书处雇员方可获准查看或听取某一方在专家组程序中作为保密资料提交的相关信息。并且他们有义务不向其他人披露这些信息、或不允许这些信息被披露给其他人。专家组认为，本案中使用的程序足以对保密信息提供适当的保护，如果某一方拒不提供要求的资料，则专家组有可能推论：该资料包含了对占有方不利的证据。

但美国却坚持将专家组提出的特殊程序进行修改。欧盟不同意，认为美国建议的程序将不可避免地损害争端解决程序的公平性，将会违反《谅解》第18条第1款和《指定专家小组成员的操作规则》的规定。

专家组认为，《谅解》第18条第1款的规定和欧共体在本案中表达的立场表明，专家组不应在美国提出的条件下对其所要求的资料进行审议，即否决了美国提出的修改要求。但专家组提出了进一步的处理保密信息的程序以解决争端双方的不同意见，比之前的处理方法更加细致安全。即“不超过2名的美国代表将专家组所要求的资料带到日内瓦WTO总部的指定地点。专家小组成员、WTO秘书处两名专业人员以及不超过两名的欧共体代表将秘密地阅读这些资料。这些人应负有不泄露该资料、或者使该资料被泄露给任何其他人的义务。不允许对该资料进行影印。专家组成员、WTO秘书处的两名专业人员及欧共体代表可以仅为专家组程序的目的就该资料作书面摘要记录，在专家组得出结论之时，这些摘要记录应当销毁。专家组不得在其报告中披露这些资料，但可以陈述以这些资料为基础得出的结论”。但遗憾的是，最终争端双方对此进一步的程序反应很大，只好最后决定不采用这些程序，而在原已接受的程序的基础上继续进行审议工作。

最终，专家组仍然认为获取某些保密信息将有助于专家组客观地评估争端的事实，让争端解决机制充分地发挥作用。

（2）保密信息的修改。

欧共体认为，USITC需要将相关的因素予以详细的分析和说明，以便正确裁决，除了必须要保密的信息不能公开。而USITC的做法恰恰相反，其所依据的许多数据已经从公开的材料报告中被删除，这样就使得最终的USITC裁决没有准确的依据，无法查证和审议。尽管欧共体认同某些公司私有的信息的保密性，但却不认为相关的数据资料以摘要的形式呈现涉及保密性，形式上的表现仍旧能够使保密信息内容处于保密状态。

美国则认为，欧共体以上表述观点与有关“禁止国内机构披露保密信息”的规定相违背。《保障措施协议》第4条只要求“对被调查案件的详细分析”和“已审查因素的相关性的说明”进行公布，并没有明确要求根据第3条第2款对被视为保密信息进行公开。美国还认为，欧共体所认为的形式上的表述方式，如“百分比和索引法”，不能够保证本案中保密信息的保密性。

专家组认为，根据第4条第2款（c）项的规定，WTO成员方应将保障措施调查报告的内容予以公布，同时该条款所涉及的如何处理保密信息的规定要与第3条第2款的规定相结合才能完成。因此，专家组分析认为，成员方国内主管机关应主动向专家组提交案件详细的书面分析，同时确保某些资料的保密性，但必须提交分析报告。协议并未对“保密的”涵义进行具体解释，主管机关有权自主决定哪些信息应该被视为“保密信息”。

专家组认为，尽管USITC做了很多努力提供信息，但这些关于披露信息的努力还不够。进行保障措施的前期调查时，当事方提供的保密信息，调查机构可以要求当事方提供保密资料的非保密性摘要。这是专家组认为能同时尊重双方的立场的更加透明的措施。

专家组分析认为，考虑到美国国内产业的企业数量少、对敏感的商业信息予以保密等因素，尽管美国USITC还有很多不足，但不认为美国就因其在报告中未公开所谓的“保密信息”，而裁定其违反《保障措施协议》第2条第1款和第4条所规定的义务。专家组认为，当前没有充足的理由能够认定USITC对保密信息的范围进行了系统性的扩大，进一步将非保密信息当作保密信息来对待。

最终专家组裁定，美国在其公布的USITC报告中未披露某些保密信息的做法，并未违反《保障措施协议》的规定。

（3）进口的“增长数量”。

欧共体认为，USITC报告所作的分析仅限于绝对数据的比较，而这些数据通常是有选择性地被抽取出来，且该分析只注重数据的首尾比较，这与要求其证明正在进口的产品“数量增长”正好相反。①

专家组将“进口增加”理解为：“无论从量的方面，还是从质的方面，增长都必须足够近期、足够突然、足够急剧、足够显著，以至于造成严重损害或严重损害威胁。”专家组认定USITC的裁定符合该标准。

虽然所取得的统计数据显示，进口在调查初期有所下降，但在调查的近结束期，该数据出现显著的增长。基于以上原因，专家组认定，USITC的报告结果充分详尽地解释了所依据的事实如何支持其“进口增加”的结论，USITC的做法符合相关法律规定。

（4）严重损害。

欧共体认为，USITC未能按规定审查和评估与国内产业影响的所有相关因素，也未提出足够的证据证明。

---

① 专家组报告第8.27段。

专家组再次审议了相关的法律规定。《保障措施协议》第 4 条第 2 款规定："在根据本协定规定确定增加的进口是否对一国内产业已经或正在威胁造成严重损害的调查中，主管部门应评估影响该产业状况的所有有关的客观和可量化的因素，特别是有关产品按绝对值和相对值计算的进口增加的比率和数量，增加的进口所占国内市场的份额，以及销售水平、产量、生产率、设备利用率、利润和亏损及就业的变化。"

专家组认为，这里的相关其他因素是指在国内调查中由利害关系方明确作为相关因素提出的其他因素。不过专家组和欧共体在这个问题上观点不一致，专家组认为 USITC 已将相关所有因素都考虑过了，而欧共体认为调查机关不应仅限于提出的因素，还包括要对以下未予考虑的因素进行调查：

一是生产率。欧共体对 USITC 仅考虑了"劳动生产率"这一做法不满，认为应该考虑整个产业的生产率。专家组认为 USITC 的做法符合规定，其报告审查了资本投资及其与生产能力使用的关系因素。上诉机构认为，USITC 本应该提供更加全面的分析说明，因此专家组在作出这项认定时没有错误，没有违反《谅解》第 11 条的规定。

二是利润和亏损。关于这一点，欧共体认为，USITC 调查时收集的财务数据覆盖范围并非所有年度的，不符合规定。同时，提供数据的私家公司中的其中一家公司在审查的后期才进入市场的，不应将其计算在内，因为新市场进入者在经营的第一年通常不会营利，这会影响审查的结果。专家组则认为，根据《保障措施协议》对"国内产业"的定义，该协议在制定之时已经预计到审查的过程中并非总能取得完整的数据，而是只要求提供的统计资料代表国内产业的"主要部分"即可。专家组还对 USITC 关于利润和亏损的认定作出裁决，认为这一认定是以和其他因素相关的统计资料为依据作出的。

关于利润和亏损，除了以上要求外，欧共体还对 USITC 分摊面筋、淀粉和副产品之间的利润所使用的方法产生质疑。① 由于在审查过程中，USITC 将相关资料的保密信息进行了修改，致使欧共体无法证实 USITC 的分摊方法。专家组要求美国澄清这些分摊方法并详解。后美国给出相应解释，专家组认为欧共体不应该采用用来分摊利润所使用的保密分摊方法。同时也认定了 USITC 的报告符合法律规定，合理地解释了利润和亏损因素，并不是像欧共体所认为的没有作出应有的相关因素的调查。

三是库存、新厂商的进口和扩产。欧共体认为，USITC 对另外一些相关

① 专家组报告第 8.57 段。

因素没有审查，包括调查期内新厂商的进入和扩产、小麦面筋的伴生产品、美国国内生产商的进口。专家小组认为，调查机构评估“全部相关因素”的时候，具有一定的自由裁量权，可以自由决定评估某一因素的方法。专家组分析说，USITC 在对产能利用率的分析时，已经就扩产问题做了说明，并将产能的提高视为因果关系分析中的一个可能因素；在严重损害和因果分析中，对麦面筋的伴生产品问题已经作出的充分的解释；在因果分析中，已经充分合理地涉及了国内厂商的进口问题。最终，专家组裁定，USITC 在这几点上的审查和解释是充分的、详尽的和合理的，没有违反《保障措施协议》第 4 条第 2 款（a）项的规定。

（5）因果关系。

关于一成员方的因果分析法是否满足《保障措施协议》的要求，专家组的考虑因素有三个：①

一是进口数量增加和损害因素下降的趋势一致性。欧共体认为，USITC 未能证明在进口增加和损害之间存在着必要的一致性，也未提供分析或推理来证明进口增长是怎样导致损害因素下降的趋势。而专家组却赞同 USITC 对此的判断。

二是进口产品的价格竞争性。欧共体认为，USITC 没有注意到在低价出售的进口与损害之间存在联系，而实际上，在进口增加之前价格就开始急剧地下降。

专家组认为，协议中的“在此情况下”之表述没有强制要求进行额外的分析，而只是指因果关系分析的实质。② 对于是否要求对价格进行分析，专家组认为，它也不是所有案件要求考虑的因素，而是其相关性在具体的案件中加以分析。最终，专家组肯定了美国的做法，认定其所依据的事实支持了 USITC 关于价格的结论。

三是非进口增加因素的可归因性。欧共体认为，USITC 未恰当地调查除进口增加之外的其他可能导致国内产业的严重损害的因素。专家组认为，主管机关没有义务主动调查其他原因，本案的 USITC 已经在欧共体的要求下审查了所有提出的因素，关于小麦面筋价差问题，专家组认为欧共体生产者并没有明确要求调查该问题。

欧共体还认为，美国不应该将生产力过剩引起的严重损害归因于进口增加。专家组认为，USITC 的做法没有保证在小麦面筋案中对其他原因造成的

① 专家组报告第 8.91 段。

② 专家组报告第 8.108 段。

损害不归因于进口增加，① 违反了协议的相关规定。

上诉机构认为，“对该条款的正确理解是：在总体上表明，进口增加和严重损害之间的‘因果关系’必须存在，既是其他因素也正在对国内产业造成损害或损害威胁的状况。因此，在损害的归责过程中，核心问题是分离或区别造成损害的不同因素引发的结果”。

上诉机构进一步对专家组和美国有争议的关于“设备利用率”的因素做了分析。上诉机构认为USITC“不考虑进口增加，美国生产者本可以满足美国所有增加的小麦面筋的需求，因此会有效地提高美国生产者的市场占有份额并使进口减少”的假设存在问题，并要求利益双方审查两个额外情况，美国仍旧认为生产力的增长发生在进口增加前。② 上诉机构对该问题进行审查发现，进口增加的时候尽管生产力增长率有所减缓，但的确在继续增长。上诉机构因此认定，所提供的资料显示国内生产力增加有可能对该产业的整体状况产生了影响。最后，上诉机构认为，USITC未按规定充分地评估这个问题的复杂性，尤其是没有对生产力增加是否与进口增加同时造成损害进行评估。③

（6）平行原则。

欧共体认为，USITC应该对所有来源的进口面筋进行调查，不能将来自加拿大的进口排除在其实施保障措施的范围之外。专家组认为，所调查的进口产品的范围应该与采取保障措施的进口产品范围相一致。根据专家组的审查，加拿大的进口产品占总进口产品份额的11%，是进口总额的“重要份额”。④ 而USITC将来自于加拿大的进口产品排除在范围之外，却认定损害是由整个进口增加造成的，这种方法是错误的。

上诉机构认为，虽然USITC对单独审查了来源于加拿大的进口及其所产生的影响，但上诉机构却认为，USITC的分析不充分，除非将来源于加拿大之外的所有进口产品都已造成或威胁造成严重损害的事实明确作出裁定才可。

2. 程序方面

（1）通知。

欧共体认为，美国在“立即通知”的义务上履行不善。包括：保障措

① 专家组报告第8.130～8.142段。

② 上诉机构报告第82～87段。

③ 上诉机构报告第88～91段。

④ 专家组报告第8.175段。

施调查及时的通知，作出关于进口增长造成严重损害的决定的通知，实施保障措施的决定的通知以及按规定通知其拟采取的措施。但美国认为其已经严格履行了通知义务。

专家组认为，本案的保障措施是针对进口产品采取的限制措施，这种措施是不区分进口来源的，可能会影响到所有成员方。因此所有成员方都有权知道保障措施调查的进展情况。进口成员方所做的调查及其通知义务不得延迟。

专家组认为，通知的时间分为两个不同的点：一是在调查后作出实际的决定或裁决的通知，通知应紧随决定或裁决作出之后；二是将要采取保障措施之前必须通知，以便相关方进行磋商。因此，美国关于开始调查进口增长造成严重损害的通知不符合及时要求。

（2）磋商。

欧共体认为，利害双方就美国最终拟采取的措施所进行的磋商并不充分，尽管经过了两次磋商，美国并没有尽力维持减让水平的实质性均衡，磋商没有实质意义，因此违反了《保障措施协议》第 8 条第 1 款和第 12 条第 3 款的规定。美国认为，已与欧共体进行了两次磋商，且欧共体也承认，因此美国并未违反义务。

专家组认为，成员方之间就拟采取的措施举行的磋商，必须在进口成员方通知之后和实际实施保障措施之前举行。经过审查，发现美国提到的两次磋商实际上并不是针对拟采取的措施的，也不可能针对拟采取的措施，因为美国并没有就此问题对利害方进行及时通知。

专家组裁定，美国没有按照规定，就拟采取的措施给其他成员提供“适当的事先磋商机会”，没有尽力维持成员之间减让水平的实质均衡①。

（四）本案评析

本案的争议双方——美国和欧共体，都是 WTO 的主要成员方，同时又都是 WTO 规则的主要参与引导者，他们对相关规则的分析和研究均颇深，在农产品保障措施规则方面也起到重要的主导作用。同时，美欧这些有着判例法传统的国家对相类似的 WTO 争端解决和司法诉讼程序都十分了解，运用得很充分。本案争端双方对问题的争论也十分深入，使得专家组对所依据的《保障措施协议》中较为模糊的概念作了更加深入明了的阐释，得出了对此后的案件处理十分有意义的解释和结论，为以后的争端案件处理的双方、专家组提供了有益的依据资料。

---

① 专家组报告第 8.216 ~ 8.217 段。

1. 保密信息的提供

通过本案欧共体和美国的相互辩论可以分析出，保密信息在保障措施的调查过程中应该如何处理，成为了近乎两难的问题，尽管《保障措施协议》第 3 条第 2 款对保密信息的提供和处理已经作出了规定。

一方面，为了保障措施前期调查获得的保密信息不流入 WTO 的国际争端解决程序，国内产业在调查中很可能不愿提交对于保障措施有实质意义的相关被认为是保密的材料，则保障措施调查会受到负面影响；另一方面，如果采取保障措施的一方总是拒绝对争端解决程序提供保密信息，则投诉方没有深入地质疑被诉方所依据的保密资料，将会在专家组分析裁决过程中十分被动。一旦被诉方的拒绝得到同意，将会助长滥用保密信息规则之风，破坏 WTO 规则的正常运行。

本案专家组在如何获取保密信息方面做了很多努力，然而美国的不配合使这些措施都没能成功。遗憾的是，专家组并没有在最后对美国拒不提供相关保密信息的行为进行任何评价，而是绕开了这一问题，并认定现有资料足以证明事实和用以审议。专家组对成员方在没有明确的证据的证实下，推定认为成员方是诚信的、不滥用权利的，实际上这种道德上的推定对本案的解决以及相应制度的完善并无益处，这也许是专家组在无奈之下的一种选择。

尽管本案专家组的裁决报告中对如何提供保密信息的问题进行了详细的解释和分析，但终于还是没有将这一问题彻底解决。不过，这些相关的解释和分析为日后的类似案件处理提供了有益的参考，并予以进一步发展。

2. “两端比较法”的运用

专家组认为，根据前案专家组的分析阐释，“两端比较法”在对进口增长的分析中并不适用，因为不能完全地正确地反映出进口的总体情况。要正确地分析判断进口增长与否，就必须关注调查期内，尤其是近期内进口的整体变化状况。“两端比较法”的分析方法没有得到任何一个专家组的支持，他们表达了一致的观点，这为以后的成员方作相关的进口增长分析确定了分析方法。

3. 因果关系中“所有相关因素”的处理

专家组认为，在证明因果关系存在时，要首先证明两者之间是否存在时间上的关系。如果两者在时间上不吻合，则必须对其因果关系进行特别的说明。因此，根据专家组的认定，进口增长与产业损害之间必须存在时间上的相关性这个问题，是判断两者之间是否存在因果关系的重要指标。

另外，本案专家组认为，进口一方在对进口增长造成国内产业损害或损害威胁的调查，进行因果关系分析时，必须审查“所有相关因素”，在对进口增长之外的其他因素进行审查时，不能将这些其他因素所造成的损害归因于进口增长，这是正确处理这些因素审查的方式。本案对“所有相关因素”进行了详细的解释，给出了操作性很强的判断标准，即“所有相关因素”就是特殊保障措施的利害双方在进行保障措施调查过程中所明确提出的所有因素。提出这样一个判断标准是实事求是的，对争端双方都公平。

“所有相关因素”到底都包括什么因素，是根据案件的不同而有很大的差异。专家组提出的“谁主张谁举证”原则有利于提高了案件处理的效率。并且，还要求在调查中认定因果关系时，必须证明“进口增长”这一因素就足以对国内产业造成达到“严重”程度的损害或损害威胁，即便其他因素对国内产业的影响的总和比“进口增长”多，也不能将其他因素造成的损害归因于进口增长，或仅仅证明进口增长是因果关系的“因”之一。专家组通过本案对《保障措施协议》的因果关系认定的规则进行了十分重要的澄清，对以后案件的因果关系认定提供了重要的参考。

4.“平行原则”的确认

本案中，美国调查时是针对所有进口来源的，但在最后实施保障措施时却将加拿大排除在外，原因是加拿大与美国同处于一个自由贸易区，美国认为其可以享受保障措施的特殊待遇。但专家组在最终的裁决中，认为进口增长的调查范围应当与最终实施保障措施的范围一致，美国的做法违反该“平行原则”。对“平行原则”的再次确认，保证了以后人为因素引发的进口增长与否判断标准混乱或降低的可能性，确保正确准确地实施特殊保障措施。

5. 通知义务的履行

专家组在最终裁定中再次强调了“立即通知”的义务，并要求成员方切实遵守，同时还要对拟采取的保障措施必须及时通知，以保障相关方能充分享有事先磋商的机会。这说明了，保障措施是在公平交易的基础上实现的，为保障双方的合理合法的利益，保障各成员方在产业方面的特殊利益，通过磋商的方式达成双方的相互谅解和有效的贸易补偿措施安排，就显得十分重要。只有在拟实施保障措施之前进行富有成效的磋商，才能保证有利害关系的成员及时获得保障措施调查进展情况的充分信息。

三、对进口羊肉实施保障措施案

（一）案情简介

1998年10月7日，美国羊肉工业协会、国家羊羔饲养者协会以及多家羊公司向美国国际贸易委员会（USITC）请求实施进口保障措施。1998年10月23日，USITC发布了有关羊羔肉保障调查的通知，并随后向WTO保障措施委员会通知了有关发起保障调查情况。1999年1月9日，USITC一致认定羊羔肉的进口增长对美国国内工业造成了实质性的严重损害威胁，并通知了保障措施委员会。1999年4月13日美国向WTO保障措施委员会提交了一份修改过的关于严重损害认定的通知，并说明了拟议的保障措施。美国分别同新西兰、澳大利亚举行了保障措施磋商，并将磋商结果通知了WTO货物贸易委员会。

1999年7月7日，美国决定对进口羊羔肉实施保障措施。之后，通知了WTO保障措施委员会。

美国的这一保障措施并不适用所有羊羔肉的进口国，而是排除了《加勒比盆地经济恢复法案》和《安第斯贸易优惠法案》的受惠国，以及美国根据《保障措施协议》确定的有关发展中国家。

1999年7月下旬，新西兰和澳大利亚都要求与美国就其对进口羊羔肉实施的最终保障措施进行磋商，但磋商均未达成一致。新西兰和澳大利亚都申请成立专家组审查此争端。

（二）裁决结果

1. 专家组的裁决

专家组认为，美国未按规定证明事实上存在“不能预见的情况”；USITC在对进口羊肉的保障措施调查中，未按规定将羊羔的饲养者与羊羔肉（同类产品）的生产者进行区分；USITC未能按要求取得代表国内产业全部国内产量主要部分的生产者的数据；USITC未能按规定证明进口的增长和严重损害威胁之间存在因果关系；投诉方没有证明USITC在裁定存在严重损害威胁时，特别是在关于未来分析和采用的时间段上，运用的分析方法，不符合协议规定；投诉方未能证明USITC在裁定进口的增长造成国内产业严重损害威胁时，针对各项因素所使用的评估分析，不符合协议规定。

2. 上诉机构的裁决

上诉机构认为，USITC的报告未能按要求对其国内产业存在着严重损害威胁的裁定予以适当的解释；USITC有关进口增长与严重损害威胁之间存在因果关系的裁定中，未能按要求避免其他因素造成的严重损害威胁被归因于进口。同时，对新西兰和澳大利亚的其他诉求不予审理。

（三）涉及的法律问题

1."不能预见的情况"

澳大利亚和新西兰认为，进口的增长并不是因不可预见所致，而是由于美国羊毛法案取消补贴引起国内产量减少所致，美国对这一点应该是可以预见的。

美国认为，本案中的冷冻羊肉向新鲜或冷藏羊肉的转变属于结构的改变，这一点和羊肉进口量的增加符合协议的相关规定。

《GATT1994》第19条第1款（a）项规定："如因不能预见的情况和一缔约方在本协定项下负担包括关税减让在内义务的影响，进口到该缔约方领土的产品数量增加如此之大且情况严重，以致对该领土内同类产品或直接竞争产品的国内生产者造成严重损害或严重损害威胁，则该缔约方有权在防止或补救此种损害所必需的限度和时间内，对该产品全部或部分中止义务或撤销或修改减让。"

澳大利亚和新西兰认为，该条款应该理解为两步因果关系，即首先有不能预见的情况存在，其次由于不能预见的情况导致了进口增长，最终导致严重损害或严重损害威胁。

专家组认为，《GATT1994》第19条第1款（a）项的不能预见的情况是在语法上将"增长的数量"和"在这种情况"结合起来，并不要求进行两步因果分析。并且认为条文本身的结构也表明，"不能预见的情况"和进口增长本身是有区别的，条文只表明不能预见的情况导致进口增长，而产生了严重的损害或损害威胁。①

专家组认为，不能预见的情况就是"进口数量在如此条件下增加给国内产业造成的损害必须被论证为是没有预见的"。而且"未预见的"和"不能预见的"之间是有区别的，后者的要求比前者高得多。专家组在审查某一成员方的保障措施决定时，主要是研究依据实际情况分析预见或未预见的情况是什么。同时，专家组又认为，"这种'不能预见的情况'应该是发生在有关关税减让谈判之后的，而不应要求作出减让的谈判方在减让谈判时应该且能够预见此种情况"。

专家组认为，虽然《GATT1994》第19条没涉及公布报告的具体要求，但《保障措施协议》第3条第1款对此却有详细规定。因此，主管机关在公布报告中必须明确指明，调查机关已审查了不能预见的情况的存在，并在

① 专家组报告第7.10~7.16段。

此方面依据充分的理由得出了结论。

在“不能预见的情况”的审查方面，美国认为，不能预见的情况有两个：一是进口的冷冻羊肉变成了新鲜冷藏羊肉，二是羊肉切割后的变化。且这两个变化是在实施保障措施前的调查期间的最后发生的，这些变化增加了国内羊肉与进口羊肉的竞争，构成了不能预见的情况。专家组认为，美国USITC报告中只是简单地陈述了国内与进口产品的相似性和可替代性的程度，加之产品结构的转变或分割产品的增加的事实，都不能得出这是“不能预见的情况”的结论，因此，不予认定。

而美国认为，在WTO争端解决程序中证明“不能预见的情况”存在就足够了，不需要再对“不能预见的情况”作详细的分析说明。上诉机构否认了美国的观点，认为主管机构在报告中阐述的主要内容必定是不能预见的情况的存在。主管机关公布的报告必须详细说明“不能预见的情况”的存在和详细的分析说明。

2. 国内产业的定义

在对进口羊肉的保障措施调查中，美国国际贸易委员会（USITC）将国内生产的产品定义为与正义的进口羊肉相似的产品，包括羊肉和活羊；在界定国内羊肉产业时，除了羊肉包装者和分割者之外，还将活羊饲养者也纳入国内产业的范围。

澳大利亚和新西兰却认为，活羊不是相似的羊肉，将饲养者作为同类产品产业的行为不符合《保障措施协议》的规定。因为只有同类产品的生产者才能纳入同类产品产业，而不包括原材料的生产者。尽管USITC证明了活羊是与羊肉“直接竞争的”产品的理由，投诉方仍旧认为这种解释与GATT第3条案例所研究的“直接竞争产品”范围不符。

专家组认为，“‘国内产业’应理解为指一成员方领土内进行经营的同类产品或直接竞争产品的生产者全体，或指同类产品或直接竞争的总产量占这些产品全部国内产量主要部分的生产者”。① 而“生产者是指那些生产或制造某一产品的人，是那些将某一事物变为存在的人。那么饲养者当然地成为活羊的生产者，而羊肉包装者和分割者是羊肉的生产者”。② 因此，活羊作为饲养者的产品，不应包括在争议中的同类产品，羊饲养过程所产生的产品不同于随着加工操作（如羊被宰杀、羊肉被切割）的最终消费所产生的产品。

---

① 专家组报告第7.64段。

② 专家组报告第7.66～7.71段。

专家组还驳回了美国的扩大解释的主张，认为如果将生产者整体作扩大解释，把上游的产品的生产者也包括进来，就会导致主管机关对国内产业作随意的解释。

美国提出上诉，认为 USITC 在评估生产者由哪些构成时所依据的标准是恰当的，原料产品生产者与加工者共同构成了统一的生产线，经济目的和利益是一致的。

上诉机构认为，USITC 在界定国内产业范围时，采用的是两端标准，这并不是美国保障措施法案，而只是“其判例法演进过程中的一种实践”①。上诉机构还认为，国内产业的范围应该限定在同类或直接竞争产品的生产者，因为“保障措施是针对一产品实施的，并且只有当该产品正在对生产同类或直接竞争产品的国内产业造成某种影响的情况，才可以实施保障措施”。本案中“同类或直接竞争”的产品只包括“羊肉”，除此之外别无其他，而不应该包括活羊的饲养者。

上诉机构还审查了专家组对“加拿大牛肉案”的报告的审查情况，认为在该案中所强调的，一种产品生产过程一体化程度的重要性问题，在本案中不适用。上诉机构认为，问题的关键是界定这些产品，而不是关注这些产品的生产过程。因此，美国对争议中“同类产品”的界定还包括“活羊”的做法违反了《保障措施协议》第 4 条第 1 款（c）项的规定。

另外，美国在“国内产业”是否存在严重损害尚未确定的情况下，不能实施保障措施。

3. 严重损害威胁

USITC 根据《保障措施协议》通过调查后作出关于严重损害威胁的肯定性裁决，认为：考虑到保障措施调查期间，国内产业所面对的市场上所占的份额的下降，产量、出货、利润率和价格以及其他的困难，认为国内产业正面临着迫近的严重损害威胁。《保障措施协议》第 4 条第 1 款（b）项规定：“严重损害威胁应理解为符合第 2 款的明显迫近的严重损害。对严重损害威胁的确定应根据事实，而不是仅凭指控、推测、或极小的可能性。”

澳大利亚和新西兰却认为，美国仅依据某些损害指标下降而作出严重损害裁决，却并没有说明为什么这会构成严重损害威胁，对这种做法不赞同。

《保障措施协议》第 4 条第 2 款（a）项列举了主管当局在保障措施调查中必须审查的相关因素：“在根据本协议规定确定进口增加是否对一国内产业已经或正在威胁造成严重损害的调查中，主管当局应评估影响该产业状

---

① 上诉机构报告第 82 ~ 83 段。

况的所有有关的客观和可量化的因素，特别是有关产品按绝对值和相对值计算的进口增加的比率和数量，进口增加所占国内市场的份额，以及销售水平、产量、生产率、设备利用率、利润和亏损及就业的变化。”① 据此，澳大利亚和新西兰认为，无论是裁决依据的调查时间，还是裁决所依据数据，都存在错误。

专家组认为，“《保障措施协议》只是在第4条第1款（b）项规定国内产业所面临的损害必须是‘明显迫近的’，而未涉及确定严重损害威胁时必须使用的方法。《保障措施协议》第4条第1款（b）项还明确要求，若要作出严重损害裁决必须建立在客观事实的基础上，不能断言、推测事实”。

专家组分析之后，就主管当局在调查之后如何作出严重损害威胁得出以下结论：一是调查时间点应选择调查期间的后期，此时收集到的数据更加客观，并且更容易被证实，这样可以避免推测、断言事实情况；二是预测严重损害威胁必须是基于最近时段开始收集的事实资料，以确定即将裁定的严重损害威胁是否“明显迫近”；三是要详细分析若不采取保障措施的情况下，达到严重程度的损害在不久的将来立即发生。

专家组就上述结论援引了其他案例的专家组报告作为参考。对“韩国葡萄干案”和“美国软木案”等WTO专家组报告分析后，专家组认为，这些案例都代表了一种普遍的观点，即对严重损害威胁是否明显迫近的审查，必须是在事实的基础上进行前瞻性分析。

本案中，对于USITC对严重损害威胁作出的裁决，专家组首先审查了USITC是否评估了协议所列举的所有损害因素，并且认为，即使在该条中没有规定的相关的因素也要加以考虑；其次，专家组通过对USITC报告提供的数据的审查，认为USITC已经调查了《保障措施协议》规定的所有与将销售总额有关的因素，尽管USITC没有收集所有相关部门的所有数据，但均在其报告中作出了充分真实的解释。

对于投诉方认为的USITC作出结论所依据的时间是不正确的诉求，专家组认为，损害威胁具有预见性，调查期间前期发生的情况与损害威胁的分析之间的联系较少，而对调查期间后期发生的情况与损害威胁的分析之间的联系较多，这一点是符合逻辑的，因为最近的时间内的调查的数据资料关联性最强。

4. 因果关系——《保障措施协议》第4条第2款（b）项与美国法律规定

① 专家组报告第7.121段。

《保障措施协议》第 4 条第 2 款（b）项要求，在进行严重损害威胁或严重损害认定时：“调查根据客观证据证明有关产品进口增长与严重损害或严重损害威胁之间存在因果关系。如果进口增长之外的因素正在同时对国内产业造成损害，则此类损害不得归因于进口增长。”

USITC 在进行调查时，适用的是美国《保障条例》第 202 章第（b）条第（1）款（B）节规定的所谓“实质性原因”标准。澳大利亚和新西兰认为，美国违反了“只有进口增长一个因素正在导致损害或导致损害威胁”的协议要求。美国辩称，因为进口增长无需是导致损害发生的唯一原因，只要它是联系进口与损害的实质性原因即可。

本案中，专家组采纳了美国“进口增长不必是严重损害的唯一原因”的观点。专家组认为，进口增长应该是导致严重损害或严重损害威胁的充分条件，同时也是必要条件，不能将其他导致“严重损害”或“严重损害威胁”的因素与进口增长因素混同。专家组还援引了“阿根廷鞋类案”和“美国麦麸案”的专家组报告来说明因果关系的这一问题，即进口增长本身，单独必须足以造成严重损害和损害威胁。

对于美国“实质性原因”标准的适用，专家组认为，这一标准比《保障措施协议》第 4 条第 2 款（b）项所要求的标准宽松。因为“实质性原因”标准可以适用于进口增长对损害造成的影响比其他因素重要的情况，也可以适用于进口增长对损害造成的影响与其他因素同等重要的情况，还可以适用于其他因素都不比进口增长的影响大，但总和是导致损害的主要原因的情况，这三种情况都可以实施保障措施。如果如此适用该标准的话，就不能保证在所有的案件中不将引起损害的其他因素归因于进口增长。因此，专家组认为，“实质性原因”未能确保其他因素所导致的严重损害或威胁未被归因于进口增长，对美国的这一因果关系的分析不予支持。

上诉机构认为，分析美国适用的“实质性原因”不是本案的重点，而是应集中于对“不得归因于”的问题上。当存在数个影响的因素时，必须对其他所有的因素造成的影响进行区分。USITC 本应该在一定程度上对这些其他因素造成的损害后果进行评估，但 USITC 没有做任何解释。因此，上诉机构就不能确认 USITC 在调查报告中提到的其他六个其所认定的导致损害或威胁的因素不被归因于进口增长。

最终，上诉机构对专家组的结论予以支持，并明确表示，要说明这些因果关系中其他的因素所造成的损害不被归因于进口增长。

（四）本案评析

本案在解决过程中，专家组和上诉机构大量引用了以往案例的专家组和上诉机构就相关问题的解释，并且对这些解释作出了进一步的阐释，甚至是纠正。本案专家组和上诉机构对争端的解决作出的大量合理充分的解释，使得保障措施的法律规则更加清晰明确，特别是本案是涉及农产品的案例，对以后此类农产品实施保障措施的争端解决提供了很多有价值的法律参考。

1.“不能预见的情况。”

本案援引了以前对“不能预见的情况”的案例的分析，对“不能预见的情况”再次做了说明，不过与之前的分析解释相比，本案涉及如何证明“不能预见的情况”存在。

上诉机构认为，对“不能预见的情况”的说明的“何时”即为必须在保障措施实施之前进行；“何地”即为在主管机关的调查报告中明确说明，并得出不能预见的情况是否存在的结论；“怎样证明”即对此问题在调查报告中不得回避，而且必须依据充分的实施理由和经过充分的论证得出结论。

2.“国内产业。”

对“国内产业”界定的范围不同，产业损害的调查结果就可能截然不同。因此，如何界定“国内产业”的界定往往成为保障措施争端中的焦点问题。本案中上诉机构认为，“对‘国内产业’的界定主要在于两点：一是产业由生产者组成，而生产者是那些使一项事物产生的人；二是产品是特定的，不能随意将产品的范围扩大解释。只有由国内生产者生产的产品才有资格被纳入‘国内产业’，‘国内产业’的范围仅仅能够延伸至‘同类或直接竞争产品的生产者’。《保障措施协议》第4条第1款（c）项中的“生产者全体”的‘全体’不应被有些成员方的模糊性解释所利用，随意扩大‘国内产业’的范围”。

3.“严重损害威胁。”

“严重损害威胁”之所以难以判断，是因为其所指出的损害是在未来发生的，基于现有的事实很难断定将来威胁就一定发展为损害，而且更难的是，即便确定会发生损害，如何确定最终损害会达到什么程度。

本案中上诉机构认为，只有“严重损害威胁”是“明显迫近的”，方可采取保障措施，同时采取措施方要对“严重损害”具有极高的发生可能性进行充分说明。因此，就需要对整个调查期间最近的过去数据进行详细的分析，这是最有力的证据。同时对这些最近的数据进行分析时，不能撇开整个调查期间的其他数据，只有将最近数据的这种短期趋势放置到整个调查期间的长期趋势中，进行整体的观察方可判断。上诉机构最终的结论说明，在分析数据证据时，一定要做到既通盘考虑又重点突出，才能准确地把握国内产业和进口增长的趋势，判断损害威胁的未来趋势。

4. 因果关系

即“进口增长”和“严重损害或严重损害威胁”之间的因果关系如何确定。上诉机构认为，“《保障措施协议》第4条第2款（b）项规定，如果除了进口增长这一因素之外同时还有其他因素导致国内产业的严重损害或严重损害威胁，这样的损害不能归因于进口增长”。① 在对这两者的因果关系分析时，必须依据《保障措施协议》而不是某个国家的法律，如美国法律规定的“实质性原因”。“进口增长”并不一定要足以导致威胁或损害，也不一定必须单独导致威胁或损害，对因果关系确定的重点在于区分导致损害或威胁的实质性因素和非实质性因素。

第三节　农产品保障措施国别立法与 WTO 相关成案对 SSM 构建的借鉴与启示

从上述 WTO 主要成员方的农产品保障措施国内立法与 WTO 农产品保障措施成案来看，主要涉及《保障措施协议》的国内法适用和判例法适用。虽然内容上都没有直接提及 WTO 农产品特殊保障措施（SSG），但仍可以在下列问题上得出一些启示，为以后 SSM 的谈判与构建以及我国相关立法提供借鉴。

一、《保障措施协议》、《农业协议》与国内保障措施立法之间的关系

WTO 是由一系列协议组成的法律群，主要包括：“（1）WTO 组织法，即《建立世界贸易组织协定》；（2）附件一，即《货物贸易多边协定》（附件1A）、《服务贸易总协定》（附件1B）和《与贸易有关的知识产权协定》（附件1C）；（3）附件二，即《关于争端解决规则与程序的谅解》；（4）附件三，即《贸易政策审议机制》；（5）附件四，即诸边贸易协定。”除诸边贸易协定外，其他四部分协议属于任何 WTO 现有成员和未来加入 WTO 的成员必须“一揽子”接受的协议范畴，不能对其中的任何协议或协议的条款提出保留。

其中，《货物贸易多边协议》又包括“《1994 年关税与贸易总协定》、《农产品协议》、《实施动植物卫生检疫措施的协议》、《纺织品与服装协议》、《技术性贸易壁垒协议》、《与贸易有关的投资措施协议》、《关于履行

---

① 王传丽等．WTO 农业协定与农产品贸易规则［M］．北京：北京大学出版社，2009：448.

1994年关税与贸易总协定第六条的协议》、《关于履行1994年关税与贸易总协定第七条的协议》、《装运前检疫协议》、《原产地规则协议》、《进口许可程序协议》、《补贴与反补贴措施协议》、《保障措施协议》等”。按照“一揽子”的接受方式，《保障措施协议》和《农业协议》对WTO成员方具有一致的约束力，WTO成员方有义务使其国内法与依《保障措施协议》和《农业协议》承担的义务相一致、相符合。

不论《保障措施协议》还是《农业协议》，当发生了应当实施农产品保障措施的情形时，是否实施农产品保障措施是进口农产品成员方享有的一项权利。在一定程度上，进口农产品成员方有权选择《保障措施协议》或者《农业协议》作为其农产品保障措施的实施依据。这一方面与《保障措施协议》的保护效果高于《农业协议》有关。另一方面，源于与SSG的有效期有关。《农业协议》下的SSG具有一定的有效期，而《保障措施协议》下的SG具有永久性，进口农产品成员方自然倾向于在国内法中选择适用永久性而非过渡性的农产品保障措施。

二、农产品保障措施国内立法模式的选择

如前所述，国际条约在国内适用的方式主要有直接适用和间接适用。也有混合适用，即根据国际法的具体情况，一国或采取转化方式，或采取并入方式，将其接受为国内法一部分。不论采取何种方式，成员国的国内立法必须体现《保障措施协议》和《农业协议》的相关内容。

农业的天然弱质性、部门基础性和功能多样性，决定了农产品具有不同于非农产品的特质。农产品保障措施必须协调农产品贸易自由化与农业安全的关系。农产品保障措施与一般性保障措施之间的立法模式理论上可以分为“合一”式和“分立”式。“合一”式立法下，农产品贸易和非农产品贸易不做实质性区分，将国内一般性保障措施立法的适用范围直接扩展至农产品贸易。“分立”式立法下，针对农产品贸易和非农产品贸易分别进行立法。

从WTO主要成员方的国内立法来看，基本上都未对农产品贸易和非农产品贸易进行实质性区分，将一般性保障措施立法的直接适用于农产品贸易。当国内保障措施立法中论及农产品时，除了要求农产品进出口调查由贸易主管部门与农业主管部门会商外，其他实体要件和程序要件与非农产品并无二致。只是在相关部门的权限以及保障措施的实施方式上存在细微区别。在此意义上，农产品保障措施表现为程序特别法。程序特别法设置，抹杀了农产品保障措施与一般性保障措施在实体内容上的本质区别。笔者认为，无论是在农产品贸易领域还是非农产品贸易领域，保障措施的制度机理和价值

立场都应该得到彰显。同时，又应该考虑到农产品贸易自身的特殊性，必须科学构建农产品保障措施，既要体现保障措施的价值立场和制度机理，又反映农产品贸易特殊性。

三、农产品保障措施的竞合性

根据《农业协议》第 5 条第 8 款之规定，“如采取的措施符合以上第 1 款至第 7 款的规定，则各成员保证不对此类措施采用 GATT1994 第 19 条第 1 款（a）项和第 3 款的规定，或《保障措施协议》第 8 条第 2 款的规定”。这就意味着，“当有资格采用特殊保障措施（SSG）的成员针对规定范围内的产品采取 SSG 措施时，如果所采取的措施符合《农业协议》第 5 条第 1 款至第 7 款所规定的实质要件和程序要件规定，其他成员方不得对其暂停实施其所承担的义务，或者撤销或修改减让。反之，如果特殊保障措施实施方的行为不符合上述条款的规定，则受影响的成员方理所当然有权针对此非法行为进行报复。如前所述，这里的报复也不同于 GATT1994 第 19 条第 3 款和《保障措施协议》第 8 条第 2 款所规定的报复，后者是针对合法适用保障措施的成员方的合法行为作出的报复，而前者是针对非法适用农产品特殊保障措施的行为实施的报复”。① 可见，《农业协议》第 5 条第 8 款之规定在解决 SSG 与《保障措施协议》之间就是否可以采取报复性措施以及采取报复性措施的条件方面进行了一定程度的协调。

但该条款的协调能力仍处于较低水平。当有资格采用 SSG 的成员既可以采取 SSG，又可以采取一般性保障措施的时候，都会遵循自身利益最大化原则进行选择性适用。自身利益最大化原则，决定了这些成员采取的措施具有较强的贸易保护主义色彩，即对本国相关产业严格保护、对进口农产品严格限制的倾向。这将严重违背 SSG 与《保障措施协议》的立法初衷，对农产品贸易自由化造成巨大的损害。在美国对进口小麦面筋实施保障措施案中，美国属于有资格采用 SSG 的成员，同时，小麦也包含在美国保留 SSG 权利的产品类别中，但美国仍然没有适用 SSG，而是选择适用的一般保障措施，主要是基于此等考虑。当然，SSG 自身的缺陷，如相对的价格触发水平较低，难以达到真正的保护目的，使得国内相关产业的保护效果不明显，也在一定程度上影响了有资格采用 SSG 的成员放弃采取 SSG。在新一轮谈判中，应该尽量降低 SSM 适格主体在 SSM 与《保障措施协议》之间的可选

---

① 李娟．试述 WTO 框架下的农产品特殊保障措施［J］．农业经济．2008（11）：91-92.

择性。

四、与农产品特殊保障措施有关的争端解决

“由于大多数发展中成员国没有对原有的非关税措施进行关税化，即使获得使用特殊保障措施的国家，也并不是可以在所有产品上运用，而是已关税化并且在关税减让表中表明 SSG 的产品才能运用特殊保障措施。”①。目前采用 SSG 的主要是美国、欧盟等发达国家。“据统计，1995—2001 年间，有 10 个国家向 WTO 报告自己实施了特殊保障条款，分别是欧盟、美国、日本、韩国、波兰、瑞士、匈牙利、捷克、斯洛伐克、哥斯达黎加。除了哥斯达黎加外，都是发达国家和东欧转型国家，其中，美国、欧盟、日本、韩国几乎每年都会援用特殊保障条款。从涉及的产品税目数量看，10 个成员国在 6 年间对 658 个农产品税目采取了特殊保障措施（SSG）。其中，美国和欧盟援用特殊保障条款的农产品税目数量是最多的，1995 年到 1999 年，美国每年动用特殊保障措施的农产品税目达 20 个以上，其中 1998 年多达 82 个税目。欧盟 1995 年到 1999 年间每年动用特殊保障措施的农产品税目数从 12 个到 61 个不等。在 1995 年到 1999 年的 6 年期间，美国和欧盟动用特殊保障条款的税目个数分别为 262 个和 212 个，分别占到 10 个成员国使用产品税目总数量的 34.6% 和 28.0%。此外，日本和韩国虽然每年也都援用特殊保障条款，但涉及的产品税目相对较少，其中日本 6 年间援用 SSG 措施共涉及税目 104 个，韩国涉及产品税目 22 个。此外，个别成员在个别年份动用特殊保障措施的产品税目很多，如波兰，在 1999 年动用特殊保障措施设计的产品税目 106 个。”②

反观 WTO 有关农产品的保障措施成案，既没有 SSG 与 SG 的选择性适用方面的争端，也没有关于 SSG 实施的争端，所有案例涉及的都是《保障措施协议》的适用。究竟是 WTO 争端解决机制不受理有关 SSG 的争端，还是适格主体在实施 SSG 时没有引起争端？根据 WTO 协议，WTO 争端解决机制的职责是根据国际公法的习惯规则来阐明 WTO 各项协定的内容，并通过有效执行的裁决来解决成员方之间的贸易争端，以避免贸易冲突的产生，保障缔约方的相应权利义务得以实现或履行。因此，WTO 争端解决机制有职

① 刘李峰，张照新．新一轮农业谈判中的特殊保障机制问题及我国的立场［J］．复印报刊资料：农业经济导刊，2006（8）：121-125.

② 《Special Agricultural Safeguard》Background Paper by the Secretariat，G/AG/NG/S/9 /Rev. 1 19 February 2002.

责受理有关 SSG 的争端。WTO 有关农产品的保障措施成案没有涉及 SSG 的唯一原因只能是适格主体在实施 SSG 时没有引起争端。因为 WTO 争端解决机制奉行“不告不理”原则，既然受影响方未对适格主体的法律适用提出异议，WTO 争端解决机制自然不会对此进行裁决。适格主体在实施 SSG 时，要么严格遵守了协议所规定的实体性和程序性规定，要么即使没有严格实体和程序规定，但与受影响方之间达成了某种妥协。困于资料所限，笔者推测，后一种可能性比较大。

五、农产品特殊保障措施的可操作性

不论是根据利益最大化原则在 SSG 与 SG 之间选择使用，还是因为 SSG 保护效果不明显，SSG 本身的可操作性存在较大质疑。

从 SSG 的触发机制来看，《农业协议》第 5 条第 1 款规定，任何成员对于一农产品的进口可使用 SSG，“对于该产品，本协议第 4 条第 2 款提及的措施已转换为普通关税，且在其减让表中以‘SSG’符号定为对其可援引本条规定的减让对象，如果：（a）该产品在任何年度内进入给予减让成员关境的进口量超过涉及以下第 4 款所列现有市场准入机会的触发水平；或者，但不是同时：（b）该农产品进入给予减让成员关境的进口价格低于与有关产品 1986 年至 1988 年平均参考价格相等的触发价格，前项价格以有关装运货物的进口到岸价为基础确定，并以该成员本国货币表示”。第 4 款规定，“（a）项中征收的任何附加关税只能保留至征收该项关税的当年年底，且征收的水平不得超过采取措施当年实施的普通关税水平的 1/3。触发水平应根据下列以市场准入机会为基础的公式确定，市场准入机会定义为进口相当于具备数据的最近 3 年的相应国内消费量的百分比：（1）如一产品的此类市场准入机会低于或等于 10%，则基准触发水平应等于 125%；（2）如一产品的此类市场准入机会高于 10% 但低于或等于 30%，则基准触发水平应等于 110%；（3）如一产品的市场准入机会高于 30%，则基准触发水平应等于 105%。在任何情况下，如任何一年有关产品进入给予减让成员关境的绝对进口量超过（x）以上所列基准触发水平与具备数据的最近 3 年平均进口量的乘积与（y）具备数据的最近 1 年有关产品的国内消费量与前 1 年相比的绝对变化量之和，则可征收附加关税，但触发水平不得低于以上（x）中平均进口量的 105%。”但是，《农业协议》第 5 条却没有对“国内消费量”的计算方法进行确定，导致无法确定进口数量是否达到触发水平。

《农业协议》第 5 条第 6 款规定，“对于易腐和季节性产品，在适用以上所列条件时，应考虑此类产品的具体特性。具体而言，可根据第 1 款

(a) 项和第 4 款使用与基期内相应时期相比较短的时期，并可根据第 1 款 (b) 项对不同的时期使用不同的参考价格”。但未对“容易腐烂”、“季节性”等进行明确定义。因为各国地理位置、气候条件、农业结构、农业技术、农产品生长周期等的不同，即使是同种产品，其保质期也不尽相同。如果说“腐烂”能够从物理意义上、“季节性”能够从气候意义上进行界定的话，“容易腐烂”留给各国的理解空间实在是太大。

另外，《农业协议》第 5 条第 7 款规定，“……各成员应保证在有关产品的进口量正在下降时，尽可能不采用第 1 款 (b) 项的规定”。“尽可能”意味着禁止还是允许，该词集中反应了各国对待有关农产品的进口量正在下降时能否采取“价格触发水平”这一问题上的暧昧态度。实际上，从该条的立法初衷来看，“数量触发”与“价格触发”是 WTO 基于农业的重要性，为 SSG 设置的两个并行启动条件，触发任何一个时成员方都有权采取 SSG。在有关产品的进口量正在下降时，尽可能地不采用基于价格启动条件的农产品特殊保障措施 (SSG)，显然有违该立法初衷。由于“尽可能”的弹性非常大，该条在具体实施中必然会蜕变成为软条款。在新一轮谈判中，应该尽量准确界定 SSM 适用的条件，减少 SSM 适用的弹性。

第四章　WTO 农产品特殊保障机制（SSM）议题的谈判格局与争论焦点

自 WTO 成立以来，成员国一直在寻找合适的机会启动新一轮农业多边贸易谈判，但都因发达国家和发展中国家在一些敏感问题上的冲突以失败而告终。直到 2011 年在多哈召开的旨在“将农业谈判纳入到新一轮多边贸易谈判中”① 的 WTO 部长会议，才使农产品贸易的自由化改革迈出了新的一步。多哈部长会议充分吸取以往的经验教训，经过激烈的谈判和交锋，最终通过了《多哈宣言》，谈判又被称作“多哈发展议程”。在已经进行的多哈回合农产品贸易议题谈判中，农产品特殊保障机制（SSM）一直是最具争议性的议题之一，发达国家成员方和发展中国家成员方围绕该议题展开了多阶段的谈判，虽然取得一些成果，但进展缓慢，最终因发达国家和发展中国家在农产品特殊保障机制（SSM）议题上存在严重分歧而使 WTO 多哈回合农业谈判再次陷入僵局。

第一节　农产品特殊保障机制（SSM）议题的谈判格局

一、WTO 框架下农产品特殊保障机制议题谈判格局形成的贸易背景

（一）WTO 框架下世界农产品贸易格局的区域特征比较

根据世界主要农产品贸易国家在各洲的分布，美洲主要农产品贸易国家包括：美国、加拿大、墨西哥和巴西；亚洲主要农产品贸易国家和地区包括：中国大陆、日本、韩国、印度、马来西亚和中国香港；欧洲主要农产品贸易国家包括：欧盟原 15 个成员国家②。三大区域内主要农产品贸易国家

---

① 农业部农产品贸易办公室编．新一轮农业谈判研究［M］．北京：中国农业出版社，2004：366.

② 主要包括：法国、联邦德国、意大利、荷兰、比利时、卢森堡、丹麦、爱尔兰、英国、希腊、西班牙、葡萄牙、奥地利、芬兰和瑞典。

（地区）的贸易能力存在显著差异："美洲四个主要农产品贸易国家的贸易规模均比较高，其中，美国、加拿大和巴西是农产品净出口国家，墨西哥是净进口国家。欧洲一直是世界农产品贸易的重要区域，尤其是原欧盟15国，普遍具有较强的农产品生产和贸易能力。亚洲主要农产品贸易国家和地区中，除中国和印度的出口规模较大外，其他国家和地区主要以进口为主。"①横向比较各区域内主要农产品贸易国家和地区进口规模和比重，欧洲主要农产品贸易国家所占的世界贸易总额比重最高，是世界最大的农产品进出口市场。美洲和亚洲区域的农产品对外贸易规模相对较小，但增长速度较快。从贸易流向来看，美洲区域市场整体表现为净出口贸易格局，欧洲和亚洲区域表现为净进口格局。而且从净贸易规模的变化趋势来看，美洲的净出口规模有不断扩大的趋势；欧洲的净进口规模在逐渐减小，基本达到了进出口贸易平衡；亚洲的净进口规模在不断增加。因此，亚洲区域市场在世界范围来看作为农产品主要出口市场的地位也在不断加强。

1. 亚洲。亚洲区域内的主要农产品贸易国家（地区）中，只有中国的农产品进、出口规模都比较大；日本、韩国和中国香港是世界主要的农产品进口国家和地区，出口规模很小；印度和马来西亚的进、出口贸易规模相对都比较小。因此，亚洲区域内出口贸易规模的分布格局主要受中国农产品出口规模和流向的影响比较大，进口贸易格局的分布受区域内各国（地区）的影响比较均衡。

2. 美洲。美洲区域内的主要农产品贸易国家中，美国是世界农产品进出口贸易规模最大的国家，加拿大和巴西是世界重要的农产品出口大国，墨西哥是重要的农产品进口大国。因此，美洲各主要国家对区域内农产品贸易规模分布的影响都比较大。

3. 欧洲。欧洲区域内原欧盟15个成员国普遍具有较强的农产品生产和贸易能力，多数国家既是世界重要的农产品出口国，又是重要的农产品进口国，对欧洲区域内贸易格局的影响都比较大。欧洲主要农产品贸易国家的区域内进、出口贸易比重均比较高，目前已接近80%左右的水平，从变化趋势来看也表现出显著的一致性，近些年来都呈上升趋势，并且区域内贸易的进、出口比重在各个年份都很接近。欧洲区域内农产品贸易格局的分布特征显示了，欧洲主要农产品贸易国家的贸易伙伴主要以相邻区域内国家为主。在全球贸易格局的分布中，欧洲区域表现出一定的独立性，农产品的进出口

① 赵一夫. 中国农产品贸易格局的实证研究［D］. 中国农业大学博士学位论文，2005：31.

贸易对区域外市场的影响很小。

从重点农产品区域贸易格局的变化来看，各区域表现出较大差异性，亚洲区域蔬果类和谷物类农产品的区域化贸易比重增长显著；美洲区域蔬果类和肉类的区域化集中程度不断加强；欧洲区域蔬果类、谷物类和肉类农产品的区域化贸易程度不断提高。①

（二）WTO 框架下农产品贸易世界格局的南北矛盾

国际贸易格局的改变往往会引发国家之间的利益冲突，而在农产品贸易领域，这种利益冲突尤为复杂，它不仅涉及南北矛盾，同时还体现为发达国家之间愈演愈烈的农产品贸易战。

1. 农产品贸易世界格局的南北矛盾

南北矛盾是国际经济关系中的主要矛盾，在农产品贸易领域也不例外。不过就农产品贸易而言，南北国家之间的利益关系却有些微妙。

首先，由于发展中国家农业经济的先天不足导致了其在国际农业贸易竞争中不具抵抗力和竞争力，因此，成为了发达国家农业贸易保护主义的最大受害者。这种损害至少来自两个方面：其一，发达国家在国际农业贸易中通过设置层层贸易壁垒的保护主义方式来阻止发展中国家大量质优价廉的农产品进入本国市场进行竞争和销售，以此来保护本国的农业经济和农产品市场不受发展中国家农产品的冲击；其二，发达国家为处理国内日益堆积的过剩农产品而采用的出口补贴等不正当竞争手段，人为压低了国际市场价格，这种贸易扭曲政策的实施也使发展中国家在失去更多市场份额的同时，农产品出口也受到沉重打击：出口受挫，外汇收入锐减，在与发达国家相竞争的温带农产品（主要是粮食产品）领域丧失了大部分的市场份额。热带农产品（包括热带经济作物和饮料作物）出口国虽然无须直接面对来自发达国家产品的竞争，进入发达国家市场的贸易壁垒也相对较低，但处境同样不容乐观：一方面，出口国之间的激烈竞争和发达国家需求的缺乏弹性导致产品价格持续下跌；另一方面，发达国家为保护本国农产品加工业而普遍存在的关税升级现象使得进入发达国家市场的只能是低附加值的初级农产品，高附加值的半成品和制成品往往被拒之门外，从而严重阻碍了发展中国家农产品加工业的发展，使其难以摆脱对初级产品出口的依赖。

其次，由于大多数发展中国家都是粮食净进口国，因此发达国家的生产过剩和出口补贴导致国际市场粮食价格下跌，粮食进口国通常可以从中受

---

① 赵一夫．中国农产品贸易格局的实证研究［D］．中国农业大学博士学位论文，2005：31-38.

益。但是，对低价粮食带来的益处应作具体分析。对于那些在粮食生产方面毫无比较优势且外汇支付能力较强的国家（如部分石油出口国和一些新型工业化国家）来说，进口部分或全部粮食体现了国际分工需要，符合国际贸易规律。而对于相当一部分其他粮食进口国（特别是因政策扭曲导致国内粮食生产受挫而进口粮食的发展中国家）来说，虽然进口低价粮食短期内有利可图，然而长期而言，较低的粮食价格会进一步抑制对国内粮食生产的激励，并促使人们改变生活习惯（如变得更喜好国外的食品）。由此得到好处的往往是少数比较富裕的城市居民，而大多数贫穷的农民却尝到恶果。事实上，若发达国家和发展中国家都停止对农业的不当干预，一些原本进口粮食的发展中国家在粮食生产方面的优势就会逐渐显露出来，它们完全可能成为粮食出口国或至少实现粮食自给，但扭曲的市场形势却使它们把希望寄托于从国际市场进口粮食，而推迟或并不坚定地实施能在根本上解决本国粮食供给问题的发展战略。

2. 农产品贸易世界格局的北北矛盾

与南北矛盾相比，在农产品贸易领域，发达国家之间的矛盾和冲突似乎更为激烈，冲突的根源在于对有限市场份额的争夺。发达国家的农业发展水平并不一致，农业保护的程度也有差异。一般而言，美国、加拿大、澳大利亚、新西兰等国由于拥有优良的自然条件，在农业生产上具有较大的比较优势和出口潜力，对国内外市场的隔离程度也较小；而欧盟和日本在农业生产的自然条件方面并无明显优势，其高产农业是通过不计成本的高投入来支撑的，因此农产品价格居高不下，必须依靠高度的农业保护将国内外市场隔离。由于欧盟和日本是世界最大的农产品消费市场，以美国为首的农产品出口集团自然不愿放弃潜在的出口机会。当美国的农产品出口遭遇欧盟和日本农业保护的重重“铁幕”，贸易冲突便在所难免。从20世纪60年代的“冻鸡大战”，80年代的“油籽大战”，到90年代的“牛肉大战”，发达国家之间的农产品贸易摩擦从未止息。特别是20世纪80年代以来，欧盟因农业保护导致农产品全面过剩，开始通过出口补贴向国际市场倾销农产品，并逐渐蚕食美国的农产品市场份额，美国为捍卫和夺回失去的市场份额，不惜以牙还牙，通过“出口拓展计划”与欧盟展开昂贵的“补贴大战”。① 美日欧之间的农业贸易战形成恶性连锁反应，促使其他发达国家也不得不加入到出口补贴的行列，最终导致了国际农产品贸易

① 龚宇．WTO农产品贸易法律制度研究［M］．厦门：厦门大学出版社，2005：50-54.

秩序的极度混乱。

二、新一轮农业贸易谈判农业特殊保障机制（SSM）议题的谈判格局

由于发达国家与发展中国家在与农产品特殊保障机制（SSM）方面的严重分歧和矛盾，导致了多哈回合新一轮农业贸易谈判的失败和搁置，其背后深层次的因素在于谈判利益格局的错综复杂，各个谈判集团针锋相对，为了维护自身政治经济利益都不愿做出妥协和让步，在不能平衡何方利益的前提下，多哈回合新一轮农业贸易谈判就特殊保障机制（SSM）议题没有达成新的进展。

就发达国家阵营而言，美国在农产品贸易谈判上，一贯坚持“双重标准”，一方面不愿承诺大幅度削减其国内高额的农业补贴，而另一方面又对其他国家的农产品市场指手划脚，既要求欧盟和日本大幅度降低农产品关税，又要求包括中国在内的发展中国家开放越来越多的非农产品市场。欧盟农业较发达，对国内农产品也存在高额补贴现象，其在要求发展中国家开放非农产品市场的同时，也拒绝大幅度削减国内的农业补贴和农产品进口关税。

就发展中国家阵营而言，以印度、巴西为代表的发展中国家强烈要求美国、欧盟等发达国家大幅度削减其国内的高额农业补贴，同时要求日本和欧盟大幅度降低农产品进口关税，但处于发展中国家的国情和自身利益考虑，也不愿意轻易开放国内的非农产品市场。在 WTO 多哈回合新一轮谈判期间，正是由于各利益集团相互之间的利益和矛盾错综复杂，日本和韩国以农产品高关税为特点、凯恩斯集团代表了农产品出口国利益、欧盟和瑞士以农产品高补贴为特点、以印度和巴西为代表的发展中国家、以东欧国家为代表的世贸组织新成员等各种利益集团相互博弈和对峙，都以对方的让步和退让作为谈判和交换的前提，最终导致了整个谈判进程严重受挫，形成僵局。

更为重要的是，在已经形成的谈判格局中，各利益方的关系错综复杂：在要求日本和欧盟大幅度削减农产品关税的问题上，美国和凯恩斯集团（以澳大利亚为代表的农产品出口大国）以及以巴西、印度为代表的G20 集团的立场基本一致；在美国大幅削减其国内农业补贴问题上，一方面发展中国家不断地给其施压，另一方面欧盟则采取攀比的态度，削减补贴的前提是美国率先大幅削减；在反对大幅度削减农产品关税问题上，欧盟与以日本为代表的部分发达国家持基本一致的立场，在农产品市场开放问题上则与美国和日本一起共同向发展中国家施加压力；在要求美国和欧

盟大幅度削减国内农业补贴问题上，以印度和巴西为代表的 G20 集团与以澳大利亚为代表的凯恩斯集团达成共识并保持立场一致，在要求大幅度降低农产品关税方面，G20 集团则与美国和凯恩斯集团联合起来，共同与欧盟和日本抗衡。

2007 年爆发的粮食危机，使发展中国家充分意识到了农产品特殊保障机制（SSM）的明显作用。尤其是作为粮食进口大国的印度，农业基础薄弱，人口众多，更强调特别保障机制和特殊产品条款在保护广大贫困农民免遭农产品贸易自由化冲击的重要作用，一直主张发展中成员按全部农产品总数的 20% 指定特殊农产品，关税减让义务予以豁免，并承担最低程度的关税削减或零削减义务。印度发表声明特别强调，对于印度而言，确保广大贫苦农民的生存和薄弱的农业发展始终是放在第一位的，在最终达成农产品和非农产品市场准入框架模式之前，必须先解决特殊产品和特殊保障机制问题，这一点没有让步的余地。① 刘健男、周立春两位学者认为："作为 SSM 的主要支持方，G33 在 SSM 的具体设置标准上强调农业贸易救济机制的有效性，要求设立较低的触发水平和充分的救济关税水平，尤其强调救济关税水平不受乌拉圭回合约束关税的限制。除了 G33 以外，非洲国家集团、最不发达国家集团以及弱小经济体集团等也是贸易救济机制的积极拥护者。而美国和凯恩斯集团则担心该机制被滥用，使其农产品出口利益受损。他们主张设定较高的触发水平以及触发该机制时应满足的其他条件，并要求限制救济关税的水平，强调不能超过多哈回合谈判前的约束关税水平。"② 广大发展中国家阵营的观点是："发达国家应该采取措施切实有效地帮助发展中成员国应对在农产品进口激增或价格大幅度下跌情况下，其国内粮食安全和消除贫困等方面面临的不良影响；发展中成员国的国内产业应该得到有效地保护；给予发展中成员国新的农产品特殊保障措施将有助于这些成员国做出市场准入承诺；因发达成员方采用国内支持和出口补贴措施而引起的发展中国家农产品进出口不平衡的状况必须得到改观。其中，菲律宾和阿根廷等国家特别强调，新的农产品特殊保障机制的定义不应过于宽泛，核心目标应该确定为消除由出口补贴而带来的贸易扭曲。从目前来看，SSM 的政策目标定位在保护广大发展中国家的大量贫困农户和国内粮食安全免受国际农业市场

---

① 李勤昌．WTO 农业谈判的僵局及其原因［J］．大连海事大学学报：社会科学版，2009（3）：13．

② 刘健男，周立春．特殊保障机制导致多哈谈判破裂［J］．WTO 经济导刊，2008（9）：15．

冲击的影响，是大势所趋。”①

然而，当 WTO 新一轮农业贸易谈判已经遭遇严重阻力而无法继续前行时，由于情势的不断变化，上述已经形成的错综复杂的谈判格局就有可能被再度打破，一些在谈判期间临时形成的利益集团也就失去了继续存在的基础，各个成员方在接下来的双边谈判中将会就本国的农产品特殊保障措施的实施提出更加符合本国自身利益的宽松条件，而对其他国家实施农产品特殊保障措施则提出十分苛刻的约束条件，使得农产品特殊保障措施的约束会在 WTO《农业协定》的已有基础上进一步简单化和苛刻化。② 因此，农产品特殊保障机制（SSM）议题接下来的谈判道路将会非常曲折。

第二节　WTO 农产品特殊保障机制（SSM）议题的谈判进展

多哈回合谈判中，农业议题之所以成为各方争执的焦点，一是因为农业问题的重要性和复杂性，它事关各方的切身利益和长远发展；二是因为谈判各方立场相去较远，互不相让。各成员方都将主要精力用于提出、阐明和讨论各自的谈判立场。其中，发达国家和发展中国家之间，还有农产品出口国和进口国之间，以及各个利益集团内部都存在不同程度的冲突。多哈回合农业谈判历时九年，根据整个谈判过程中阶段性标志的产生过程，WTO 农产品特殊保障机制议题的谈判进展总体上分为以下几个阶段。

一、第一阶段谈判

第一阶段谈判主要是基于农业协议执行过程中遇到的关税配额管理、出口补贴削减、国内支持以及农业改革等问题和各个利益集团对农业贸易自由化的迫切需求。

（一）农业谈判议题背景

展开新回合农业谈判的最直接的原因是于协议执行中遇到的问题和农业贸易自由化的呼声。在乌拉圭回合农业协议的执行过程中，存在的问题主要有：“关税配额管理、出口补贴削减、国内支持以及农业改革对最不发达国

---

① 刘李峰，张照新．新一轮农业谈判中的特殊保障机制问题及我国的立场［J］．新疆农垦经济，2006（6）：4.

② 卜海．多哈回合受挫后的农产品国际贸易发展前景研判［J］．国际贸易问题，2008（12）：40-41.

家和粮食净出口国的不利影响的措施等。"① 此外，乌拉圭回合后，仍有许多国家对农业保护的水平偏高，这不仅加重了政府的预算也增加了消费者的负担。因此许多国家都扩大农产品的出口。

各成员国从2000年到2001年之间提出了多个关于农业的提案。其中，包含了代表发达国家成员的提案和代表发展中成员的提案。代表了双方成员和农业进出口国的利益和要求。在谈判目标上，由于农业进口国在农业上的资源有限，为了保护本国的农业发展，欧盟、日韩等国为别国农产品的进入设立了极高的关税和各种技术壁垒，而美国和凯恩斯集团国家以及许多以农业出口为主的国家则要求欧盟等国放开市场，大幅削减关税。

（二）谈判的过程

第一阶段谈判中，共有126个成员方提交了45项谈判提案和3份技术性文件，内容涉及面广，反映了成员方的初始谈判立场。围绕这些谈判提案，WTO农业委员会先后召开了多次会议进行讨论。在这一阶段的谈判中，主要是以农产品出口国和农产品进口国这两大利益集团的较量。

1. 谈判经历的主要会议

（1）WTO第四次部长级会议。

WTO第四次部长级会议于2001年11月在多哈举行，成员方政府承诺综合谈判达成的目标有："包含实质性关税削减的市场准入问题；分阶段消除所有形式的出口补贴问题；第三，实质性削减对贸易产生扭曲的国内支持问题"等。

谈判启动以后，WTO设立了"贸易谈判委员会"，委员会提出了作为谈判基础的削减模式。削减模式草案中对关税减让、扩大关税配额数量、特殊保障条款、出口补贴、国内支持等作了系统规定："关税减让以成员减让表中的最终约束水平为基础，在5年内按年度平均削减；关税配额量低于当前国内消费量10%，5年内按年度平均扩大到该水平。允许四分之一关税配额管理产品的关税配额量仅可扩大到相当于国内消费量8%，但前提是必须有同等数目产品的关税配额扩大到国内消费量的12%；新一轮关税减让承诺完成后（或完成后两年），发达成员不得继续使用《农业协定》第5条规定的特殊保障措施，发展中成员可以在减让表中将其战略产品（SP产品）标注为SSM，标注了SSM以及目前标注了SSG的产品可适用《农业协定》第5条；总计占预算支出至少50%的出口补贴产品，其出口补贴在5年内

① 李金. 多哈回合贸易便利化议题：回顾、成员立场分析与谈判前景［J］. 世界贸易组织动态与研究，2009（8）：1-7.

按公式逐步削减为零；发达成员国内综合支持总量（AMS）在 5 年内按年度平均削减 60%。任一产品的 AMS 不得超过 1999 至 2001 年的平均水平。发展中成员在 10 年内按年度平均削减 AMS 总量的 40%。"① 但各成员对该草案均反应激烈。

（2）坎昆会议。

2003 年 9 月，WTO 第 5 次部长级会议在墨西哥坎昆拉开序幕，会议旨在"对多哈回合谈判进行中期盘点。为今后的工作提供指导并作出决定，并计划就主要谈判议题确立谈判框架，以便开展下一阶段的谈判工作"。② 坎昆会议上，发展中国家认为"应该先谈农业问题，再讨论农产品市场准入问题"；提出"应给予发展中成员特殊和差别待遇"；要求发达国家成员"大幅减少或取消农业的国内支持"，并将"取消农产品出口补贴作为谈判农产品市场准入问题的前提条件"。③

2. 谈判的主要内容

WTO 第四次部长会议会后发表的《多哈部长宣言》中与农业有关的内容包括强调希望依照农业协定第 20 条的规定，"应继续朝减少保护及补贴方向进行，以发挥市场机能"。强调进行"全面磋商"，以大幅改善市场准入条件，削减各种形式的出口补贴以及大幅削减贸易扭曲效果的境内支持。同时，将对发展中国家提供特殊与差别待遇作为各项谈判中的不可分割的一个环节，纳入减让及承诺总表的范围。④ 无论是各国新承诺表，还是在有关新的或修正的规则约束中都得到了充分体现。考虑到谈判结果的有效实施，以及发展中国家在食品安全和乡村发展等方面的特殊需要以及环境问题，总结《农业协议》第 20 条和《多哈部长宣言》，二者在规定农业改革的根本性和实质性削减的同时，都突出了发展中国家特殊和差别待遇以及非贸易关注等问题。

---

① WTO 农业谈判减让模式摘要［EB/OL］. http：//www. sdxnw. gov. cn/document_ show. asp? id = 4042&types =% D6% D0% B9% FA% C5% A9% D2% B5% D3% EBWTO&mark = 13，2010-11-3.

② "Second draft of post-Cancún decision for the General Council"，［EB/OL］. http：//www. wto. org/english/tratop_ e/dda_ e/draft_ text_ gc_ dg_ 30july04_ e. htm，2010-10-23.

③ "Questioni per la Quinta Conferenza Ministeriale Dell'omc"，［EB/OL］. http：//www. wto. org/english/forums_ e/ngo_ e/msf_ briefing_ note_ cancun_ it. pdf，2010-10-23.

④ 薛荣久，樊瑛等. WTO 多哈回合与中国［M］. 北京：对外经贸大学出版社，2004：54-57.

坎昆会议中，发达国家选择优先讨论“新加坡议题”，而在农业问题上不肯对发展中国家作出实质让步。美国主张“在 5 年内取消所有出口补贴”，欧盟主张：“采取乌拉圭回合减让模式，削减 55% 的农业国内支持总量。”① 虽然《多哈宣言》对新一轮农业议题谈判的目标是“大幅度削减乃至消除各种形式的出口补贴，大幅度扩大农产品市场准入，以建立一个市场导向的、公平的世界贸易体系”。然而对于各成员方来说，农业问题始终都是最为敏感的议题。由于谈判中难以缩小相互之间的分歧，坎昆会议未能取得预期结果。

3. 谈判的难点

该阶段谈判中争议焦点是“削减关税的方式和幅度，以及市场准入、出口补贴和国内支持”② 这三大核心内容。

在市场准入方面，美欧已就补贴问题达成了妥协。实际上，美国在这方面已经采取了措施。世贸组织的数据显示：“1999 年，美国的绿箱补贴为 500 亿美元，黄箱补贴 169 亿美元，蓝箱补贴 8.31 亿美元。欧盟的黄箱补贴为 473 亿美元，蓝箱补贴 196 亿美元，绿箱补贴 197 亿美元。”③ 如依照美国欧盟的方案，发达国家能够继续保留大部分农业补贴，那么在关税大幅度降低后，仍然可以保护本国农业。而发展中国家的农业将仍然处于不平等竞争地位，在大幅降低关税后，不可能有能力对农业进行大规模补贴，发展中国家将失去对农业的保护。④ 在出口补贴方面，美欧的方案中都不赞成在谈判中列出一个时间表，按照其具体的时间规定完全取消出口补贴和出口信贷，并已就补贴问题达成妥协。而发展中国家则要求：“取消所有形式的出口补贴。”争议从发达成员之间的对立转化为发达成员与发展中成员的对立。

4. 第一阶段谈判评析

在第一阶段的农业议题谈判中，成员各方旨在“大幅度提高农产品市场准入的机会和削减各种形式的出口补贴”。其主要目的是“分阶段消除补

---

① 王万山．WTO 新一轮农业谈判进展、冲突与命运［J］．国际贸易论坛，2007（4）：54-59.

② 龚宇．WTO 农产品贸易法律制度研究［M］厦门：厦门大学出版社，2007：315.

③ 李向阳．坎昆会议与 WTO 多边贸易体制的发展方向．［EB/OL］．http：//www.iwep.org.cn/info/content.asp? infoId=1969，2010-10-26.

④ 季风．多哈回合农业谈判的回顾及特点分析［J］．世界贸易组织动态与研究，2007（9）：17-28.

贴；大幅削减造成贸易扭曲的国内支持措施。并提出发展中成员国可以采取特殊措施区别对待”。①

从该阶段谈判中，各方就“农产品关税减让、国内支持和出口补贴”三大方面的分歧可以看出，“在多哈回合谈判农业问题上，不光是发达成员和发展中成员之间，发达成员内部也存在分歧”。其中坎昆会议的失败对WTO存在一个潜在冲击，主要体现在“多边贸易谈判中发达成员与发展中成员的观点难以达成妥协，更多的成员逐渐倾向于区域或双边经济合作”。②其实长期以来，区域贸易合作与多边贸易合作一直是并存的。一些成员方可能会因WTO多哈回合谈判的停滞不前，而将目光转移到区域贸易协定的谈判中。

在该阶段谈判中，有关特殊保障措施的提案在2002年2月提出的削减草案中建议“在新回合谈判结果执行期满或期满2年后，发达国家不能继续使用SSG，而发展中国家针对策略性产品亦可实施”。③ 发展中国家认为，如果发达国家不能完全兑现承诺的话，他们在国际社会经济中的地位将不能在新问题的谈判中得到保障。对于坎昆会议的失败，美欧等发达成员指责发展中成员“为了政治利益，不惜牺牲贸易自由化进程”；而发展中成员则认为“发达成员利用WTO谈判来开放发展中国家的市场，同时加强对本国市场的保护”。④ 坎昆会议失败的主要原因除了美欧无视发展中成员利益私下达成交易和棉花问题以外，还暴露出了WTO决策机制缺乏民主和透明度，错误地引导了谈判。

二、第二阶段谈判

第二阶段谈判内容主要包括日内瓦WTO总理事会，农业委员会特别会议和香港会议。在这一阶段的谈判中，虽然促进了《框架协议》和《香港宣言》的签订，但仍有不少问题尚待解决。

---

① 巫俊飞．从多哈谈判历程看多哈回合的再次重启及其研判［J］．国际贸易，2008（5）：130-131．

② 李向阳．坎昆会议与WTO多边贸易体制的发展方向．［EB/OL］．http：//www. iwep. org. cn/info/content. asp? infoId=1969，2010-11-3．

③ 任志成，张二震．开放中崛起的中国与困境中的多边贸易体系．福建论坛（人文社科版），2008（7）：31-34．

④ 农业部农产品贸易办公室编．新一轮农业谈判研究［M］．北京：中国农业出版社，2004：368-369．

（一）谈判背景

在上一阶段的谈判中，美国和欧盟开始联合就农业问题提出新建议，指出"关税水平越高，削减程度越高，这使关税水平较高的发展中国家处于不利地位"。与此同时，发展中国家结成三大集团来对抗发达国家的强大攻势，包括由中国、印度、巴西在内的"21国集团（G21）"；"非加太集团"和"最不发达国家结成的联盟"；以及由多米尼加、洪都拉斯等33个国家组成的"战略产品和特殊保障机制联盟"，并强力要求"推进战略产品和特殊保障机制，这样发展中国家就可以自行选择不必受关税削减约束的特殊产品，并且可以用特殊保障机制这样一种简单而有效的方式来解决进口激增的问题"。① 但这些要求在谈判中都没有得到切实的体现。特殊保障机制更是被额外附加了众多条件，这使得该机制的适用受到限制。

（二）谈判过程

1. 谈判经历的主要会议

（1）日内瓦WTO总理事会。

2004年8月日内瓦召开的WTO总理事会是坎昆会议失败后最重要的一次谈判。目标是："完成坎昆会议没有解决的问题，并就WTO多哈发展议程下一步工作确定谈判框架和基本要素。"② 会上，各方达成《多哈发展议程框架协议》，该框架协议主要包括了"农产品贸易问题、发展问题、服务贸易以及贸易便利化问题"。其中，框架协议明确规定"在全球范围内降低进口关税，并逐步取消农产品的出口补贴"。发达国家承诺："最终将取消出口补贴、大幅度削减国内支持、对市场准入条件进行改进。"③ 协议还规定，减少在服务业中扭曲贸易的国内支持，多哈谈判取得了突破性进展。

（2）农业委员会特别会议。

农业委员会特别会议于2004年12月就具体问题重新开始谈判。然而在其焦点的市场准入问题上，欧盟认为"出口补贴、出口信贷、滥用粮食援助等出口支持行为应同等受到约束"，并愿意在"出口补贴方面作出大幅度

---

① 何帆．WTO多哈回合谈判的前景［EB/OL］．http：//www.crcpp.org/cpipphtml/hf_ paper/2006-4/21/200604211321_ 2.htm，2010-11-3.

② "中方谈判代表解读多哈发展议程框架协议" ［EB/OL］．http：//www.wtoguide.net/html/cnwto8/15_ 06_ 37_ 429.html，2010-11-3.

③ "Ministerial declaration" ［EB/OL］．http：//www.wto.org/english/thewto_ e/minist_ e/min01_ e/mindecl_ e.htm，2010-10-23.

减让承诺，前提是其他成员也要同等约束其他形式的出口支持”。① 美国、澳大利亚等国则主张在尚未达到削减目标时应设限关税。对此，G20 国集团、G33 则再次要求“发达国家比发展中国家更大幅度地削减关税”。关于敏感品目，G10 主张“敏感品的关税削减幅度应小于非敏感品目”，而发达成员方则强调“敏感品目不能妨碍关税削减的整体目标”。② 由于主要谈判方在市场准入方面的立场对立最为明显，此次会议仍没有取得任何进展。在国内支持方面，许多发展中成员在主张大幅度削减贸易扭曲的国内支持的同时，强调在国内支持方面给予发展中成员有效的特殊差别待遇。

（3）香港会议。

2005 年 12 月在香港召开了 WTO 第六次部长会议，并通过了《香港部长宣言》。该宣言的通过意味着多哈回合农业谈判继坎昆会议的失败之后，取得了积极的进展。《部长宣言》并未确定补贴和关税削减的具体公式，但各成员就“农产品的市场准入整体模式相关的一般参数设置达成一致”。并以 2006 年 4 月为最后期限，“确定农产品和非农产品的谈判模式，确定出框架性的减让表，年末结束谈判”。③ 宣言还规定“发展中成员的特殊和差别待遇是谈判模式的组成部分。各成员在 2013 年前逐步取消所有农产品出口补贴并规范出口政策；发达国家 2006 年取消各种形式的棉花出口补贴，并大幅削减棉花生产方面的国内支持；发达成员和部分发展中成员在 2008 年前向来自最不发达国家的产品提供免关税、免配额的市场准入，双免品目数不少于全部品目数的 97%，2010 年之前对所有品目实行双免”。④

2. 谈判的主要内容

在该阶段的农业谈判中，各成员方认为“为避免谈判破裂，应达成一个框架协议”。⑤ 因此，本阶段的谈判虽然小有成绩，但进步不明显。

香港会议讨论的主要内容包括：“市场准入中的关税减免；处理敏感产

---

① “Sub-committee set up on cotton” [EB/OL]. http://www.wto.org/english/news_e/news04_e/sub_committee_19nov04_e.htm, 2010-10-23.

② 李勤昌. WTO 农业谈判的僵局及其原因 [J]. 大连海事大学学报社会科学版, 2009 (3): 11-14.

③ 季风. 多哈回合农业谈判的回顾及特点分析 [J]. 世界贸易组织动态与研究, 2007 (9): 17-28.

④ “Ministerial declaration” [EB/OL]. http://www.wto.org/english/thewto_e/minist_e/min05_e/final_text_e.htm, 2010-10-23.

⑤ 刘昌黎. WTO 农业谈判之路—艰难、较量与展望 [J]. 农业经济导刊, 2006 (4): 143-148.

品的考量因素；特殊产品（发展中国家粮食安全、生计安全以及农村发展自行选择适当的产品作为特殊产品）；特别保障措施。"① 提出发展中国家可根据基准数量和基准价格引用特殊保障措施。该阶段农业谈判的成果将"特殊产品"（SP）和"特殊保障机制"（SSM）列入了减让模式内。多哈回合农业谈判到此阶段，对于农业减让模式已经达成基本共识。

3. 谈判的难点

在第二阶段谈判中，各方立场依然对立。在农业谈判中，由于美国提出的削减幅度较大，美欧间产生了严重的分歧。G20 和 ACP 国家强调"多哈回合是发展回合，发展中成员的特殊和差别待遇（S&D）是多哈回合所有谈判要素的重要组成部分"。其提出的提案与美国相比，削减幅度较为适中，体现的减让承诺也对发展中国家较为有利；欧盟表示"愿意在 G20 建议案的基础上进行谈判"。② 欧盟提案的削减幅度低于 G20 提案，在波段临界点的选择上也相对保守。G10 集团对美国提案持批评态度，表示"准备在 G20 建议的基础上谈判，可接受四层分层法，在削减幅度上小于其他提案的削减幅度"。

4. 第二阶段谈判评析

第二阶段的谈判中，虽然各方的分歧仍然存在，但依旧达成了《多哈发展议程框架协议》和《香港宣言》的签署。

（1）框架协议的形成及作用。

框架协议是在最初公布的草案基础上形成的。2004 年 7 月提出的最初框架协议草案重点呼吁"发达国家取消农产品出口补贴；大幅度削减其他形式农产品保护措施；发展中国家开放市场"。框架协议中关于农产品市场准入方面的基本内容是："发达成员和发展中成员都应根据各成员的不同关税结构，在约束税率的基础上采用分层公式进行削减。"③ 但是，框架协议仅仅就分层公式的设计提供了一些指导性原则。如"特殊和差别待遇条款是所有谈判的重要组成部分；逐渐将通过高税率多削减和对敏感产品给予灵活性来实现"。与此同时，框架协议还设定了缓解强制性削减关税影响的三

---

① "The Sixth WTO Ministerial Conference" [EB/OL]. http://www.wto.org/english/thewto_e/minist_e/min05_e/min05_e.htm. 2010-10-23.

② "Day 4: Ministers start preparing revised draft ministerial text" [EB/OL]. http://www.wto.org/english/thewto_e/minist_e/min05_e/min05_16dec_e.htm, 2010-10-23.

③ "Text of the 'July package' — the General Council's post-Cancún decision" [EB/OL]. http://www.wto.org/english/tratop_e/dda_e/draft_text_gc_dg_31july04_e.htm, 2010-10-23.

个灵活性机制："包括在不损害分层公式整体目标的情况下，每个成员都可以选择适当数量的敏感产品免予削减；发展中成员可以根据粮食安全、生计安全和乡村发展的需要设定适当数量的特殊产品；为发展中成员建立特殊保障机制。"① 另外，还要求"所有发达国家最终取消农业出口补贴，最大幅度地减少进口关税率，大幅减少国内支持，实质性地改进市场准入条件"。②

（2）部长宣言确立了谈判路线图。

香港会议在多哈回合农业议题谈判上取得了一定的进展。《部长宣言》规定发展中国家对特殊产品和特殊保障机制的使用对发展中国家有利，使发展中国家的一些弱势农产品得到一定程度的保护。也就是说，在农产品方面可以获得特殊产品和特殊保障机制的保护，享有完全减免和较少减免的特殊和差别待遇。

香港会议还就今后的谈判路线和谈判模式进行了磋商，旨在"促进各成员方加紧谈判各项议题遗留问题"。内容主要包括，"在 2006 年按会议明确的线路图继续进行谈判，不迟于 2006 年 4 月底之前确定农产品和非农产品的谈判模式"，③ 可见，《部长宣言》对农业谈判后续的路线图和时间表进行了安排，这对整个谈判起到了至关重要的作用。香港会议把多哈回合农业议题谈判重新拉回了轨道。

（3）香港会议遗留的问题。

总体上看，香港会议虽然没有像坎昆会议那样令人失望，但在重要问题上仍未能达成协议。很多争议很大的问题未能得到解决，被搁置起来。新增的 SSM、对于敏感产品及特殊产品的弹性处理等议题其实仍是建立在市场准入、国内支持和出口补贴这三大支柱之上的。但这些在本轮农业议题谈判中，完全被淡化了。对谈判各成员方来说，实质性的重要问题都遗留给了今后的谈判，多哈回合农业谈判在今后的谈判中是否能够取得进展仍存在许多不确定性。

三、第三阶段谈判

香港会议后，多哈回合进入第三阶段的谈判。在这期间的几次谈判中，

---

① 程国强等．WTO 新一轮农产品关税谈判研究［J］．经济研究参考，2006（24）：2-24．

② 佟福全．世界贸易组织"多哈回合"的突破性进展及其前景［J］．开放导报，2004（10）：70-73．

③ 陆燕．WTO 香港会议后"多哈发展议程"的进展与前景［J］．世界贸易组织动态与研究，2006（9）：14-18．

虽然各国都表现出对农业问题的关注，但这一阶段的谈判受到全球金融危机影响，各成员方不得不把注意力转移到国内，重点放在促进国内经济增长和解决失业问题上。

（一）谈判背景

第二阶段谈判后，WTO各成员开展的各种级别的会议与谈判尚未取得大的进展，接踵而来的全球金融危机对多哈回合谈判也产生了难以忽视的影响。

1. 香港会议后谈判进展缓慢

香港会议后，多哈谈判各成员方又围绕“农业国内支持、农产品市场准入”等问题开展了各种级别的会议进行磋商，旨在“缩小各方在具体数字上存在的分歧差距，从而能够为今后谈判的结束做铺垫”。但从谈判情况上看，相较于上一阶段，各议题的谈判虽然有一定进展，但在会议期限内都难以达成预期效果。如“在关税削减上，欧盟等发达国家的削减幅度问题；在关于农产品补贴上，美国进一步削减农产品补贴的意向问题，在保障措施上，对其适用限制问题等”,① 仍存在诸多分歧。

2. 金融危机对谈判的影响

2008年爆发的全球金融危机过后，美国、欧盟等发达成员因国内经济仍有待复苏，限制了其在谈判中的灵活性。因此，发达成员并不愿意在进一步开放市场方面作出承诺。但是大部分成员都意识到“维持一个稳定、开放的国际贸易环境，是帮助世界经济走出低谷的重要途径之一。如果各国能迅速达成一项世界贸易自由化的协议，无疑是拯救全球经济衰退的一剂强心针。而其前提是所有成员都意识到加强谈判是防止贸易保护主义和刺激经济复苏的重要手段，也是弥合分歧的第一步”。② 联合国应对金融危机会议上强调当前形势下应推动世贸组织多哈回合谈判尽早结束，以此推动全球经济复苏的步伐。

（二）谈判过程

第三阶段的谈判主要经历了非正式部长会议、WTO主要成员部长会议和日内瓦第七届部长级会议。

1. 谈判经历的主要会议

---

① 龚宇．WTO农产品贸易法律制度研究［M］．厦门：厦门大学出版社，2007：317.

② “新一年全球经济走势展望”　［EB/OL］．http：//finance.icxo.com/htmlnews/2009/01/12/1350882_ 0.htm，2010-11-1.

（1）非正式部长会议。

根据香港会议《部长宣言》确定的路线图，多哈回合谈判各成员方于 2006 年 3 月召开了非正式部长会议，以农业谈判为中心继续进行谈判。并在同年 5 月为期 6 周的农业谈判中，公布并详细罗列了各主要谈判方的立场与分歧的谈判《参考文件》，旨在各方能据此拿出具体协议。然而，由于各方对《参考文件》未能达成一致，WTO 在 6 月 22 日公布的关于农产品市场准入的《协议草案》，并希望接下来一周能以此为基础进一步谈判，以便达成一致。草案由"关于农业补贴和农产品关税、关于非农产品（主要指工业品）关税"两部分组成。不过，《协议草案》中，长达 72 页的农业补贴和农产品关税部分中有 760 处内容存在很大分歧。但如此多的问题要在为期 5 天的会议上全部解决，难度相当之大。接下来一周内，主要谈判方为能够尽快结束多哈回合农业谈判，都致力于达成一个框架协议，但由于各方在一些关键问题上仍然存在明显分歧，都不愿作出妥协和让步，致使多哈回合农业谈判再次陷入僵局。

（2）WTO 主要成员部长会议。

2008 年 7 月在日内瓦召开的 WTO 主要成员部长会议是为年内完成多哈回合谈判作关键一搏。在首日的会议上，欧盟宣布愿削减其 60% 的农业补贴。但前提是"新兴经济体必须在工业品市场准入问题上作出更多让步"。在前一次低级别贸易会议上已促使欧盟、美国缩小了与其他国家的分歧，增加了各方在削减关税与农产品补贴方面达成协议的可能，但以印度为代表的发展中国家仍然拒绝大幅度下调关税，这恰恰是美国与欧盟同意削减自身农产品补贴的重要前提条件。印度认为，全球农业贸易仍然存在不公平。发达国家要为全球贸易制度的扭曲负责："只要某特殊农产品超过最近 3 年平均进口量的 5% 并对国内市场造成冲击，就可以按现行减让税率的 50% 追加进口关税；如果超过 10% 就追加 75% 的关税，如果超过 30% 就追加 100% 的关税。"① 对此，美国则坚持，除非其他国家对美国开放的市场等于美国对农产品减少补贴的金额，他们不会通过任何的谈判协议。

最终，美国以印度的 SSM 触发条件过于宽松为由不肯让步，印度也坚持进口增加 10% 以上就采取追加关税的特殊保护措施。由于在 SSM 议题上，主要成员在有关 SSM 的适用及触发问题上难以达成一致，导致持续 9 天的谈判宣告破裂，年内达成协议的目标也成了泡影。本次谈判的破裂打乱了多

① 刘健男，周立春．特殊保障机制导致多哈谈判破裂［J］．WTO 经济导刊，2008（9）：15-17.

哈回合的进程，带来了诸多负面影响。

(3) 日内瓦第七届部长级会议。

世界贸易组织第七届部长级会议于 2009 年 11 月在日内瓦举行。本届会议是继香港会议之后世贸组织所有成员的最高贸易官员首次聚首，主题是“世界贸易组织、多边贸易体系和当前全球经济形势”。为期 3 天的会议没有涉及农业谈判的实质性问题，重点讨论“现行的贸易政策审议机制、争端解决机制、对发展中成员贸易援助和吸纳新成员等，反对保护主义将成重要话题”。① 会议分为两部分进行，一是审查包括多哈回合谈判在内的贸易组织活动，二是讨论金融危机后，WTO 对经济复苏、成长和发展的贡献。会中讨论了 WTO 对贸易争端的监督、警惕新形成的贸易壁垒，以及对发展中国家的援助事宜。旨在“审议世贸组织工作，包括多哈回合工作和世贸组织对经济复苏、增长和发展的贡献”。② 从议程来看，WTO 部长会议确实避重就轻，多哈回合谈判只是一笔略过的配角，取而代之的是集中讨论促进贸易的各项较小的举措。

2. 谈判的主要内容

2008 年 12 月，WTO 公布了多哈回合农业谈判的最新案文，具体涉及市场准入和农业补贴两方面的内容。旨在“促成成员方就关税削减公式和农业补贴问题达成共识”。案文是依据 7 月小型部长会议的磋商结果，主要包括了“国内支持和一些有关市场准入领域的问题。对当时的假设结果现在是否适用做了相应的研究，总结过去半年密集磋商的成果”。③ 虽然一些问题仍有待讨论，但案文向谈判成功迈出了重要一步。

此外，在“敏感产品，关税减免”等很多问题上各方观点分歧犹在，主席以单独工作文件的形式提出了建议。关于 SSM 议题，主席案文认为“谈判取得了一些进展，但进展不平衡，不牢固，也没有达成一个一致的框架。之前所有非正式的努力均告失败。目前案文的工作文件提出的框架因缺乏验证还不足以纳入最终的协议案文”。④

---

① 农业部农产品贸易办公室编．新一轮农业谈判研究［M］．北京：中国农业出版社，2004：363.

② 黄志瑾．WTO 第七届部长级会议述评［J］．世界贸易组织动态与研究，2010 (1)：68-73.

③ “维护多边贸易体制，营造有利外部经贸环境”［EB/OL］．http：//www. mofcom. gov. cn/aarticle/cd/ce/201001/20100106721643. html，2010-11-3.

④ “各方对多哈谈判农业案文修改稿作出反应”［EB/OL］．http：//sms. mofcom. gov. cn/aarticle/cbw/200802/20080205383823. html，2010-11-4.

从该阶段谈判过程上来看，本阶段谈判破裂的直接原因是“以美国为代表的发达成员和以印度为代表的发展中成员在SSM触发条件方面的分歧造成的”。在多哈回合的历次谈判中，SSM一直未成为谈判的焦点，美国和欧盟对发展中国家的主要要价也一直是压迫印度等国在大幅度削减非农产品关税方面让步。针对农业谈判主席福尔克纳发布的农业谈判案文中提出“8%和20%的特殊产品比重，其中相当部分照顾了发达国家的主张”。① 印度就要求在进口量超过正常年份的一定比例，并导致国内价格下跌时，应采取追加特殊保障措施。并表示：“必须首先解决发展中成员关注的敏感产品和特别保障措施问题。”② 然而，印度的上述要求并没有得到发达国家的响应。

3. 谈判的难点

在WTO主要成员部长会议中，所有成员达成共识的一点是，保障措施的适用不应阻碍正常的贸易过程，但存在分歧的一点是关于对特殊保障机制适用的相关标准。谈判过程中，欧盟代表指出，虽然多边贸易体制经受住了金融危机的考验，但还存在许多问题。并强调多哈发展回合谈判虽然有利于全球经济复苏，但进度过慢。

印度指出“这次金融危机中，发展中国家在就业、生活环境和食品不足方面都承担了不合比例的损害。多哈谈判不仅进度缓慢，而且目前看来所讨论的都不是核心问题。需要设计一个谈判进程来打破现有僵局”。③ 大多数发展中国家也认为，多哈农业谈判中，发展中国家因重视自身的发展目标而将其他非核心议题带入谈判，从而分散了谈判重心，不利于主要议题的完成。并且强调，谈判应该建立在既有成果之上，将对发展中国家市场准入的需求建立在农业谈判的主基调上，增加谈判的透明度和包容性。

4. 第三阶段谈判评析

在第三阶段谈判中，仍然没有就各方所关心的焦点形成相关的法律文件，只提出了相关草案以及各成员方对具体议题的表态与声明。

日内瓦第七届部长级会议中，代表们指出，多哈回合谈判应尽快结束，

① “陈德铭就多哈回合谈判、世界经济形势等问题在日内瓦接受路透社、国际先驱论坛报联合采访”［EB/OL］. http://www.mofcom.gov.cn/aarticle/ae/ai/200912/20091206649015.html，2010-11-4.

② 刘黎昌.WTO谈判破裂的原因与最后成功的关键［J］. 世界贸易组织动态与研究，2008（10）：1-10.

③ 黄志瑾.WTO第七届部长级会议评述［J］. 世界贸易组织动态与研究，2010（1）68-73.

甚至有代表还要求以政治做背后推手，以达成2010年结束谈判的目标。许多国家指出“2008年12月的农业草案和非农市场准入草案应当是进一步谈判的基础，发展应当是整个谈判的核心”。① 就目前全球经济情况来看，农业作为多哈回合的核心议题仍然有待进一步谈判。在2008年2月提出的减让模式修正草案中虽然提出发展中国家的所有农产品均可适用SSM，但给予了很大限制。如将关税水平提高到现有的约束水平之上，即便是促进了进口量的增长，但在农产品上采取特殊保障机制的约束仍然过于苛刻。这不仅不利于发展中国家发展本国农业，还削减了其保护保障食品和粮食安全的政策空间。

四、多哈回合农业议题谈判背景下SSM议题的谈判特点

自从2003年3月进入了所谓“程式阶段”（modalities phase），多哈回合经历几个阶段的谈判，虽然取得一些成果，但进展缓慢。究其原因一是存在于美国与欧盟之间的农产品的国内支持和进口关税削减分歧。二是市场准入问题的分歧。三是发展中国家的WTO成员内部处于自身利益的考虑也存在一定的分歧。多哈谈判的僵局在于，“欧盟将美国率先在削减农业补贴方面作出更大实质性让步作为松动自己立场的前提；而美国也将欧盟进一步削减农产品关税作为妥协的先决条件。美国和欧盟在相互较劲的同时却又共同对发展中国家施压，要求它们在开放非农产品市场方面作出更大的让步；而发展中国家认为以美国、欧盟为代表的发达成员方应当考虑发展中国家的立场，率先作出让步”。② 纵观前三阶段的谈判，多哈回合农业谈判呈现出以下一些特点。

（一）集团化现象突出

多哈回合农业谈判中，由于各成员处于自身国家利益，往往选择与自身主张相同或相近的成员联合起来以提升自身的谈判力量和地位。如广大发展中国家为了与发达成员的联合提案对抗从而产生了多个国家利益集团：凯恩斯集团、20国集团（G20）、10国集团（G10）、33国集团（G33）、90国集团（G90）等。但这种谈判力量的联合功利性非常强，随时会随着成员利益的变化而瓦解，并重新组合成新的集团。

---

① 宗会来．借鉴国外经验提高我国自贸区农业谈判质量［J］．农业经济问题，2009（2）：81-87.

② 农业部农产品贸易办公室编．新一轮农业谈判研究［M］．北京：中国农业出版社，2004：373.

凯恩斯集团由 14 个农业生产和出口国于 1986 年在澳大利亚凯恩斯成立，其农产品出口占世界出口量的四分之一，但都没有对其农产品给予补贴。在多哈回合中，作为参与谈判的主要力量和农产品出口国的联盟，凯恩斯集团对谈判的进程和结果都具有很强的影响力，所提出的议案是自由化程度最高的。它们主张“取消‘蓝箱’，将所有‘蓝箱’支持计入‘黄箱’政策。构成凯恩斯集团的一些国家也提出了特定的建议和主张”。① 集团中一些发展中国家也提出类似的改革思路，支持设置总的支持水平上限。此外，因凯恩斯集团成员都受农业补贴之害，因此建议“取消美国、欧盟的农业补贴和支持”。

美欧联盟的根基其实非常脆弱，但为了把矛头重点对准发展中成员，双方尽可能地维持目前达成的妥协和默契。在谈判最敏感的“关税减让模式”问题上，美欧都不再坚持各自的立场，主张混合公式②。在谈判策略方面，美欧从不同角度继续分化 G20 成员，对其中一部分要求“扩大关税配额、取消出口补贴并施以小惠；”对另外一部分“允许给其在 SP 和 SSM 以维持关税配额等条件进行拉拢”。③ 在长远的谈判战略上来看，欧美的主攻方向仍然是尽量避免扩大自身的市场开放力度，而促使印度、中国等发展中大国的市场开放。

G10 是由 10 个农产品进口方组成，在美欧联合议案抛出后，包括日本、韩国等主张贸易保护的成员形成的一个集团。他们强调减让模式应当考虑各国农业的多样性，并认为：“削减的基础应以乌拉圭回合的最终承诺水平为准，按百分比削减成为最终的约束水平。”④ 强调农业贸易保护，和欧盟一样，试图扩大“绿箱”标准，并对该政策中某些措施的标准进行修订。

除此之外，发展中国家作为一个整体，对多哈农业谈判显示了积极的参与和一定的谈判力。在坎昆会议上，发展中国家又分为几大集团。G20 是美

---

① “Cairns Group 20th Anniversary Meeting, High Level Forum on Agricultural Trade Reform, The Doha Round's Future: Worth the Fight?”，［EB/OL］. http://www.wto.org/english/news_e/sppl_e/sppl39_e.htm，2010-11-3.

② 混合公式：2003 年 8 月，美欧在坎昆会议前达成的农业谈判减让模式框架中，提出了“混合公式”，即一定比例的农产品关税可以采用乌拉圭回合公式削减；其他农产品的关税则按照瑞士公式削减。

③ 农业部农产品贸易办公室编．新一轮农业谈判研究［M］．北京：中国农业出版社，2004：380.

④ “Lamy: We need to act now”，［EB/OL］. http://www.wto.org/english/news_e/news05_e/tnc_19oct05_e.htm，2010-11-3.

欧农业联合提案抛出之后发展中成员提出的临时谈判集体。包括巴西、印度、中国等发展中国家。G20国内的农村人口占世界农村人口的一半以上，是农业多边谈判中不容忽视的力量。在多哈谈判中主张“维护发展中国家的利益和消除发达国家的贸易扭曲政策，推动发达国家开放市场，给予发展中国家特殊待遇”。① G33由印度尼西亚、古巴等33个国家组成。致力于成立“战略产品和保障机制联盟，强调SP和SSM对发展中国家的特殊性和重要性”。G90是由最不发达国家和非洲联盟国家组成，多哈回合中，他们更多地“关注棉花问题和特惠侵蚀问题。希望贫困国家能够不受各种妥协的约束”。② 发展中国家的多数议案都强调了“维持特殊和优惠待遇条款。支持降低对单个产品的支持水平，避免发达国家逃避对某些敏感产品的削减”。虽然发展中国家内部仍然存在着很大的差异性，但自坎昆会议后日益加强的统一性使得发达国家不得不开始重视发展中国家的议案。

（二）成员之间的关系错综复杂

在多哈回合农业谈判中，发达成员与发展中成员之间，农产品主要出口国和进口国之间互相牵制，形成了僵持局面。作为主要农产品出口国的美国和凯恩斯集团倡导“农产品的自由贸易，建议将乌拉圭回合中的三个政策箱并为豁免和非豁免两项”。作为农产品进口大国的欧盟“坚持乌拉圭回合的谈判框架，强调农业的多功能性的特征，试图将‘绿箱’的支持标准扩大”。③ 作为G20代表的印度和巴西在谈判中提出：“发达国家大幅度削减关税和农业补贴，并尽量维护发展中国家的利益，坚持发展中国家较小幅度地削减关税和国内支持。”④ 日本不是农业谈判的主要谈判方，但一直站在农产品进口国的立场，与欧盟的立场也较为相似。强调AMS的承诺应保持在一个合理的范围内，考虑农业的多功能性和农业生产公共产品的特征，建议保留“蓝箱”。

与过去的农业谈判相比，发展中国家对多哈农业谈判表现积极。因为国际经济地位的悬殊，发展中国家将“实现贸易公平及争取特殊和差别待遇”

---

① 张皞．农业贸易自由化进程中的国内支持—基于多边谈判和政策调整视角的分析［M］．兰州：兰州大学出版社，2007：111.

② 龚宇．WTO农产品贸易法律制度研究［M］．厦门：厦门大学出版社，2007：284.

③ 张兵．多哈回合谈判全面中止的政治经济学分析［J］．亚太经济，2006（6）：105-108.

④ 张建．WTO多哈回合农业谈判近况及日本立场的考察［J］．国际观察，2009（1）：74-79.

作为谈判的中心目标。但因为各国对贸易公平及差别待遇的理解有差异，因此，发展中国家因成员内部在农业谈判中存在着巨大的利益分歧导致其凝聚力不强。一部分原是凯恩斯集团的成员支持农业市场开放，而另一部分则强烈要求保护本国的农业市场。为了增强谈判实力，发展中国家采取了协同作战的方式，多个发展中国家联合的情形屡见不鲜，在谈判中也形成了若干规模不一的谈判集团。总体而言，多哈回合农业谈判就好比一场尚未确定菜单的盛宴，各成员方的主要工作在于为这一宴会提供和准备各种原料。各方提案虽然广泛，但由于缺乏利益交换的空间，不足以推动实质性谈判。

（三）谈判取得进展愈加困难

美国、凯恩斯集团、欧盟和 G20 国坚持各自的提议，互不让步。美国作为世界主要农产品出口方，在农业贸易方面具有较强的竞争力，因此试图“利用农业谈判推动农产品贸易自由化，使其国内支持的削减取决于其农产品获得的市场准入机会，因此，扩大市场准入成为美国在农业谈判中的核心目标”。① 凯恩斯集团中也包含了一部分发展中国家，在推动农产品贸易自由化的同时，其谈判立场在一定程度上也体现了发达国家的要求。其主要的观点有“通过适当的削减公式大幅削减农产品关税，增加关税配额数量以及对农产品出口补贴的取消”等。② 欧盟因缺乏农业方面的比较优势，严重依赖政府保护，所以在谈判中将目标定位于尽可能维持农业的高度支持和保护，并争取关税减让、国内支持和出口补贴削减方面的灵活性。G20 强调发展中国家的特点，把美国和欧盟大幅削减国内农业补贴作为开放市场的前提条件。由此可以看出，如果美国不改变现有立场，欧盟也不会在国内农业补贴和农产品市场准入方面作出让步，由此会导致 G20 难以在开放国内市场方面有所松动。

（四）特殊保障机制（SSM）的进展不大

根据乌拉圭回合《农业协定》的规定：“特殊保障措施仅在改革进程内有效。”也就意味着特殊保障措施的有效期限本应在 2004 年年底。因此，在多哈回合农业谈判中，是否继续保留特殊保障措施问题是热点之一。由于援用该机制的主要是发达国家，大多数发展中国家主张“取消现有的保障条款，转而建立一种只能为发展中国家使用的新特殊保障机制（SSM），以解

① 薛荣久等．WTO 多哈回合与中国［M］．北京：对外经济贸易大学出版社，2004：250-252．

② 季风．多哈回合农业谈判的回顾及特点分析［J］．世界贸易组织动态与研究，2007（9）：17-28．

决贸易自由化条件下可能发生的进口激增和价格剧跌带来的不利影响”。①但纵观前三个阶段的谈判，有关SSM议题的讨论少有涉及，往往被发达成员方边缘化，相关谈判的进展并不明显。SSM自G33在谈判中提出以来就遭到发达成员的刁难。对其使用资格和触发上设立重重限制，强调关税削减公式定型之前很难解决有关SSM的具体内容、作用、启动的时间和持续的期限，提供保护的产品等一系列问题。并以其他条件作为对该议题让步的前提。尽管G33于2009年递交了一份单独的建议（TN/AG/GEN/29），提出给予最不发达国家在SSM中更多的灵活性。并重申了SSM对发展中国家的重要性，但到目前为止，SSM依然不具备操作性。

第三节 WTO农产品特殊保障机制（SSM）议题的争论焦点与各方立场

WTO所有成员对于SSM何时可以使成员临时提高到乌拉圭回合承诺约束的关税水平尚有很大的分歧。就前三个阶段的谈判来看主要分为两方面：一种观点主张在承诺层面上不应该增加关税，并认为SSM只是某一特定阶段的一种临时手段，对其适用应该加以限制。另一种观点认为设置SSM保护了发展中国家的利益，因此在其适用上应该放松限度。

一、SSM的使用范围

目前，大多数发展中国家有关农产品贸易措施并没有完全实现关税化，这在国外农产品发生数量或价格上的变化时，将不利于保护本国农业。同时，面对农业贸易自由化带来的冲击，会威胁到发展中国家本国的农业及农产品市场，引起粮食安全、生活安全等重大问题。而到目前为止，对于SSM的使用权各方还没有达成一个共识。一种观点认为SSM应包括所有的发展中成员国，并包含所有农产品。而另一种观点认为，过于宽泛的适用将会导致保护，建议将农业出口大国应排除在使用SSM的成员范围外。部分农产品出口成员国还认为“SSM应当与农产品的关税自由化程度挂钩”。

从现阶段谈判来看，SSM要涵盖所有农产品的可能性不大。可选择方式有3种：“一是成员国在谈判表中开列出有关粮食安全的产品名单，并且限定各国可使用SSM的产品数目；二是把相关国家粮食安全的产品限定为

---

① “WTO就农业问题举行首次技术性磋商会议” [EB/OL]. http://sousuo.mofcom.gov.cn/query/queryDetail.jsp? articleid=20041000295292&query=SSM，2010-11-3.

谷物；三是根据不同产品在发展中国家的粮食安全中的作用以及占 GDP 份额来衡量的在农村经济具有重要意义来界定特殊保障条款的产品范围。"①但重要的是，SSM 并不主要是从贸易的角度来看待。正确的方式是将它视为一个允许发展中国家解决自身对食物和民生安全以及农业发展等主要问题的工具，并同时履行自由化的承诺。需要强调的是，在大多数发展中国家中，农业提供了大量的就业机会，本质上并不属于一项商业活动，它只是一种生计的方式。在这些国家中，大多数农业生产都在面积较小的土地上进行，主要是用于自身消费。这种为生计目的的农业往往深陷低投入、低增长的恶性循环中。因为全世界 75% 的贫困人口生活在以农业作为主要经济活动的农村，② 所以这种农业经营方式也与扶贫问题密切相关。

鉴于发展中国家的农业危机亟待解决，保持全球贸易体系的可持续性就显得十分重要。解决这一问题的重要政策在于通过一国或多边的努力，补救发展中国家农业巨大的投资赤字。发展中国家政府需要一个健全的 SSM 来允许他们在国际市场引起进口激增或价格下降时解决这种动荡。事实上，从以往食品和金融危机（影响仍在继续）的教训来看，SSM 的架构和模式有待进一步加强。基于那些在短期保持高增长率，但在一段时期内不会持久的产品适用更严格的 SSM 纪律的论据是不合理的，因为它们在一段合理的期限内忽略了农业生产和贸易增长的全球趋势。在寻求更严格的纪律时，国家和产品的不同同样也不加以考虑。另外，论据应立足于依靠农产品的价值而非出口产品的数量来促进增长。农产品的价值取决于一系列因素，包括汇率变动、供求关系和机会成本，而农业生产则基于哪些是适合的且可以种植的以及能否在一段时间内持续生长。

二、SSM 的适用条件

在 SSM 的适用条件上，以美国为首的发达成员和以印度为代表的发展中成员之间存在巨大分歧，互不相让。这也是导致多哈回合谈判停滞不前的重要原因。

---

① 刘李峰，张照新．新一轮农业谈判中的特殊保障机制问题及我国的立场［J］．新疆农垦经济，2006（6）：1-5.

② "33 国集团重新聚焦多哈农业特殊保障机制谈判"［EB/OL］. http：//www. sccwto. net/webpages/WebMessageAction _ viewIndex1. action? menuid = C84ED25A0CE34BC29AD0C5DE9F5744F3&id = 23b6399a - a0e9 - 4f92 - afea - 210090f4596c, 2010-4-2.

（一）发达成员和发展中成员的分歧

以印度为首的发展中成员强调，发展中国家内部存在大量贫穷农民，如没有 SSM 的保护，将不能应对来自国外低价农产品的冲击。这将导致国内农业产生严重后果。因此主张放宽 SSM 的适用条件，让更多的发展中国家能够适用 SSM 保护本国农业。但以美国为首的发达成员在放宽 SSM 的适用度上始终持反对态度。将发展中成员对农产品市场的开放作为妥协的前提条件。

（二）WTO《农业协议》对特保措施的规定

WTO《农业协议》第 5 条对特殊保障措施规定包括“仅适用于已被关税化了的农产品，在一定条件下允许对其征收额外的附加关税”。与其他保障措施相比，其最大的特点在于“该措施的适用不是以进口增加造成国内产业的损害为前提，而是以进口数量达到触发水平或进口价格低于触发价格为适用条件”。① 由此可见，《农业协议》第 5 条在特殊情况下“允许成员方在进口激增时采取特殊保障措施，条件是进口量达到触发水平或进口价格低于触发价格，允许采取保障措施的触发水平依据是进口产品所占国内市场的比例，比例越高，其触发特殊保障措施所需要的进口激增量就越少”。② 因此，价格越低，触发特殊保障措施的可能性就越大。

（三）发达国家的主张

谈判中，发达国家关注的焦点是发展中国家在 SSM 的运用中，是否会提高 SP 的现有约束关税水平，从而对外国农产品的市场准入实施限制。

1. 美国的主张

美国农业的竞争力优势十分明显，但其仍然采取较高的农业保护和国内支持政策，其在力争实现完全的农产品贸易自由化目标的同时，也主张维持现有“绿箱”政策的基本标准和要求，试图使其不断增加的国内“绿箱”支持政策免于减让。就市场准入而言，美国主张大幅度削减关税，削减甚至取消关税高峰和关税升级，采取单一关税制度；主张“大幅度增加关税配额数量，削减乃至取消配额内关税，规范关税配额管理，对配额分配数量的限制、进口许可证有效期的限定、分配给特定供应国等做法进行审议”，③

① “Agreement on Agriculture” [EB/OL]. http://www.wto.org/english/res_e/booksp_e/analytic_index_e/agriculture_01_e.htm#article5, 2010-11-4.

② 李娟. WTO 框架下的特别保障措施制度比较研究——以针对中国产品之特保机制为中心 [M]. 北京：北京大学出版社，2008：32-36.

③ 宋泓. WTO 新一轮谈判遭遇暂时挫折. [EB/OL]. http://www.iwep.org.cn/info/content.asp?infoId=3441, 2010-11-3.

以有力提升市场准入机会。在特殊保障措施问题上，美国坚决主张取消特殊保障措施条款。

2. 凯恩斯集团的主张

凯恩斯集团农业具有明显的比较优势，高度依赖农产品的出口贸易，采取较低水平的农业保护和国内支持措施，对实现国际农产品贸易的自由化持积极态度。凯恩斯集团内部的利益较趋同，因此集团结构比较稳定，在农业贸易谈判中立场一致，形成统一的联合体，对 WTO 农业协议产生了很大和积极的影响力，是可以与美国、欧盟等利益集团进行抗衡和讨价还价的一支主要力量。与 G20 相互配合和协调，共同推动农产品贸易的自由化进程。就市场准入而言，凯恩斯集团主张“大幅度削减所有关税、关税峰值和关税升级，主张完全取消各种非关税壁垒；大幅度地增加关税配额的数量，强调关税配额管理决不能降低市场准入机会，特别是关乎到发展中成员具有特殊利益的产品时，更不能提高其市场准入门槛”。① 在这一点上，凯恩斯集团的立场与美国基本一致。同时，凯恩斯集团要求加强关税配额管理，以防止关税配额衍化成为新的贸易壁垒；要求建立“自动触发机制，当关税配额执行率较低时，可以自动削减配额内关税”。就国内支持而言，凯恩斯集团认为应该对“绿箱”政策中直接支付方式的相关纪律进行重新审查，应将具有贸易扭曲作用的政策剔出“绿箱”而纳入“黄箱”的范畴，从而确保“绿箱”措施中没有或只有较小的贸易扭曲作用，主张“对‘绿箱’措施封顶。同时，在‘绿箱’政策的使用、国内支持的减让承诺、技术援助等方面对发展中国家给予特殊照顾。对微量许可条款进行审议，防止一些成员用来规避减让承诺”。② 就出口竞争而言，澳大利亚、新西兰和巴西等凯恩斯成员国认为由于出口补贴对农业贸易具有严重的扭曲作用，因此主张“一切形式的出口补贴都应该予以全面禁止；保留农业协议第 12.2 条款以及提供新的特殊和差别待遇条款，以解决发展中国家特别是最不发达国家和食品净进口国的现实需要”。③

3. 欧盟、日本、韩国、挪威和瑞士的主张

欧盟农业相比美国和凯恩斯集团而言，并不具有比较优势，但是与日韩

① “欧盟意欲分裂凯恩斯集团” [EB/OL]. http://au.mofcom.gov.cn/aarticle/jmxw/200404/20040400209487.html，2010-11-3.

② 农业部农产品贸易办公室编．新一轮农业谈判研究 [M]. 北京：中国农业出版社，2004：382.

③ 徐宏源．凯恩斯集团和 G20 成员的农产品贸易及政策比较分析 [D]. 中国农业大学学位论文，2004：35.

等国相比，欧盟的农业具有相当的竞争力。在农产品贸易自由化进程中，欧盟一方面需要保护本国农业生产和发展，另一方面还需要不断扩大其国际市场份额，为其剩余农产品寻找市场和出路。日本、韩国等国的农产品贸易并不具有比较优势，因此，国内都不同程度地采取了较高的支持和保护力度，面对农产品贸易自由化的巨大压力，日本和韩国都面临着如何在激烈的国际市场竞争中生存和发展的巨大压力。就市场准入而言，欧盟和日本、韩国、挪威、瑞士等成员认为"国际农业贸易谈判应同时将粮食安全、环境保护、农村发展等非贸易关注问题纳入考虑和谈判的范畴，因此，应保留关税配额制度，因为关税配额制对增加市场准入机会具有积极作用，反对将关税配额作为强制性进口义务，对目前关税配额管理中存在的问题可以通过建立严格的约束机制进行规范"；① 就特殊保障措施条款而言，欧盟认为此条款与关税化密不可分，对确保关税化产品免遭进口剧增冲击具有重要作用，因此，主张保留原条款。日本提出特殊保障措施不应局限于关税化产品，应修改条款使其扩大到易腐和季节性农产品。

4. 发展中国家的主张

G20在农业谈判中主张通过适当的关税削减公式，消除发达国家的关税高峰和关税升级现象，扩大关税配额数量，取消农产品出口补贴和贸易扭曲性的国内支持。就市场准入而言，G20主张："确定一种削减方式，将发达成员的高关税削减至合理水平。"② G20还要求"关税削减水平的总量保持在发展中成员的一定比例，并给予发展中成员包括特殊产品（SP）和特殊保障机制（SSM）在内的特殊和差别待遇"。③ 就国内支持而言，G20认为发达成员应从总量和单个产品两方面，大幅度、实质性地削减扭曲贸易的国内支持数额和比例，严格控制扭曲贸易的所有因素。关于国内支持中的"绿箱"、"黄箱"和"蓝箱"政策，G20的立场与凯恩斯集团基本一致，都要求取消"黄箱"和"蓝箱"，对"绿箱"也要进行严格的审查和封底。为了预防发达国家借"绿箱"政策来规避减让承诺，因此，G20主张"进一步严格国内支持规则和纪律，防止扭曲贸易的国内支持在各箱之间、产品

---

① "多哈回合农业谈判的主要内容是什么" [EB/OL]. http://chinawto.mofcom.gov.cn/column/print.shtml?/k/am/200604/20060402004923，2010-10-23.

② 宋泓. WTO新一轮谈判遭遇暂时挫折 [J]. 国际贸易，2008 (8)：39-42.

③ "Day 10: Capture progress and continue work, members say" [EB/OL]. http://www.wto.org/english/news_e/news08_e/meet08_summary_30july_e.htm，2010-10-25.

之间进行转移。同时，予发展中国家特殊和差别待遇”。① 目的在于“加强发展中成员的国内粮食生产能力，提高发展中成员的粮食安全，保证农村就业，保护农民免受国外廉价农产品进口的冲击，制止对发展中成员进行倾销”。②

三、SSM 的触发机制

在操作上有效的 SSM 的反对者们一直试图提出越来越多的条件，如更高的数量触发水平，用以避免扰乱“正常贸易”。应当注意的是，“正常贸易”并没有在 SSM 授权中予以界定。其他的协定诸如《保障措施协定》、《补贴与反补贴措施协定》以及《农业协议》中的 SSG 也没有提及“正常贸易”。这些协定试图抵消国内生产者由于进口激增、价格下降和补贴造成的损害。因此，它们所依据的原则就是基于临时性措施限制进口，从而使损失最小化。因适用这些措施而发生的贸易扰乱这一含义是蕴含在这些协定当中的。“正常贸易”这一概念是在 SSM 这一背景下提出的，也是专为发展中国家的，因此，它是 33 国集团需要考虑的问题。各国间、商品间的进口增长率存在的巨大差异，使得确定能够充分体现当前和未来所有国家和商品贸易现实的单一平均数据变得十分困难。

首先，G33 有关特殊保障机制的提议虽然得到其他发展中国家的支持，然而，以美国、欧盟为首的发达国家担心特殊保障机制会成为自由贸易的阻碍。美国认为“关于特殊产品或战略产品（SP）提议”对美国出口的影响过大，而欧盟则试图“将 SSM 与允许其继续使用《农业协议》中的 SSG 联系起来”。③ 其次，还有一些国家担心 SSM 会阻碍发展中国家之间的农产品贸易合作，会损坏农产品的市场准入，因此，应该将关税减让作为实施 SSM 的前提条件。

为了协调发展中国家与发达国家在特殊保障机制方面存在的差异，WTO 农业委员会主席 Harbinson 先后提出过两个草案，主张“允许发展中国

① “Modalities. Domestic support” [EB/OL]. http://www.wto.org/english/tratop_e/agric_e/negs_bkgrnd33_moddom_e.htm, 2010-11-5.

② “Events calendar 2004” [EB/OL]. http://www.wto.org/english/news_e/events_e/events2004_e.htm, 2010-11-5.

③ 张敏. 多哈回合与特殊保障机制（SSM）[J]. 河南商业高等专科学校学报, 2007 (3): 92-95.

家在一定范围内选择可以适用特殊保障机制的产品”，① 从而降低了 SP 与特殊保障机制之间的关联性。

（一）触发水平

关于农产品特殊保障机制的触发机制，主要有价格触发机制和数量触发机制；数量触发机制；农民收入触发机制三种意见。关于附加关税的确定规则，《农业协议》的规定：“基于数量增加达到触发水平而采取的特殊保障措施，只能以征收附加关税的形式实施。附加关税只能维持至征收该项关税的当年年底，且征收水平不得超过采取该措施当年实施的普通关税的三分之一。”②

2008 年 7 月欧盟递交的一份提案经过修改，概括了 G7 会谈上关于 SSM 的交流意见。此提案包括：交叉核对机制的附加条款、一年“假期”条款、关于计算公历年时间段的提议（而不是十二个月的滚动间隔）。知情人士透露：会谈中，美国坚持交叉核对机制内容。该机制能保证在由数量激增触发 SSM 机制之前，进口的增加必须对价格有一个确定的影响。所谓“假期”条款能保证 SSM 机制在不同时期都适用，这意味着补救措施可以不间断地连续采用。欧盟的这份提案采用了“分层”的方法，也就是说各国可以对较大的进口激增征收较大的关税。7 月份小型部长会议中，部长们商议将 115% ~120% 作为低层水平，高层水平至少要达到 135% ~140% 的进口冲击。如果发展中国家面临价格骤降 7.5% ~15%，那么可以有例外的情况。此时，这些国家可以采用高层水平的关税。进口国希望能够通过一项条款，确保“自然”贸易增长不会触发 SSM 机制下的保护性关税。此类措施将允许进口以给定的速度增长，增长速度可能以规定时间段的进口移动平均来确定。然而，超越“自然”增长率的进口激增将会触发 SSM 补救措施。但是，一些发展中国家的官员指出，乌拉圭回合签署的特殊农业保障没有涵盖此类条款，这意味着如果 SSM 囊括这项“自然”增长措施会削减其自身的有用性。

新机制包括价格触发和数量触发保障措施。根据现行特殊保障机制（SSG），价格触发和数量触发都可以启用，这符合发展中国家的要求。其他 WTO 成员主张要么数量触发，要么价格触发，但两者不可一并适用。此措

① “The Doha Ministerial: culmination of a two-year process” [EB/OL]. http://www.wto.org/english/thewto_e/minist_e/min01_e/brief_e/brief02_e.htm, 2010-11-2.

② 李娟.WTO 框架下的特别保障措施制度比较研究——以针对中国产品之特保机制为中心［D］. 华东政法学院学位论文，2006：46.

施适用于发展中国家符合特定条件且在其减让表中注明 SSM 的产品。因此基本方法是在多边磋商的基础上确定特定产品适用 SSM 的标准。这产生标准定义必须符合发展中国家的不同情势等有关问题，以及过于狭窄的标准将致使没有几种农产品能受特殊保障机制保护等风险。约束税率较低的农产品可以适用特殊保障机制，无需任何附加标准。如上所述，鉴于约束税率较高的产品的敏感性及其对乡村发展、维持生计和粮食安全的重要性，即使这些产品也应适用特殊保障机制。对那些关税减让表中确定的约束税率较低的国家来说，能够使用 SSM 关系重大。如将市场准入承诺作为特殊保障机制的适用前提条件，将引起这些国家的强烈反对。因为特殊保障机制无法替代关税。对某些国家约束税率较低的农产品来说，如果继续使用特殊保障措施，伴随大幅度的关税减让，将会适得其反。许多发展中国家主张按照现行条件（按照他们现行关税水平）确立一种新的特殊保障机制。但必须就此基本事实达成共识：不管其他条件如何，约束税率较低的产品应当可以适用 SSM。

（二）触发价格

关于触发价格的确定，古巴、巴基斯坦等国提出两种选择：一种是根据前三年平均到岸价计算或者根据近六年进口到岸价中最低三年的平均价格计算；另一种是根据当年国内市场平均价格计算，与农产品特殊保障措施（SSG）相类似，农产品特殊保障机制的触发价格也应逐船计算。英国研究者则提出，触发价格水平应根据汇率的变动进行调整。可以根据进口产品到岸价格的移动平均价格确定触发价格水平，这种方式的好处在于能够考虑该商品价格变动的长期趋势。关于数量触发水平的确定，古巴、巴基斯坦等 11 个成员提出，把前三年的进口数量的平均值作为基期值，同时不把触发水平与进口量在国内消费量中的比例相挂钩。这主要是考虑到部分发展中成员提供国内消费量的数据可能存在困难。

现行特殊保障措施确立了一个以国内货币表示的历史参考价格，以确定价格触发。由于历史价格（以 1986—1988 年的平均价格为基础）与农产品市场目前的情况以及有关国家的特殊情况没有联系，该历史价格存在问题。主席案文对现行规定加以完善，建议在参考价格应“近三年有关产品的月平均进口价格”为基础。应澄清到底该参考价格是固定平均还是动态平均。某些发展中国家建议用一个动态平均进口价格确定启用 SSM 的进口参考价格。此外，这些国家建议以一个动态平均国内价格来确定 SSM 的触发价格。考虑到国际市场的扭曲水平以及因此而产生的价格低迷水平，不适宜以国际价格作为确定存在进口激增或价格下跌的基础。最后，关于在计算参考价格时剔除一段时间内的三个最高和最低月平均价格的想法事实上会决定这种措施能否触发。如果能考虑真实的价格数据，就可能更好的理解本条款的影响。SSM应用来应付市场波动，因此在计算参考价格时剔除最敏感的报价是不明智的。

（三）实施程序

为了保障农产品特殊保障机制不被滥用，发展中国家在提议中提出："启动SSM的过程应该尽可能透明，以便让出口国和其他成员国知道可能采取的措施；触发水平的数据应该向WTO农业委员会作年度报告，在修改后也应及时上报委员会。这些数据在其他成员查询时在农业委员会应该能够得到。"① 同时，尽管缺少贸易数据，这也意味着这些发展中成员可能在触发水平时存在一定的困难，但是制定一个客观的标准时非常重要的，这可以在确保透明性的同时，也避免了农产品特殊保障机制条款的滥用。

G33强调"贸易救济机制的有效性，要求设立较低的触发水平和充分的救济关税水平，特别是要求救济关税水平不受乌拉圭回合约束关税的限制"。② G33国集团重申，由于本国欠发达的农业部门，大多数发展中国家面临许多发展挑战，这些挑战在最小的发展中国家中显得更加严峻。弱小经济体（SVE）所面临的额外限制包括有限的资源、基础设施差引发的更高的交易成本、农作物多样化的限制，等等。这些限制使SVE国家在应对食品和民生安全方面的挑战变得更加困难，也使它们在面临进口激增和价格下降时变得更加脆弱。33国集团在2009年2月10日递交了一份单独的建议(TN/AG/GEN/29)，提出给予SVE国家在SSM中更多的灵活性。33国集团希望这些建议能够获得适当的考虑。33国集团还强调，WTO中的最不发达国家是各国中最贫困且最脆弱的。基于此，这些国家应当在SSM所有因素上享有最具灵活性的待遇，包括无限制的产品覆盖范围，以及超过多哈回合以前的约束税率的无限制补救。33国集团完全支持最不发达国家能够获得一个简单、有效、运行良好且能够考虑到这些国家所面临的挑战的机制。但美国和凯恩斯集团则担心该机制被滥用，主张"设定较高的触发水平以及触发该机制时应满足的其他条件，并要求限制救济关税的水平，强调不能超

---

① 李娟. 试论WTO框架下的农产品特殊保障措施［J］. 农业经济，2008（11）：91-92.

② "The Philippines' active involvement in the Doha Round at this crucial time is vital, says Lamy" ［EB/OL］. http://www.wto.org/english/news_e/sppl_e/sppl55_e.htm, 2010-10-23.

过多哈回合谈判前的约束关税水平”。①

四、SSM 的所允许的补偿措施

在过去的 15 年中，SSG 作为一种工具被众多发达国家援用，以保护它们农业部门的商业利益，而 SSM 则通过避免进口激增和价格下降带来的损害，在保护发展中国家民生和食品安全利益方面发挥不同的作用。因此，它在设计上应当要比 SSG 简单的多。根据会议主席案文（Rev. 4 和 W/7）的建议对 SSG 和 SSM 的对比可以清楚表明，SSM 的条款要比 SSG 的严格得多。主要问题如下：第一，对产品和税则施以限制条件，这种限制条件允许 SSM 的触发水平高于多哈回合前的约束税率。而在 SSG 中不存在此类限制。第二，基于数量的 SSM，对之前三年的进口数据设定了要求。在 SSG 中，这种数据要求更具灵活性。第三，补偿限额与多哈回合前的约束水平及多哈回合的约束比例有关。“比例分配”概念的适用。而 SSG 中没有此概念。第四，基于数量的 SSM 存在交叉核实机制，而基于数量的 SSG 中则没有。基于价格 SSM 的交叉核实要比基于价格的 SSG 的交叉核实更严格。第五，排除特惠贸易。SSG 中没有提到特惠贸易，意味着它也可以适用于特惠贸易。第六，SSM 的使用期限比 SSG 有更多的限制。第七，对于季节性产品，就期限和审议机制而言，SSM 的条款更严格。SSG 中不存在此类条件。第八，在出口国已经完成清关的在途货物不适用 SSM。而基于价格的 SSG 则不存在这一情况。第九，基于价格的 SSM 的价格触发水平、可获得的补偿和补偿上限更严格。值得注意的是，一个旨在解决大部分发展中国家成员发展问题的工具却负担了比主要由发达国家使用的 SSG 条款严格得多的条件限制。33 国集团一直主张 SSM 应该比 SSG 更有灵活性。

（一）7 月草案中的规定

WTO 在 2008 年 7 月 10 日发布了修改过的 7 月草案。其中关于 SSM 的条款规定在特殊和差别待遇中：“SSM 对产品范围没有限制，价格降低或者进口量增加都可以触发 SSM，但不能与 GATT19 条规定或者一般保障措施以及农业协定规定的特殊保障措施并用。”② 对于数量触发的 SSM，“即使满

① 刘健男等．特殊保障机制导致多哈谈判破裂［J］．WTO 经济导刊，2008（9）：15-17.

② “Second draft of post-Cancún decision for the General Council”［EB/OL］．http：//www. wto. org/english/tratop_ e/dda_ e/draft_ text_ gc_ dg_ 30july04_ e. htm，2010-10-22.

足触发条件，对国内生产和消费相对而言，如果进口量的绝对增加明显忽略不计，就不能采取救济措施”。① 按常理，关税增长不能超过乌拉圭回合谈判的水平，但按照 7 月草案的规划，将关税提高到超过多哈回合前的水平作为 SSM 适用的前提条件。

（二）G33 集团的方案

G33 集团提出的方案是对于触发的进口增加，这样就势必会使提高的关税超过多哈回合谈判前的税率，而且在限制方面，适用的范围也较拉米提出的建议广，可以说双方建议的分歧主要在以下几点：“一是进口激增的触发点到底是 40% 还是 10%；二是关税可以增加到多哈回合谈判前水平的限制；三是限定多少产品可以在一年内打破多哈谈判前关税水平，对于这个产品数量的限定是一个争议点。”② SSM 中的补救规定应当除了触发条件和补救，主席案文中提出要求发展中国家在适用补救措施前满足比例分配、季节性、交叉核实和期限等条件。这些条件，如比例分配、季节性、交叉核实、期限和溢出，明显会对援用措施的便利性产生影响。33 国集团已经开始对这些条件的正当性和影响进行技术分析，并单独递交报告供各成员分享。结论的概要如下：

1. 比例分配

虽然 SSG 中不存在比例分配，但是 SSM 对此作出了规定。主席案文中引入了两个关于比例分配的概念，两者都确保了在使用触发价格时，永远都高于从其他情况下获得的触发价格水平。两种概念中的任何一种都可以在短期内使触发价格上升到非常高的水平。因此，比例分配实质上禁止 SSM 任何的后续使用。33 国集团重申，比例分配是对 SSM 一种额外层次的限制，因此拒绝承认这一概念。

2. 季节性

33 国集团对“季节性和易腐产品”的要求同 SSG 中能获得的待遇一样。需要指出的是，SSG 中关于季节性产品的季节性条款主要是从进口商的角度来对待。进口成员在计算基于数量的 SSG 的基期时，有权使用“较短的时间期限”，在计算基于价格的 SSG 的基期时，有权使用“不同时期的不同参考价格”。不存在针对季节性产品的单独的更短期限。另一方面，主席

① “总理事会 2004 年 7 月 31 日决定草案”［EB/OL］. http: //wenku. baidu. com/view/4593d069a45177232f60a2bc. html，2010-11-5.

② 周超．简述农产品特殊保障机制对 WTO 多哈谈判的影响［J］. 安徽农业科学，2009（14）：6646-6648.

案文（TN/AG/W/7）主要从出口商的视角看待季节性产品，规定了一个更短的适用期限。33 国集团在对几家出口商出口数据的审查后发现，生产的季节性或许是某些产品的标准，但并不构成所有国家的所有产品的标准。因此，“生产的季节性”并不一定转化为“贸易的季节性”。而且，在整体上展现出“贸易的季节性”模式的产品中不乏一些例子，即“贸易的季节性”并不一定转化为个别的双边贸易关系。

33 国集团认为 SSM 中现有对季节性的表述必须重新审查。如果其中的表述与主席案文中的一样，不但不能准确反映现有的贸易模式，还会不必要地使 SSM 的使用复杂化。

3. 交叉核实

主席案文中建议的模式规定，SSM 只有在适用下列交叉核实条款的情况下才能被援用：

（a）对于基于数量的 SSM，成员只有在进口激增导致价格下降的情况下，才能援用超过多哈回合前的约束税率。

（b）对于基于数量的 SSM，进口水平相对于国内生产和消费处于可忽略的水平。

（c）对于基于价格的 SSM，进口数量正在下降。

（d）对于基于价格的 SSM，如果进口数量正在明显地下降或正处在一个不会影响国内价格水平的可忽略的水平上。

强制性交叉核实的引入将使发展中国家难以适用 SSM，因为它们需要“证明”国内价格或数量的变化。进口激增和对国内市场的影响之间存在相当大的时滞。而且，大多数发展中国家难以获得实时的价格数据。此外，为每一个相应的税则号建立国内价格也十分困难。因此，SSM 在许多发展中国家不能发挥作用。33 国集团认为，强制性交叉核实将严重妨碍 SSM 的使用，并在解决临时性进口激增时，其有效性和及时性也会遭到限制。

4. 期限和溢出

主席案文对 SSM 的补救期限以及 SSM 终止后多久可以再次援用施加了条件。就期限而言，案文提出了某些限制性因素，以应对所涉年份结束之后的“溢出”效应的补救需求。33 国集团相信，补救期限应足以确保进口激增或价格下降得到解决。该期限不应当限定在一个日历、财政或市场年度内。

第五章　农产品特殊保障机制（SSM）议题谈判困境的突破及其发展趋势

第一节　农产品特殊保障机制（SSM）议题谈判的紧迫性

一、农产品贸易自由化的扩大趋势带来的现实要求

在世界贸易组织的运行中，各类商品的贸易自由化程度都有所提高，农产品贸易也在自由化的潮流中不可避免地扩大其贸易自由化的趋势。

（一）多边方面

乌拉圭回合谈判之前，农产品贸易一直未纳入多边谈判，始终没有被归入货物贸易的规则体系中。《农业协议》是乌拉圭回合中达成的和农产品贸易有关的重要法律规则，其中农产品贸易市场准入、农产品贸易国内支持和农产品贸易出口竞争的内容，成为全球农产品贸易自由化最根本的法律依据。但《农业协议》的许多规定过于模糊和原则，许多发达国家利用这些规定条款对本国的农业贸易实施保护主义，引发了发展中国家进行新一轮农产品贸易谈判的强烈愿望，多哈回合谈判启动了。

从2001年多哈WTO部长级会议、到2005年香港WTO部长级会议，再到2009年日内瓦WTO部长级会议新一轮农产品贸易谈判进展十分缓慢。这不仅是WTO体制上的缺陷使然，而且还存在深层次的利益冲突。体现了WTO发展过程中的两难困境：一难是推动全球经济的大融合，加强世界经济的效率层次；另一难是在发展的同时顾及落后国家的经济发展的可持续性和照顾人民的福利。在全球化日益加强的浪潮的大环境下，这种两难的困境是必然存在的。多边谈判的进程在这样的矛盾冲突不时发生的前提下，为了各方的利益而变得十分艰难。这是三大矛盾的充分体现，即农产品贸易自由化与民族国家的矛盾，农业发达国家与农业发展中国家之间的矛盾以及农业发达国家与农业发达国家之间的矛盾。虽然新一轮农产品贸易谈判进展缓慢，但现存的多边贸易体制经过几十年几代人发展而来实属不易，其地位不

可替代。无论是发达成员，还是发展中成员，从自身利益考虑，都不希望WTO多边贸易体制停滞不前。新一轮农产品贸易谈判的道路将十分曲折，但农产品贸易自由化趋势不可阻挡。同时，中国也会积极推动农产品多边贸易自由化，在入世承诺的基础上进一步开放国内市场。

（二）区域和双边方面

新一轮农产品贸易谈判举步维艰，使得区域性和双边性的自由贸易协定（Free Trade Agreement，简称 FTA）为各方所关注。“自由贸易协定是指两个或两个以上的国家（包括单独关税区）为实现相互之间的贸易自由化所作的区域性贸易安排（RTA）。由 FTA 的缔约方所形成的区域称为自由贸易区。”① 早期的自由贸易协定签订的目标是消除关税壁垒和非关税壁垒，它们存在于各缔约国之间的货物贸易中。近年来随着全球经济的飞速发展，早期的目标不能满足现实需求，其所包含的范围进一步扩大，除了货物贸易自由化外，货物贸易有关的投资、与货物贸易有关的服务贸易、自由贸易产品的相关知识产权保护和政府采购等领域也被该协定广泛涉及。如此一来，FTA 的后期发展其功能不亚于 WTO，FTA 在后期的这种广泛的发展被称为“经济合作协定（Economic Partnership Agreement，简称 EPA）”。根据该协定，“所有签约国和自贸伙伴国的绝大部分产品，如货物贸易方面，将在符合相关 FTA 原产地规则的条件下，实施相互的关税减让措施，直到零关税，真正实现自由贸易”。② 自由贸易将会大大促进各缔约国的国际贸易水平，进一步满足国际国内市场需求。出口方享受到以更低的商品价格参与自贸伙伴国的商品市场的权利，进口方的国内企业能够从伙伴国寻购到更多更优惠质量更好的商品输入，各国逐步增强国际竞争力。

二、发达国家农产品贸易保护扩大化趋势给发展中国家带来的挑战

（一）发达国家的农产品高关税保护措施造成发展中国家农产品出口困难

从乌拉圭回合开始，农产品全面列入自由谈判内容中，农产品关税的削减议题也开始被各方给予关注。根据 WTO 综合数据库，“2001 年所有成员的农产品配额内平均关税达 62%，配额外关税达 123%。（Gibson 等）配额外关税超出配额内关税的平均差额为 336%，而且，在发达国家集团中仍存

① “WTO 之后是 FTA” [EB/OL]. http://www.shac.gov.cn/zxzx/scfx/jckzn1/200909/t20090922_1253355.htm，2010-3-22.

② 朱伟等. WTO 之后是 FTA——魅力 FTA [J]. 中国海关，2009 (7)：12-13.

在大量的非从价关税、关税高峰、关税升级现象。如美国的非从价关税占43.8%，欧盟的占43.6%，日本的占15%，加拿大的占28%”。① 由于大量存在非从价关税，实际的贸易保护水平被掩盖，违反了WTO透明度原则。特别是美欧日等发达国家的农产品的关税额度之高和所覆盖的种类面积之广，如美国的关税高峰产品花生油一度达到132%，日本的肉制品、蔬菜烟草等也处于高关税之列，都对发展中国家的农产品出口造成巨大压力，农产品出口增加困难，因此，在这种贸易失衡的情况下，必须赋予发展中国家利用农产品特殊保障机制的触发机制来维护本国的农业安全和粮食安全。

（二）发达国家农产品出口普遍使用农业扶持条款造成发展中国家农产品出口压力

发达国家普遍使用的农产品扶持条款导致农产品价格的不稳定，在国际市场中无法控制农产品价格达到统一，这个问题已经成为WTO各个成员方普遍关注的问题，已经涉及了一国的政治、经济和社会问题。各个成员方的国家政府都普遍采取了对农产品价格的干预政策，其目的都是为了使本国的农产品和农业发展远离国际市场竞争的不利影响，保障农业发展和农产品发展的安全就是保障了最基本的国家经济安全。发达国家在国际市场不稳定或农产品价格持续走低的情况下，就会马上采取相应的国家扶持计划，来保障本国农业的正常生产和农民的持续增收。经合组织（OECD）曾做过统计，其组织内的各国农民的收入，有四成以上来自本国政府的补贴，日、韩等国甚至达到六成以上。欧盟、日本、美国的农业总补贴额占到了OECD国家的九成以上。发达国家的农业扶持政策和高额农业补贴措施的适用使这些国家的农产品在国际市场竞争中占有很大价格优势，反观发展中国家而言，由于农业经济的先天不足和后天的落后性，无法使用高额的补贴手段和农业贸易救济措施来与发达国家的农产品进行抗衡，因此，这样一来造成发展中国家农产品出口没有竞争优势，出口增加困难。

（三）发达国家的新兴贸易壁垒造成发展中国家农产品出口负担

发达国家经过乌拉圭回合谈判，利用这些不公平手段为劳动力密集产品，如蔬菜、水果、畜产品、水产品等，设置进口障碍，包括产品的品质标准的技术壁垒和对生态环境可能带来影响的环境壁垒，并且设置的程度不断加大。通过很多国际农产品的保障措施案例我们发现，发达国家对特保措施的使用频率也逐年加大，成为其最有效、最普遍的农业保护手段。对农产品

① WTO综合数据库《2004全球经济展望》. 转引自毛凤霞. 我国农产品贸易逆差的成因分析［J］. 商业时代，2008（34）：35.

的贸易保护手段和贸易壁垒已经发生了许多转变，并且越来越复杂。在这样的农业贸易环境下，发展中国家的农产品国际竞争的潜在优势受到阻碍，据查有九成以上的农产品和食品受到技术性壁垒的阻碍，造成巨大的经济损失。发展中国家受这些新兴农业贸易壁垒的影响已经不仅仅停留在经济损失方面，对国内农产品未来的发展趋势和农业结构的调整也带来巨大的挑战，使发展中国家的农产品出口增加困难又加重了负担。

三、WTO 农产品特殊保障机制（SSM）对国际农业贸易利益产生的影响

多哈回合新一轮贸易谈判在启动之初被人们普遍寄予厚望，希望通过此次谈判能切实为发展中国家利益在世界贸易市场的体现作出贡献，进一步推动全球贸易的自由化，建立一个更为公平的全球多边贸易体系，并为 WTO 下一步的发展走向指明方向。但是，随着多哈回合谈判的严重受挫和搁置，谈判最初的目标不但没有实现，而且还有可能对发展中国家的农业贸易产生进一步的消极影响。

首先，多哈回合谈判的严重受挫，将会对《农业协定》中有关发展中成员特殊差别待遇条款的执行力产生巨大的弱化作用。反映在多哈回合的农业谈判中，就是参与谈判的发展中成员方强烈主张，须通过三大支柱方面的发展中成员特殊和差别待遇条款来实现发展关注，即在市场准入方面，要求分成不同于发达成员以符合发展中成员的特殊关税结构，削减幅度较之降低，并有比较宽松和易于启动的特殊产品和特殊保障机制；在国内支持方面，强调用于生计及资源匮乏型部门的微量补贴允许免减，将发展型政策列入“绿箱”；在其他支持政策方面享有较多的特殊灵活性等。显然，如果多哈回合的谈判顺利达成协议，发展中成员的利益会得到有效的保障，各成员方特别是发达国家应当切实履行《农业协定》中有关发展中成员的特殊差别待遇条款，从而为发展中成员方的发展创造良好的氛围。

其次，WTO 多哈回合的谈判严重受挫后，随着目前世界经济的下行、国际粮价和油价波动频繁、美国次贷危机的恶化和全球金融形势的紧张，参与谈判的各主要成员方对于多边框架下解决诸如气候变化、粮食危机、高油价等复杂问题的信心不足，竞相推出的措施大多以本国的利益及其保障为重心，具有强烈的保护主义倾向，对发展中成员的经济和社会发展有着极为不利的影响。以美国为例，众议院在 2008 年 7 月 27 日通过了其拟订的 2007—2012 年的农业法案，“计划在未来 5 年中一是要增加农业补贴，平均每年向农业提供 572 亿美元的补贴，比目前每年的 480 亿美元增加了 92 亿美元”。

二是决定要将农产品的范围扩大到水果、蔬菜等方面，同时还要增加对土地保护、可再生能源、营养和特殊农作物等方面的保护等。由于美国有20%的农产品用于出口，个别产品如大豆、小麦的外销比重更大，影响甚至决定着世界价格。这样，在基于强大的补贴机制保障下所形成的美国农产品国际竞争力，对于其他国家，特别是对于以农业发展为生的发展中国家几乎形成了灾难性的打击。另一方面，目前的国际粮食价格大幅上涨，虽然对于发展中国家具有利好的性质，但又因美国、欧盟、日本等主要发达国家的巨额补贴和高关税壁垒，而难以进入甚至是无缘这些国家的市场。许多发达国家“利”字当先，即便是在外界压力下有所表示，向发展中国家扔出一些橄榄枝，往往又将其作为进一步撬开发展中国家工业品市场的筹码。因此，诚如肯尼亚贸易部长乌呼鲁·肯雅塔指出的那样，多哈回合谈判破裂的影响将是巨大的，且最大的受害者总是那些最贫穷的国家，发展中国家的农业贸易条件将会进一步趋向恶化。①

通过对以上WTO框架下农产品贸易的世界格局及其未来走向的分析可以看出，发达国家依靠其高额的农业补贴及贸易壁垒等行为，在整个国际农产品贸易格局中仍然处于绝对的优势地位。而广大的发展中国家仍然处于弱者地位，其农业经济和国家粮食安全都受到严峻挑战。因此，只有给予发展中国家更多的贸易例外措施，才能弥补其贸易利益的不平衡状态。在新一轮农业贸易谈判中，发展中国家应该联合起来，争取在农产品特殊保障机制（SSM）议题上能够早日达成协议，以给予发展中国家贸易利益切实的保护。同时，世界农产品贸易的自由化趋势还将促成发达国家和发展中国家农业贸易政策的调整趋势，为下一轮农业贸易谈判做好准备。

在世界农业新的国际环境中，发达国家与发展中国家的农业政策变革所面临的任务是不同的。发达国家必须减弱以往农业政策的过度保护色彩，尤其是要减少和取消那些扭曲农业生产和贸易的政策。而农产品贸易的自由化给发展中国家的农业发展带来了很大的挑战，为了提高农业的竞争力，他们必须彻底扭转对农业的歧视政策，增加政府对农业的支持。因此，发达国家与发展中国家的农业可持续贸易可能会呈现以下趋势：

就发达国家而言，一方面，这些国家对农业的重视程度和对农业的总体支持和保护倾向并不会变化，而是将会继续对农业支持方式和结构进行调整。正如朱行等学者认为“他们必将想方设法将其政策划出《农业协定》

① 卜海．多哈回合受挫后的农产品国际贸易发展前景研判［J］．国际贸易问题，2008（12）：41-42．

确定的‘黄箱’类别范围，并大力发展属于‘蓝箱’类别范围或‘绿箱’类别范围，调整其关税和出口补贴政策，并且寻求通过环境保护或者农村发展计划来名正言顺地继续为本国农业发展提供资金支持。另一方面，由于面临包括环境保护、食品安全与质量、农村发展和农业结构重组在内的各种新情况，发达国家必将把农业贸易与解决新问题紧密结合起来，不断完善相关法律规定和标准，以实现农业贸易与社会的协调发展”。① 总的来说，发达国家农业政策的目标并没有变化，但其政策手段进行了重大调整，使农业政策朝着市场化和环保化方向发展。

就发展中国家而言，一方面，各国都会合理利用 WTO 农业贸易规则体系，构建适合各自国情的农业可持续贸易体系。进一步改革低效率的、以价格支持政策为主要形式的农业保护政策，将资金用在对农民收入、农业结构调整、农村环境保护、农业信息服务和市场营销服务上，进一步提高其农产品的国际竞争力。另一方面，发展中国家会日趋紧密团结起来，在以后的多边贸易谈判中发挥集体力量，善用谈判策略，维护广大发展中国家利益。

第二节　农产品特殊保障机制（SSM）议题谈判困难的制约因素

在已经进行的多哈回合农产品特殊保障机制（SSM）议题谈判中，之所以谈判呈现出越来越困难的趋势，包含了各种综合因素的影响，但主要还是表现为政治、经济和法律三方面的制约因素。

一、政治上的制约因素

农业谈判除了经济利益的激烈争夺，背后的政治利益越来越成为左右当前经济谈判的重要因素。这一点在美国、欧盟、日本等发达成员的谈判立场中可以得到明确而突出的体现，坎昆会议的失败固然可以归咎于多种因素，但很明显，对于许多发展中国家而言，在农业问题毫无眉目的情况下启动“新加坡议题”无异于本末倒置。从表面上看发达成员忙于国内的政治争斗而流于形式，以美国为首的发达成员代表和以印度为首的发展中成员代表在 SSM 议题上的分歧是导致谈判破裂的直接原因。但从深层次来看，主要还是因为 WTO 内部的权利变化和各国国内的政治因素。

① 朱行．国外粮食产业和国家支持政策的比较与借鉴［J］．粮食经济研究，2007（3）．

（一）WTO 内部结构的权力变化

WTO 成员内部结构的权力变化，对多哈回合谈判产生深刻的影响。“一方面，广大发展中国家要求通过贸易促进发展，打破由美国、欧盟等发达成员垄断多边贸易体制话语权与决策权的传统。另一方面，发展中成员自身经济的崛起，在国际社会地位的上升及参与能力的提高，但客观上也使多边贸易体制的决策与谈判从此变得不易达成共识和妥协。”①

占世界贸易量近一半的美国和欧盟，一直是贸易自由化最主要的推动者，也是 GATT/WTO 体系的创建者和天然领导者，掌握着决定性的话语权。正是在他们的合力推动下，《与贸易有关的知识产权协议》（TRIPS）、《服务贸易协议》（GATS）、《信息技术协议》以及金融、基础电信协议等一系列新规则被纳入多边框架。长期以来，美欧根本利益上的一致是美欧协作的基础，美欧共识往往成为多边共识的必要和充分条件。

但原本由美国、欧盟、日本和加拿大构成了乌拉圭回合谈判的领导核心的局面在后几轮谈判中出现了变化。究其原因主要有以下几个方面：“其一，美欧由于在反倾销、农业贸易地域标识等问题上的分歧，相互之间的协作已经不像以往那么紧密；其二，随着中国、印度等发展中大国在全球贸易中的地位快速提升，加上发展中国家以集团化谈判方式对抗发达国家，导致美欧难以控制谈判进程；其三，2007 年底，美国贸易谈判的最终决定权由白宫转移到了国会，这使农业谈判其他成员对美国在谈判中的所作出的承诺和是否能继续发挥领导作用持怀疑态度。”②

另一方面，发展中成员在 WTO 中已经占大多数，而许多发展中国家经过历次多边贸易谈判的磨练，懂得在谈判中如何维护自身的利益，也更为清楚地了解如何与发达成员进行讨价还价。在一定程度上制约了由发达成员来主导制定多变贸易规则的现象。

（二）贸易保护主义

多哈回合谈判受挫的直接影响，将是 WTO 威信的降低和对多边贸易体制约束力的削弱。因为多边贸易体制为了追求整体利益的平衡，采取了必须全体成员达成共识才能作出最后决定的决策模式，从而实现了对全体成员方的约束力。但这样的制度设计完全实现的难度非常大，例如 GATT 时期的东京回合谈判用时 6 年、乌拉圭回合谈判用时 8 年才得以完成，而 WTO 取代

---

①　陈松洲．多哈回合谈判屡陷困境原因极其前景探析［J］．对外经济实务，2009（6）：39-42.

②　王晓东．多哈谈判举步艰难的原因［J］．国际经济合作，2008（4）：29-34.

GATT 后启动的多哈回合谈判在历经了 7 年多时间后却未能取得预想的成果，都在一定程度上佐证了这一点。

有些国家，例如美国试图建议改变 WTO 的一揽子议题的谈判方式为循序渐进，或者逐个议题分别谈判的方式，以降低综合性议题谈判的难度。但如果采取了这样的谈判方式，就将会打破 WTO 一直以来所追求的推动全球经济贸易发展和完善多边贸易体制的目标，与其倡导的全方位的各方利益妥协下的利益平衡和谈判成果被普遍接受后各成员方严格遵守的制度设计相悖，并且还会在单独议题的谈判中导致具有优势地位的发达国家强行逼压发展中国家的情况，并且进一步强化多边贸易体制下的力量对比失衡，最终使得当代国际贸易领域中的保护主义有所强化，并进而波及和蔓延到农产品的国际贸易。另一方面，多哈回合谈判的本意是通过推动全球农业、制造业和服务业的贸易自由化，并以此推动发展中成员方的经济和社会进步。但随着 2008 年以来全球经济形势的下行趋势不断加重，多哈回合的谈判却日趋艰难，特别是在农业问题上尖锐的利益冲突，最终使得多边贸易体系遭遇了重大挫折。显然，在当前特定背景下出现的多边贸易体制的重大挫折，必然会使贸易保护主义的思潮再度甚嚣尘上。因为各国为了保护本国的市场和利益，采取贸易保护主义措施可以在短期内最为有效地抑制和抵消其他国家的经济贸易比较优势，并且十分简便易行。

因此，新一轮贸易保护主义将会在多哈回合失败后迅速地抬头，无论是发达国家，还是发展中国家，都会根据本国的利益需要，针对包括农产品贸易在内的各个领域中实施限制国际竞争和严格保护本国市场的各种保护措施，从而引发新的双边和多边贸易摩擦，阻碍国际农产品贸易的顺利进行和不断扩大。特别是在方兴未艾的自由贸易区谈判热潮中，多哈回合的失败将会加重农业在自由贸易区谈判中的地位，并引发出更多的保护主义要价。这是因为，农产品关税的削减作为自由贸易区谈判的重点和难点，由于不同国家的农业竞争优势，往往难以取得较大的突破。根据目前正在进行的谈判实践，在农业上比较优势明显的国家，例如澳大利亚和新西兰，一方面降低本国的农产品关税，另一方面则强烈要求其他成员方同样削减乃至取消关税以扩大本国的农产品出口；而农产品竞争力较弱的国家如日本和韩国等，则对农产品市场的开放持谨慎和加强保护的态度；少数农业大国如美国则是根据本国的利益和战略目标需要，在维护本国生产者利益和争取对方开放市场的博弈过程中“走钢丝”；只有非农国家例如新加坡等因为其农业影响很小，才会采取全面快速开放农产品市场的做法。

正是基于这样的意义，如果 WTO 多哈回合的谈判能够就农业的关税减让、国内支持的削减、农产品的市场准入等问题达成一揽子协议，无疑可以为各成员方彼此之间进行的自由贸易区谈判提供借鉴的范本，有效地促进自由贸易区中的农业谈判取得共识。但是，WTO 多哈回合谈判的严重受挫，使得多边贸易体制的影响下降，也促使许多国家转而寻求更加简便易行的双边贸易协定（FTA）或者区域性贸易协定（RTA），通过减少成员方数量和谈判的范围降低协商的难度，更有效地保护自身的利益。① 而且在双边或区域性的自由贸易区谈判中，彼此的要价将更为直接，同时又没有了 WTO 多边贸易体制在这一方面的规范和约束，当然也就会使得有关农业的谈判更为艰难，引发出更多的保护主义要价。

（三）发达国家内部政治因素的影响

1. 美国国内政治因素

（1）美国谈判的授权期限。早在 2007 年 7 月，美国的“贸易促进授权”就已过期，该授权是指美国国会赋予总统开展贸易谈判并达成协定的权力，并且国会只能接受或拒绝这些协定，不能修改其内容。加上民主党对国会的控制使得布什面临的国内政治形势日趋被动。现有的“贸易促进授权”框架形成于 1974 年，当时的总统是尼克松。由于时常被废止，这一权力总共存在的时间较为短暂，最近一次废止是在克林顿任总统时。克林顿曾利用这一权力推动了北美自由贸易协定和世贸组织乌拉圭回合全球贸易协议在美国国会通过。而多哈回合拖到现在，已经赶不上“贸易促进授权”的时限，除非美国国会将其延长。美国国会拒绝延长对布什的授权，那么在布什余下的任期内，美国与其他国家达成的所有 FTA 都要受到国会逐条审批。若没有该授权，多哈回合将因美国国会对相应协定的作梗而几乎毫无希望完成。在没有授权的情况下，美国在谈判中受到了极大限制。对于美方谈判人员而言，谈判的最优结果是“达成一个低成本、高收益的协议，使国会买账”。② 所以往往不得不在谈判的最后关头刹车。

（2）美国的国内选举。在多哈谈判中，美国之所以坚持对国内农业实施保护，一方面是由于美国是农业出口国，农产品是美国为数不多的拥有对外贸易顺差的项目，所以，美国当然要竭尽全力保护其农产品的国际竞争力，而途径就是通过国内农业补贴以及实施高额进口关税等；另一方面，农业问题也牵涉到很多的利益集团，特别是 2006 年 11 月将举行中期选举，在

---

① 卜海. 多哈回合受挫后的农产品国际贸易发展前景研判［J］. 国际贸易问题，2008（12）：37-42.

② 宋泓. WTO 新一轮谈判遭遇暂时挫折［J］. 国际贸易，2008（8）：39-42.

任的布什政府需要争取来自农业大州的共和党议员的选票，同时，布什政府还要面临美国民主党的挑战。民主党在对外贸易方面，更倾向于贸易保护主义，因为该党一向认为美国制造商受到一些外国公司的不公平竞争，这些国家工资水平低、对环境保护和劳工保护要求不那么严格，因此更具价格优势。由此，在多哈农业谈判中，农业补贴等问题变得愈加敏感。可以说，美国强硬的谈判立场是致使多哈回合谈判暂时中止的导火索。

（3）美国在谈判中受制约因素过多。在多哈回合谈判期间，美国国内参众两院的重要议员及国内的农业界人士都对美国贸易谈判代表施加压力，要求其“不能在谈判桌上放松美国在市场准入上的要价而同时在国内支持上表现出任何灵活性”。谈判期间，美国给出的唯一灵活性出价就是“在扭曲贸易的国内支持方面，同意将削减结果由 164 亿美元降至 145 亿美元”,①即使这样，其他成员也表示难以接受。尤其是发展中成员希望得到 SSM 保护的农产品恰恰是美国重点补贴的产品。在美国如果不能在国内支持上进行让步的话，发展中成员也很难降低其在 SSM 方面的要求。

2. 欧盟背后的政治因素

在农业问题上，欧盟各国的利益根本不同，因此也存在着内部斗争。英国希望“以谈判的形式对欧盟现行的农业政策进行改革”。而德国、丹麦等认为“欧盟在农业谈判中的市场准入的讨价还价可换取在其他方面更大的利益”。② 以法国为代表的农业生产及农产品出口大国持保守立场，法国是享受欧盟农业补贴最多的国家，其“每年的农业补贴多达 400 亿欧元，占欧盟农业补贴总额的 2/3 左右”。因此，自多哈回合谈判开始之日起，法国就一直“反对大幅度削减农产品关税特别是农业补贴，不断对欧盟谈判代表施加压力”。③ 尽管存在内部利益冲突，但为了维护欧盟的政治利益，欧盟的谈判代表仍不能不考虑各成员特别是法国的立场。

此外，自 1992 年的麦克雪利改革（MacSharry Reforms）以来，欧盟共同农业政策经历了 2000 年法案、中期评议、2003CAP 改革等若干次重大的改革。而“多边贸易农业谈判是欧盟共同农业政策改革最重要的外部推动

---

① 刘健男，周立春．特殊保障机制导致多哈谈判破裂［J］．WTO 经济导刊，2008：15-17.

② 王志远．欧盟东扩后共同农业政策调整的评价［J］．俄罗斯中亚东欧市场，2010（3）：15-22.

③ 张皞．农业贸易自由化进程中的国内支持—基于多变谈判和政策调整视角的分析［M］．兰州：兰州大学出版社，2007：100-103.

力，欧盟的很多改革措施更是回应了多边贸易规则的要求”。① 由于其农业生产的发展严重依赖政府保护，所以迄今为止，欧盟共同农业政策对农业的高补贴、高保护依然没有得到有效的抑制和改变。

（四）发展中国家的政治因素

农业对于发展中国家是最重要的部分，农产品贸易通常占到发展中国家出口的一半以上。如果能够排除农业贸易壁垒，发展中国家将从农产品价格和日益公平的竞争中获取更大的利益。

1. 发展中国家农业贸易条件的变化

随着多哈回合谈判的严重受挫，上述目标当然也就无法得到实现，并且还有可能会使发展中国家的包括农业在内的贸易条件趋向恶化。

首先，应该看到的是，多哈回合谈判的严重受挫，将会大大弱化 WTO《农业协定》中有关发展中成员特殊差别待遇条款的执行力度。考虑到发展中成员的实际状况和发展水平差异，世界贸易组织对于发展中成员给予和实施一定的特殊差别待遇。反映在多哈回合的农业谈判中，就是参与谈判的发展中成员方强烈主张，“必须通过三大支柱方面的发展中成员特殊和差别待遇条款来实现发展关注，即在市场准入方面，要求分成不同于发达成员以符合发展中成员特殊的关税结构，削减幅度较之降低，并有比较宽松和易于启动的特殊产品和特殊保障机制”；在国内支持方面，强调用于生计及资源匮乏型农民的微量允许免减，将发展型政策列入“绿箱”，在其他支持政策方面享有较多的特殊灵活性等。特别是 G33 明确要求“在特殊产品的选择上，可以自主选择至少占税目总数 20% 的产品作为特殊产品，享受免减或少减关税，且无须关税配额扩大或关税封顶”，同时在进口价格和数量触发的条件下开征额外关税。非洲更是要求“发达成员提前取消棉花补贴，大幅度削减并取消所有扭曲贸易的国内支持措施，给予最不发达国家棉花进口免关税、免配额的待遇等”。② 显然，如果多哈回合的谈判顺利达成协议，发展中成员的利益会得到有效的保障，各成员方特别是发达国家应当切实履行《农业协定》中有关发展中成员的特殊差别待遇条款，从而为发展中成员方的发展创造良好的氛围。但是，由于一些发达成员过于关注自身利益而对保障发展中成员的权利做得不够，特别是在具体的谈判中，美国、

① 罗国强．欧盟共同农业政策与多哈回合僵局［J］．农业经济导刊，2007（11）：100-10.

② 余莹．设立农产品特殊保障机制的思考——兼论我国农产品贸易保护规则的局限性［J］．甘肃政法学院学报，2010（2）：54-95.

欧盟一方面始终不肯取消其扭曲国际农产品贸易的巨额农业补贴，同时另一方面则“对发展中成员方降低农产品和工业品关税乃至开放服务业等都施加了巨大的压力”。① 这就必然使得发展中成员方所面临的农业贸易条件趋向恶化。

其次，WTO 多哈回合的谈判严重受挫后，随着目前世界经济的下行、国际粮价和油价波动频繁、美国次贷危机的恶化和全球金融形势的紧张，参与谈判的各主要成员方对于多边框架下解决诸如气候变化、粮食危机、高油价等复杂问题的信心不足，竞相推出的措施大多以本国的利益及其保障为重心，具有强烈的保护主义倾向，对发展中成员的经济和社会发展有着极为不利的影响。以美国为例，众议院在 2008 年 7 月 27 日通过了其拟订的 2007—2012 年的农业法案，计划在未来 5 年中一是要增加农业补贴，平均每年向农业提供 572 亿美元的补贴，比目前每年的 480 亿美元增加了 92 亿美元。二是决定要将农产品的范围扩大到水果、蔬菜等方面，同时还要增加对土地保护、可再生能源、营养和特殊农作物等方面的保护等。由于美国有 20% 的农产品用于出口，个别产品如大豆、小麦的外销比重更大，影响甚至决定着世界价格。这样，在基于强大的补贴机制保障下所形成的美国农产品国际竞争力，对于其他国家，特别是对于以农业发展为生的发展中国家几乎形成了灾难性的打击。另一方面，目前的国际粮食价格大幅上涨，虽然对于发展中国家具有利好的性质，但其生产的具有低成本优势的粮食却又因为美国、欧盟、日本等主要发达国家的巨额补贴和高关税壁垒，而难以进入甚至是无缘这些国家的市场。许多发达国家“利”字当先，即便是在外界压力下有所表示，向发展中国家扔出一些橄榄枝，往往又将其作为进一步撬开发展中国家工业品市场的筹码。因此，诚如肯尼亚贸易部长乌呼鲁·肯雅塔指出的那样，“多哈回合谈判破裂的影响将是巨大的”，② 并且最大的受害者总是那些最贫穷的国家，发展中国家的农业贸易条件将会进一步趋向恶化。

2. 印度国内的政治因素

在印度，农业部是“处理所有与农业相关事务的关键部门，也是参与多哈回合农业谈判的部门之一。但在谈判和农业有关的问题上，地方政府对

① WTO/FTA [EB/OL]. http://chinawto.mofcom.gov.cn/aarticle/subject/doha/subjectjjj/200608/20060803008994.html，2010-11-3.

② 多哈回合受挫后的农产品国际贸易发展前景研判 [J]. 国际贸易问题，2008(12)：37-42.

于 WTO 相关问题的了解都是很肤浅的。其立场更多取决于政治因素而不是对农业谈判的建议可能带来的影响”。① 当农业谈判与印度国内选举期间相重合时，因其国内选民多是农民，印度政府就必须在涉及农民利益的问题上保持强硬，以赢得国内大多数选民的支持。所以印度政府坚持：“SSM 的触发水平一定要合理，以使印度政府能够及时采取措施，保护印度为数众多的生计农民。”

3. 巴西国内的政治因素

巴西内部在用什么样的妥协换取农产品贸易自由化的问题上仍然存在争论，而“产品出口只是一个雄心勃勃的国家的次要活动”的看法也重新抬头。许多对农产品贸易自由化持怀疑态度的人认为，“不能以牺牲工业为代价来换取农产品贸易自由化”。

巴西的农产品曾经仅仅为工业生产提供原料，而农产品价格也被人为压低。同时，农产品出口的数量和价格也受到严格控制，而政府则通过最低保护价对农民进行补偿。进入 20 世纪 90 年代，巴西“削减了对农产品的补贴，取消了出口限制，而对农业生产投入品的进口关税也降低了，这使得巴西农业生产和贸易的环境大为改善”。② 1997 年，巴西政府取消了农产品出口税，使出口成本再降低 10% 至 20%，此举大大增强了巴西农产品的竞争力，甚至被认为是对农业发展最强大的推动力。农业的发展给巴西经济带来了实实在在的好处。在巴西，农业在国民经济中所占比例并没有像其他国家那样随经济发展逐渐降低。巴西农业产值占 GDP 的比例已达 8.8%，2004 年，农业及相关产业的出口额占巴西出口总额的 40%，34 亿美元贸易盈余全部来源于农产品贸易。这对于一个背负债务、面临信心危机的国家来说是巨大的支持。③ 另一方面，巴西的农业的生产和贸易发展并非一帆风顺。巴西农产品出口近几年的高速增长是与国际市场农产品价格高和有竞争优势的汇率相联系的，随着国际市场价格的回落和雷亚尔与美元比价的上升，巴西农产品出口也受到了抑制。因此，巴西作为发展中国家中的农业大国，其国内的政治因素对其在多哈回合谈判中所坚持的立场和原则也起到了关键性的

① 刘健男，周立春．特殊保障机制导致多哈谈判破裂［J］．WTO 经济导刊，2008：15-17.

② “巴西总统卢拉拟与各大国领导人协商以挽救多哈回合谈判”［EB/OL］．http：//undg. mofcom. gov. cn/aarticle/ddfg/waimao/200808/20080805709023. html，2010-11-4.

③ 周立春．巴西农业：从多哈回合中收益［J］．WTO 经济导刊，2006（1）：101-102.

作用。

二、经济上的制约因素

多哈回合农业谈判的各方的争议焦点进一步显示了农产品贸易的重要性和特殊性。成员之间的利益冲突主要体现为“发达成员与发展中成员之间的利益冲突、发达成员之间的利益冲突以及发展中成员集团内部的利益冲突。”①

（一）内在经济需求不足

多哈回合谈判是在 2001 年 11 月多哈部长级会议上启动的，距离“9.11”事件的发生仅两个月。当时世界的注意力集中在“反恐”战争，世界经济和贸易存在很大的下行风险，各国迫切需要多边贸易体制的稳定运作以保证国际贸易秩序不被破坏，主要国家，特别是美国，迫切需要稳定世界商业信心以应对恐怖主义威胁。正是在这样的一个大的国际政治背景下，新一轮谈判在经历了 1999 年西雅图会议等重大挫折后得以艰难启动。虽然多哈回合启动了，但其并不是出于各国自发的经济贸易需要。世界经济自 2000 年以来一直呈现出良好的增长趋势，各国的贸易也在良性增长。WTO 秘书处的统计数据显示，在 2000—2005 年间，美国 GDP 平均增长 2.2%，拉美国家平均增长 2.7%，欧洲国家平均增长 1.6%，非洲国家平均增长 4%，亚洲国家平均增长 3%。同期，世界货物贸易和服务贸易平均增长达到了 10%，2004 年甚至超过了 20%，非洲国家的出口平均增长了 15%。多数发展中国家出于自身发展的需要，纷纷主动采取了贸易自由化措施，自主降税，减少非关税性贸易壁垒，例如印度的平均实施关税降低到了 19% 左右，只是约束关税水平的一半。诉诸 WTO 处理的贸易争端的数量也呈现下降的趋势。②

（二）农产品“从价税”的转换问题

关税税率通常随着产品的价格、组成成分和进口时间等因素的变化而变化，而“非从价税”也与这些因素挂钩。因而大大降低了透明度。所以，凯恩斯集团和由发展中国家组成的 G20 国集团认为：“非从价税转换是合理设计关税削减公式的前提，必须找到一个合理的转换公式使未来关税减让估

---

① “各国政府致力于重启多哈回合谈判” [EB/OL]. http://chinawto.mofcom.gov.cn/aarticle/subject/doha/subjectkkk/200608/20060803009284.html，2010-11-3.

② 王晓东．多哈回合谈判举步维艰的原因 [J]. 国际经济合作，2008（4）：29-34.

算有一个统一的标准。”而发达成员则反对将所有非从价税转换成从价税。认为“即使要转换，这些成员也希望转换后的税率愈低愈好，这样未来关税减让的幅度就可以较小”。① 另外，还有一部分发展中成员担心非从价税转换会影响它们享受“特惠安排”。

（三）发达成员与发展中成员之间的分歧

多哈回合谈判在2001年启动时被确定：“各成员承诺在谈判中充分考虑发展中国家的利益和要求，最终改善发展中国家的生活水平。”但谈判一开始，以美国和欧盟为代表的发达国家在诸多关键领域都拒绝对发展中成员作出让步，从而使得多哈回合“通过更公正的贸易规则使发展中国家获益并谋求发展”的计划落空。以农产品贸易的市场准入和出口竞争问题为例：“市场准入方面，发达国家提出了混合式的关税削减公式，也就如敏感产品等部分农产品关税按乌拉圭回合的简单平均公式进行削减，部分产品关税按瑞士公式进行削减，剩余产品的关税则削减至零。并要求为农产品关税确定上限。出口竞争方面，要求各成员方在一定期限内逐渐削减对其他产品的出口补贴。对于出口信贷中的贸易扭曲因素，应采用上述同样的方法加以取消或削减。”② 由此可见，“发达国家享有比较优势的农产品不但维持高关税保护，还通过巨额的农业补贴来保护本国的农产品生产和贸易，削弱发展中国家农产品的竞争力”。面对这种不公平的贸易环境，发展中成员在多哈回合谈判中要求发达国家“大量削减国内农业补贴，开放国内市场”。③ 发达国家对此作出了一些姿态，但并没有实际内容，它希望“发展中国在制造业，非农产品市场准入上的门户开放得更多”，但自身却在“实行农业上的市场准入和减少国内支持、出口补贴的方面做得非常少”。美国也承诺减少农产品的部分补贴支持，但也没能付诸实施，转而想换取发展中国家对它开发巨大的市场。正是因为发达成员和发展中成员之间这种在农产品贸易中的利益冲突，致使是多哈回合谈判陷入全面中止局面。

此外，某些关税壁垒很高的发展中国家在发达国家不作出让步之前也不愿意降低关税。世贸组织研究报告显示：“近几年来，贫困国家和发展中国家广泛使用反倾销措施，对进口产品设置障碍或征收高额反倾销税；反倾销

① “World Tariff Profiles 2008” ［EB/OL］. http：//www. wto. org/english/res_ e/publications_ e/world_ tariff_ profiles08_ e. htm，2010-11-2.

② EC-US Joint Text：Agriculture，13 August 2003，JOB（03）/157.

③ 王修志，许一涌．谈谈 WTO 新一轮农业谈判中的争议［J］．经济论坛，2004（9）：123-124.

措施已成为贫困国家和发展中国家限制进口的贸易壁垒。”① 发展中国家之所以存在保护主义主要有三点原因：“一是各发展中成员国内的优势产业不同，发展程度不同，所关注的利益也不相同。二是由于产业结构类同导致出口产品结构类似，多数发展中国家对外贸易均依靠能源产业和劳动密集型产业，存在出口竞争。三是在完全开放的市场条件下，发展中国家的部分产业会受到来自发达国家的强烈冲击，对其国民经济的健康发展和稳定产生极其不利的影响。”② 因此，发展中国家寄期望于通过贸易保护来维护本国的经济利益。

（四）发达成员之间的分歧

在多哈回合谈判中，发达成员之间的利益冲突极大地影响了多哈回合的进展。例如，在农产品进口关税减让和农业补贴问题上，欧盟认为“美国的高额农产品补贴增加了美国农产品在国际市场上的竞争力，从而损害了欧盟的利益”，而美国反对欧盟对其农产品征收高额的关税，认为“这严重阻碍了美国农产品的出口”。③ 在欧盟内部，德国更容易在农业政策方面对其他WTO成员作出大的让步。因为“一旦由于让步换取了其他成员在非农产品和服务业市场准入方面的妥协，发展中国家工业品关税的降低和服务业市场的开放将使作为出口大国的德国比欧盟其他国家获取更多的利益”。④

（五）发展中成员之间的分歧

多哈回合的多边贸易谈判为发展中国家提供了一个利用比较优势推动农业出口增长的平台。发展中国家的农业贸易自身也发生了显著变化：“其一，农产品出口收入占总出口收入的比重急剧下降；其二，出口构成也发生了相当重要的变化；其三，低收入和中低收入国家的出口增长速度比中等收入和高收入国家要低，如果过分强调外部需求，就可能导致不适宜的政策干预。”⑤ 但发展中成员内部在多哈回合谈判中也存在利益上的冲突。

一方面，这些新谈判集团的出现大大提高了弱小发展中国家的谈判力量

① 积极利用WTO多边舞台反对贸易保护主义［J］. 中国经贸，2010（1）：26-28.

② 代瑛．多哈谈判受阻成因分析［D］，天津财经大学硕士学位论文2009：28-29.

③ 张兵．多哈回合谈判全面终止的政治经济学分析［J］. 亚太经济，2006（6）：105-108.

④ “欧盟不愿在多哈谈判中做出新的让步”［EB/OL］. http：//eu. mofcom. gov. cn/aarticle/ddfg/sshzhd/200807/20080705697220. html，2010-11-4.

⑤ 梁珂．多哈回合的农业贸易改革—从发展中国家的角度谈起［J］. 社会观察，2005（3）：56.

和谈判地位，对平衡发达国家与发展中国家长期存在的谈判实力差距发挥了积极作用；但另一方面，各个集团内部的协调和统一立场耗费了大量的谈判时间，各发展中国家利益集团之间又产生出新的矛盾和利益冲突。例如，强调发展中国家农业出口利益的G20集团与主张保护发展中国家农业生产者利益的G33集团，在如何开放发展中国家农产品市场问题上存在根本的分歧。与以往发展中国家强调政治团结，主张发展中国家整体利益的做法不同，本轮谈判的矛盾主体已从以往的“南北矛盾”转变成为“南北矛盾+南南矛盾”。谈判方利益冲突的多重性，谈判力量对比随各种谈判集团的涌现而逐步均衡，使得本轮谈判的复杂性倍增。

三、法律上的制约因素

（一）WTO多边贸易体制的内在矛盾

多边谈判成功的关键在于谈判利益结构与体制能否相互适应。就多哈回合而言，WTO体制存在内在矛盾和制度缺陷。这主要表现在以下两个方面。

1. 运作机制缺乏效率

WTO成立后，其各项协定使各成员国在一个非歧视的贸易体制中享受各自的权利并履行义务。在这一体制中，每个成员国都得到保障：“出口将在别国市场上受到公平、一致的待遇；每个成员国必须承诺采取同样的原则对待各项进口。该体制还规定，发展中国家在实施承诺的过程中可享受一些灵活性。”① WTO的这种法律原则虽然在一定程度上增强了对多边贸易体制的约束性。但在多哈回合谈判中，如果WTO各成员方不能相互之间让步，不能就所有议题达成全面协议，这无疑大大增强了多哈回合农业谈判的复杂性。

2. 约束机制缺乏，条款设定存在漏洞

WTO体制在虽然有一定程度的约束性，但现存的WTO章程并不是真正意义上的法律制度。在其框架中，并不存在具体的强制性制度。因此，“WTO的强制实施机制和争端解决机制对发达国家的约束力是非常有限的，在谈判中，主要靠各成员方的妥协与让步达成共识”。② 所以，WTO也是一个以成员方相互承诺为基础的国际组织。这样一来，如果成员方在谈判中的不能维护自身的利益，达到预期谈判目的，也就有可能阻挠谈判乃至退出谈

---

① 张帆．WTO多哈回合谈判历程评述［J］．山东经济，2007（9）：118-121.

② 代瑛．多哈谈判受阻成因分析［D］．天津财经大学硕士学位论文，2009：30-31.

判。多哈回合的中止也就成为这种软约束性机制下某些国家尤其是发达国家维护自身利益的必然选择。

（二）美国新农业法案对多哈回合农业谈判的影响

美国农业是典型的现代资本主义农业，农业的资本有机构成已大大高出工业部门。自独立以来，美国农业政策根据不同的历史时期所面临的任务及时作出调整，经历了几次大的改革。目前，其农业政策同国内外的矛盾和冲突主要来源于对农产品的大量政府补贴和关税政策。但是在 2004 年以前美国的农业补贴受到所谓“和平条款”的保护，该条款“是世界贸易组织农业协议的内容，它限制把农业补贴问题提交世贸组织的争端解决机构”。①

2007 年 7 月 27 日，美国众议院通过其拟定的 2007-2012 年农业法案，计划“在未来 5 年中平均每年向农业提供 572 亿美元补贴，高于目前每年 480 亿美元的水平。不仅保留对玉米、大豆等农作物的补贴，还将补贴范围扩大到水果、蔬菜等作物”。此举将进一步引发其他世贸组织成员对美农业补贴政策的指责，使多哈回合谈判进一步陷入困境。此前，世贸组织农业谈判小组官员提出的妥协方案要求美国将补贴总体水平进行削减。而发展中成员认为：“美国应将其农业补贴削减到略高于 100 亿美元的水平。”② 2000 年以后，美国用于增强出口的拨款大幅增加，达到在 WTO 中承诺实施的农业补贴的最高限额。2002 年的农业法案，即《农业安全与农村投资法案》是美国国内农业支持政策的奠基石。在该法案中，除了继续保留对原有产品的营销援助贷款外，还将产品范围有所扩大，而且大多数产品在执行期内的贷款率高于原来的规定水平。这说明美国农业保护主义在抬头。而如今的农业法案比 2002 年在补贴数量上又扩大了。多哈回合的焦点和难点是农业，欧盟和发展中国家多次要求美国调整农业补贴政策，可结果是美国在多哈回合期间先后出台了两个农业法案，不但无视其他国家的要求，反而变本加厉，实在是引起国际公愤。可以说，美国的选择是多哈回合失败的加速器。2002 年是多哈回合谈判的中期阶段，美国出台了农业法案。看这个法案，大家生气，但似乎又没办法，因为美国是踩着 WTO 底线给的补贴。然而生气就使谈判无法进行，因此，美国已经破坏了一次多哈进程，至少是给多哈回合开倒车。

① 陈宝森．美国政府的农业政策与“多哈回合谈判”[J]．世界经济与政治论坛，2008（3）：38-46.

② 世贸组织公布多哈回合农业谈判和 NAMA 谈判妥协方案 [J]．世界贸易组织动态与研究上海对外贸易学院学报，2007（9）：41.

（三）欧盟共同农业政策对多哈回合的影响

在 WTO 新一轮谈判中，欧盟的保守立场及其对农业的高保护受到多方成员的指责，被认为"严重阻碍了谈判进程"。为了顺应贸易自由化的要求，欧盟在制定农业政策时不得不考虑农业贸易谈判中所面临的压力。

欧盟共同农业政策（CAP）是欧盟在农业领域设置的统一框架，于 1962 年生效，可以说是欧洲徘徊在二战时粮食短缺和粮食安全不能得以保障的阴影中的产物。其三项基本原则是："保证共同市场内部农产品以统一的价格自由流动，消除欧盟内部国家之间的贸易壁垒；通过进口限制优先购买欧盟内部的产品；由各成员国为 CAP 的执行共同融资。"① 其最初的目标是提高农业生产效率、增加农业人口收入、稳定农产品市场、保证农产品有效和充分的供给、保证消费者面对合理的价格。

共同农业政策主要由"市场价格支持政策、结构政策、社会政策和环境政策组成"。② 其中对世界农产品市场和贸易影响最大的是农产品价格支持政策以及与之配套的农产品进口限制和出口补贴政策。农产品价格支持政策也是 WTO 中要求减让承诺的主要内容，因此，CAP 的改革主要是围绕对这一核心与基础的内容进行的。欧盟共同农业政策（CAP）2006 年的改革方案改变了欧盟长期以来支持农业的主要方式。回顾共同农业政策的演变，欧盟农业政策目标在过去 40 多年间发生了重大变化，2000 年法案提出"为农村地区提供公平的生活水平"，还包括农村发展等多项目标。支持欧盟特有模式的存在和发展，并充分认识到欧洲的农业多功能性及其给生产者带来的巨大利益。2003 年改革方案主要包括"进一步削减农产品价格支持；改革农业直接补贴政策；引入强制性动态调整机制；突出强调支持农村发展。与以前改革明显不同之处在于，完成了从对产品支持到对生产者支持的转变，建立了单一支付计划，使欧盟农业支出大部分归入'绿箱'之中，符合了 WTO 关于贸易自由化的总体要求，也满足了欧盟东扩的政策调整需求"。③ 为欧盟在 WTO 新一轮农业谈判中争取主动。

在以上三个阶段的谈判中，欧盟同意在保留现有国内支持的概念和乌拉圭回合的削减方法的前提下承诺将造成贸易扭曲的国内支持做进一步实质性削减。可以肯定的是，欧盟在国内支持总量削减上的成果是肯定的，在市场

① 卫延朝．美欧农业补贴政策极其对多哈回合的影响［D］．上海交通大学硕士学位论文 2008：23-24.

② 王珍．WTO 与农产品国际竞争力［M］．北京：中国经济出版社，2004：54-56.

③ 王珍．WTO 与农产品国际竞争力［M］．北京：中国经济出版社，2004：59.

准入、出口竞争、国内支持方面主要持以下立场：

1. 市场准入方面，欧盟认为应该坚持乌拉圭回合谈判框架。并建议制定一系列规则和规定以增加关税配额管理的透明度、可靠性和安全性。在特殊保障条款上，欧盟认为“特殊保障条款逐步关税化的过程在一定程度上保证了不会导致突然或不可预见的进口数量剧增或进口价格大幅度下降”。① 这也是欧盟在多哈回合农业谈判中的积极表态。而欧盟对发展中国家利益的关注更重要的原因是力图取得发展中国家在农业多功能性问题上的支持，因此也才特别提出将粮食安全和农村地区发展纳入到农业的多功能去范畴。欧盟强调：“如果特殊保障措施被完全取消，在这种情况下剩下惟一能够援引的是 WTO 规则中有关允许采取扭曲贸易措施的保障条款，故其认为应继续保留类似的条款。”②

2. 出口竞争方面。欧盟建议“农业中正式的出口信贷支持应该包含在 WTO 特定的规则之中，特别是有关这些已经达成的一致应该统一纳入到《农业协定》之中”，并认为“应该制止对食品援助的滥用，促进真正食品援助的发展和保留适当水平的食品援助捐赠”。③ 欧盟还建议在不破坏受援国当地的农业生产力和市场能力条件下，以完全捐赠的方式进行食品援助，并建立执行涵盖食品援助运作方式，如在受援国在发展中国家购买食品的可能性等的相应规则。

3. 国内支持方面，欧盟对农民的各项补贴都属于国内支持的内容。为此，欧盟的承诺如下：“第一，逐步削减国内支持。加强对有关非特定产品的国内支持规则的同时，以最后一轮承诺水平为基础，进一步削减总的国内支持水平，以及进一步削减发达国家微量允许标准等。第二，继续保持‘蓝箱’和‘绿箱’。”欧盟强调：“其实‘蓝箱’对贸易产生的影响小于市场价格支持、对产出品进行补贴等所造成的贸易扭曲。建议有关‘绿箱’的措施的标准需要重新考察，以确保它只会造成最小程度的贸易扭曲。”④

---

① “欧盟共同农业政策及其在新一轮 WTO 农业谈判中的立场”［EB/OL］. http://www.sdny.gov.cn/art/2004/4/22/art_621_30745.html，2010-11-3.

② 钱钰．欧盟共同农业政策改革极其对 WTO 新一轮农业谈判的影响［J］. 中国农村经济，2004（2）：78-80.

③ “European Communities—transitional regime for the EC autonomous tariff rate quotas on imports of bananas”［EB/OL］. http://www.wto.org/english/thewto_e/minist_e/min01_e/mindecl_ec_bananas_e.htm，2010-11-4.

④ “EU technical “road-map” sparks buzz in farm talks”［EB/OL］. http://www.wto.org/english/news_e/news10_e/agng_21may10_e.htm，2010-11-4

另外，欧盟还建议"'黄箱'中因市场价格变化而提供补偿从而提高出口绩效的补贴可以援用特别条款"。显然，这些承诺与欧盟的农业政策是紧密相关的。

欧盟在多哈回合农业谈判中"同意保留现有国内支持的概念和乌拉圭回合的削减方法的前提下，将造成贸易扭曲的国内支持做进一步实质削减的承诺，以及对发展中国家保留较小的削减比例和较长的执行期，关注其粮食安全和农村地区的发展，设置粮食安全箱，对发展中国家设置更加特殊的安全保障机制；修改《农业协定》的条款，允许发展中国家实行与特定农产品相关的国内支持政策"① 等一系列立场，主要是基于欧盟本身的"蓝箱"开支占总开支的比率大，而"蓝箱"又属于乌拉圭回合中属于豁免承诺的部分，因此欧盟在多哈回合农业谈判中极力主张保留原来谈判框架，并寄期望于对发展中国家的让步能换回其成员国对农业多功能性的支持。

第三节　农产品特殊保障机制（SSM）议题的谈判困境及其突破路径

新一轮多哈回合农业贸易谈判未能就农业贸易的进一步发展形成新的实质性进展，其中一个重要的原因就是在维护发展中国家利益的农产品特殊保障机制（SSM）议题上陷入了困境和僵局。农业贸易可持续发展战略的实践结果，没有阻止穷国和穷人在全球农业贸易中被边缘化，也没有遏止由于农业贸易使全球环境和自然资源的持续恶化。农业贸易可持续发展战略在它应该面对并且处理好的这两大问题上一直裹足不前，究其原因，主要是因为在越来越复杂的国际环境背景下，农业多边贸易规则在谈判上面临困境。

一、农产品特殊保障机制议题的谈判困境

（一）谈判的集团化趋势加强

徐泉教授认为："较以往谈判而言，多哈发展回合在坎昆会议后，WTO的成员为积极谋求对谈判进程及结果的影响，组成了数量众多且相互交织的利益集团。坎昆会议前，新一轮农业谈判是以美国、凯恩斯集团为首的贸易自由化与以欧盟、日本为首的贸易保护阵营的对峙格局。坎昆会议之后，美欧联合提案催生了以维护发展中国家成员利益、消除发达国家成员贸易扭曲

① "欧盟想明年结束多哈回合谈判"［EB/OL］. http：//chinawto. mofcom. gov. cn/aarticle/ap/q/201011/20101107239650. html，2010-11-4

政策为目的的 20 国协调组（G20），最终形成了美国、欧盟、日本、G20、G10、特殊产品（SP）和特殊保障机制（SSM）联盟为主的几方力量对峙格局。其中各方由于利益的相对一致，又交织组合形成了更大的利益集团。”①上述错综复杂的谈判格局和利益关系以及国家利益集团化趋势的出现，预示着各国都面临越来越窘迫的多层利益博弈，发达国家和发展中国家之间、农产品出口成员方和进口成员方之间的矛盾错综复杂，除此之外，发展中成员之间的诉求也不尽相同，这使得多哈回合农业贸易谈判在 WTO 成员迅速增加的基础上进一步增大了政治难度。在所有成员协商一致的原则下，谈判显然是越来越困难了。

（二）谈判决策的程序缺陷

WTO 多边贸易谈判一般采用的是所谓的“绿屋”程序的磋商过程，即“议事遵循协商一致的原则，任何提议只要遭到一个成员的反对就无法通过。根据 GATT 和 WTO 的惯例，一旦出现可能引起争议的问题，一般首先在主要的利益关系方小范围内达成妥协，然后再扩大到全体成员”。在 WTO 新一轮农业谈判中，在这种“绿屋”中进行的磋商旨在重量级的贸易阵营间有效地达成贸易政策的预先决定。这就导致了大部分成员往往由于其发展中国家的地位在事实上被排除在农业多边贸易规则的形成过程之外。它们不能够进入这种论坛，也几乎不能在委员会会议上对其决定产生实质性影响。过去几年中，这种做法和情况使成员丧失了对多边贸易机制的信任。② 另外，案文起草采取的“主席负责制”，其实质仍然是大国操纵的秘书处主导起草工作的作法，根本没有反映发展中国家和最不发达国家的立场和观点。其结果必然使得众多成员对 WTO 的磋商程序和决策机制产生质疑，使得多边贸易体制的透明度及其公平性产生严重的信任危机。

（三）区域化、双边化农业贸易谈判的加剧

随着区域贸易协定的迅速发展，WTO 的主要成员方更容易在区域或双边贸易谈判中达成预期成果，因而把注意力从多边贸易转移到对区域或双边贸易协定的签署中去。而过多的区域贸易协定直接威胁着 WTO 的多边贸易谈判的进程和未来。

---

① 徐泉．WTO 体制中成员集团化趋向发展及中国的选择析论［J］．法律科学，2007（3）：141．

② ［德］彼得·托比亚斯·施托尔，［德］弗兰克·朔尔科普夫著，南京大学中德法学研究所译．世界贸易制度和世界贸易法［M］．北京：法律出版社，2004：283-284．

“双边自由贸易协定就可以使协议双方之间的贸易尽可能的自由化，而贸易自由化程度的直接度量为关税的下降，非关税措施和其他贸易限制的减少。”双边自由贸易区协定大多是由主权国家或具有超国家性质的区域集团（如欧盟）缔结的。“与WTO多变贸易谈判相比，它具有时间短、见效快的特点；且因为双边自由贸易机制只有两个当事方，因而具有易操作、约束力强。”① 因此，许多国家往往更愿意将双边自由贸易协定当作通向更高层次合作的台阶。

区域一体化进程开始与WTO多边贸易机制趋向一致。区域主义对多边贸易体制的影响主要体现为：“造成贸易转移问题，影响了多边贸易体制的公平，区域贸易谈判占用了大量的谈判资源，使一些国家特别是发展中国家无法对多边贸易谈判投入更多的财力物力；使多边贸易体制的非歧视原则受到损害；交错重叠的区域贸易协定增加了多边贸易体制的潜在成本。”② 另外，在多哈回合谈判中，发达国家厌倦了谈判长期没有进展，转而中心放在区域贸易谈判上。多边贸易体系中充当主要角色的美国、欧盟等发达国家都有优先考虑区域贸易谈判的倾向，导致全球贸易体系的复杂性和不稳定性。这一趋势同样对农业贸易自由化提出了挑战，违背了WTO最惠国待遇原则，使本来就难以达成共识的农业问题在多边贸易谈判中显得更加复杂。因此，正如有学者认为：“WTO成员对区域贸易协定如此痴迷，似乎从一个重要侧面反映了WTO及其主持的多哈发展议程正在陷入信任危机。这表明：一些具有重大影响的WTO成员对多边贸易谈判的热情和信心锐减，而广大发展中国家成员对多哈发展议程的希望因坎昆会议的失败和发达国家成员的背信而变得越来越渺茫。”③

二、农产品特殊保障机制（SSM）谈判困境的突破路径

在多边贸易谈判未来的发展过程中，多边贸易规则在以下程序和实体几个方面的进步和完善将有助于维护广大发展中国家利益：

（一）农业贸易规则在制定时要遵循民主和透明的谈判机制

在农业贸易规则的制定方面，尤其是包括农产品特殊保障机制（SSM）

① “国际商会（ICC）高官反对双边自由贸易倾向” ［EB/OL］. http://in.mofcom.gov.cn/aarticle/jmxw/200402/20040200185606.html，2010-11-3.

② 邓炜．多边贸易机制的深层危机和中国的现实选择［J］．中央财经大学学报，2007（1）：66-70。

③ 曾令良．21世纪初的国际法与中国［M］．武汉：武汉大学出版社，2005：136.

等在内的，涉及发展中国家利益的谈判议题时，多边贸易体制的机构和运行机制也应当顺应可持续发展的潮流，与时俱进，深化改革。其核心就是发展中成员要坚决反对超级大国试图控制经济全球化“游戏规则”的霸权行为，其改革的方向为：“一方面，农业贸易谈判有关机构的主席和秘书应当尽量保持谈判文案的准备程序更加公开和透明，使这个过程更加公正和平衡地反映发达国家和发展中国家不同的立场，尤其是广大发展中国家的切身利益需求；另一方面，应当改变决策机制，‘绿屋会议’磋商的机制不得已可以保留，但可考虑根据议题的不同由区域或利益集团自定代表组成，在大会决策程序上效仿联合国系统的做法，形成由不同代表组成的主席团制度。”① 无论哪种改革，其目的必须要能保证程序的公开和公正性。

WTO 下的农产品保障措施条款存在着诸多缺陷，于是成为了推行贸易保护主义的托词。因此，有学者认为：“在接下来的农业多边贸易谈判中，广大发展中国家应对农产品特殊保障措施条款的完善工作采取积极参与的态度，以使该条款的界定更为严谨和合理，实施的条件更为严格。尤其是要对那些滥用保障措施而达到其推行农业贸易保护主义目的的行为，要制定一套严格的约束或惩罚的机制，这样才能使保障措施真正成为一个世界贸易体系的‘安全阀’，而不是沦为推行贸易保护主义的一种新工具。”② 中国的综合国力和国际经济地位上升，应以多哈回合新一轮农业贸易谈判为契机，针对农业多边贸易体制中存在的对发展中国家的歧视性和不公平待遇，将广大发展中成员联合起来，在共同构建公平、互利的全球农业贸易新秩序方面发挥积极作用。③

（二）增强农业贸易规则的约束力

从乌拉圭回合农业协定制定以来其规则的实施情况看，对与发展中成员利益密切相关的协议，发达成员缺乏实施力度和应有的关注。农业多边贸易规则面临的最严峻的挑战就是其薄弱的约束力，进而导致这些规则对成员国而言并没有多大的权威性，也是无法发挥法制固有的稳定性与可预见性的优势的。实际上，国际农业贸易的自由化是为了普遍利益，因为能够更好的配置世界资源而增加全球的利益，包括做出特定贸易“减让”国家的利益。

---

① 谢建民．坎昆农业谈判为何受挫［J］．WTO 经济导刊，2004（4）：89.

② 袁建军．论 WTO 体制下的保障措施和特殊保障措施［J］．商业时代，2008（23）：30.

③ 刘瑛华．多哈回合的困境与中国的现实选择［J］．沈阳师范大学学报：社会科学版，2009（3）：18.

遵守多边贸易法纪的义务规则通常会实现全世界的福利增长，在国家间经济上相互依赖不断增加的趋势下，一个成员违反多边贸易法纪义务很有可能直接或间接地影响到许多其他成员的经济利益，有时是所有 WTO 成员的经济利益。①

因此，接下来的谈判任务就是达成一些准则和其他形式的国家之间的承诺，建立一个公平的、以市场为导向的农业多边贸易体制，该方案包括强制性规则和有关政府支持和农业保护的具体承诺。即使为了兼顾各缔约方的眼前急迫利益，在法定限度内允许的保障性限制，也要求尽力做到运行透明，公平合理，定期报告，受到监督。通过这种方式，世界农业市场的限制和扭曲可以规范和制止。在具体实施上，一方面要敦促发达国家严格落实和遵守已经通过的多边贸易规则，主要是各国所具体承诺的义务和减让；另一方面，要给予发展中国家成员方资金援助，以帮助发展中国家切实履行各项农业贸易国际协议，进一步增强农业多边贸易体制的民主性和公平性。

（三）维护发展中国家的农业政策自主权

随着国际农业贸易市场中发达国家主导的针对的发展中国家的农业歧视政策的弊端不断显现，发展中国家的农业发展和粮食安全压力日益严峻的情况下，越来越多的发展中国家试图调整其农业政策，在此情形下，维护本国农业经济和政策自主权、主动权就显得尤为重要。在国际农产品贸易市场的激烈竞争中，发展中国家与发达国家实力悬殊，并非站在同一起跑线上，广大发展中国家积贫积弱，农业发展还比较落后，而发达国家农业经济发达，对本国农业和农民一直采用过度保护和高额补贴政策，在这样失衡的状态下，用统一的市场开放和自由贸易标准去规制发达国家和发展中国家两方的农业政策不但不现实，而且也有违公平原则。在实践中，不同的发展中国家往往根据本国的实际情况和现实需要，采取不同的农业政策，例如选择贸易自由主义政策或者是贸易保护主义政策。无论作何种政策选择，发展中国家都希望掌握本国的农业经济和政策的自主权，使本国农业政策尽可能不受外界的干预和制约。

（四）发达国家农产品市场的进一步开放

许多发展中国家一个重要的外汇收入来源就是大量出口农产品，而发展中国家 60% 以上的农产品出口流向发达国家，因此发达国家农产品市场的进一步开放对发展中国家的整体农业利益无疑是至关重要的。然而，在现实

① ［比］约斯特·鲍威林著，周忠海、周丽瑛等译．国际公法规则之冲突——WTO 法与其他国际法规则如何联系［M］．北京：法律出版社 2005：93-94.

情况中，发达国家往往设置严格的市场准入条件和标准，这已成为阻碍发展中国家农产品出口扩大的重要因素。因此，发达国家应当进一步降低农产品关税，取消非关税壁垒，并取消关税高峰和关税升级现象，为发展中国家创造良好的农产品出口环境，维护国际农业贸易秩序正常有序发展。

（五）应当有效制止发达国家扭曲贸易的农业补贴行为

国际农产品贸易扭曲的主要根源就是发达国家实施的高额农业补贴行为，巨额的国内农业支持引起国内农产品产量严重过剩，而为处理剩余农产品所提供的出口补贴又使国际农产品价格不断降低。这种因政策形成的不公平竞争优势使发达国家占据了世界农产品出口市场的主要份额，众多发展中国家不但农产品出口遭到排挤，而且国内农业生产也面临廉价进口产品的冲击。① 为了维护发展中国家的农产品出口利益、粮食安全和国际农业贸易秩序的正常发展，必须采取切实有效的措施来限制或制止发达国家扭曲贸易的农业补贴行为。

第四节　WTO 农产品特殊保障机制（SSM）谈判的发展趋势与前景

一、WTO 框架下世界农产品贸易自由化趋势的进一步加大

WTO《农业协议》的达成使得非关税措施关税化、关税大幅度削减、出口补贴受到削减和限制，关税配额等政策的实施使得农产品的市场准入程度提高，这是人类有史以来首次在全球范围内大幅度地推进了农产品贸易的自由化。从多哈回合农业谈判目前所达成的意向来看，农产品进口关税以及“黄箱”政策措施将会进一步大幅度削减，关税配额可能提高并且配额内关税会降低，农产品出口补贴将在逐年削减以后被取消，加之自由贸易区的扩大，农产品贸易将会进一步趋向自由化。② 其主要发展趋势将主要表现为双边、区域和全球农业贸易自由化三个层面。

（一）双边农产品贸易自由化趋势

广大发展中国家，尤其是那些粮食短缺国和粮食净进口国，面对全球农

① 龚宇.WTO 农产品贸易法律制度研究［M］.厦门：厦门大学出版社，2005：248-250.

② 李秉龙，乔娟，王可山.WTO 规则下中外农业政策比较研究［M］.北京：中国农业出版社，2006：178.

产品贸易自由化的不断冲击，国际农产品市场价格的不断上涨以及发达国家要求发展中国家不断开放农产品市场的压力，很可能会出现由于进口用汇增加而出现支付难的困境。在世界贸易体制规则不能有效解决发展中国家特殊差别待遇问题的情况下，发展中国家往往自谋出路，与农产品出口国开展双边自由化贸易。双边贸易的一个显著优势就是农产品进口国和出口国在共同协商的基础上，双方除了规定一系列的互利互惠措施以外，还可以自主签订双边支付协定和换货协定，可以采取记账冲抵而非现汇支付的方式进行交易，大大解决了发展中国家资金不足的难题，因此，这种双边贸易方式受到了大多数发展中国家的推崇。

（二）区域农产品贸易自由化趋势

在WTO多边贸易体制之下，由于成员国众多，达成一致协议难度较大，因此，为进一步加强农业贸易合作，以区域为核心的农产品贸易自由化趋势不断加强。区域集团内部成员为谋求地区经济合作和发展，往往在区域间制定一个贸易环境宽松和自由的合作框架，这样大大减少了各国间农业贸易交易的成本，提高了效率，也能在很大程度上更好地解决各国农业的发展和粮食安全的问题。欧盟、北美自由贸易区等区域组织所采取的积极的区域农业贸易政策正逐步成为其地区效仿的蓝本。尽管区域自由贸易的发展对多边贸易体制具有一定的冲击力，但可以预见的是，区域农产品贸易自由化在相当长的一段时期内，将会成为国际农产品贸易的一种主流趋势。

（三）全球农产品贸易自由化趋势

由于《农业协议》的实施，世界农产品市场被充分激活，使发达国家的农产品在强大的国内支持和出口竞争措施的帮助下，获得了更多的市场准入机会，使其受益匪浅。另外，世界市场的农产品价格也会由于《农业协议》所发动的改革计划而上涨，这将大大有利于发展中国家的农产品出口，改善发展中国家农产品的贸易现状。因此，无论是发达国家还是发展中国家、农产品进口国还是出口国都需要加强与其他国家的竞争与合作，以实现互利共赢的局面。

在全球农业贸易自由化的大趋势下，无论是双边、多边、区域还是整个国际市场的自由化，都有着辩证统一的关系，比如，近些年来，由于世贸组织多哈回合引领的多边贸易谈判进程缓慢，农产品全球贸易自由化受阻，越来越多的国家被迫诉求于新的选择，双边贸易协议及区域贸易协议不断增多。尽管双边自由化和区域自由化有其存在的客观条件，但在《农业协议》及今后各成员国后续谈判的努力下，它们最终将融入全球贸易自由化的潮流之中。① 但在农产品贸易自由化程度提高的同时，非关税贸易壁垒将会变得更加隐蔽和森严。农产品特别是农产食品事关人类的身体健康，在生活水平、科技水平，特别是在农产品污染加剧的情况下，提高农产品贸易的技术性关税壁垒具有必然性。这些技术性关税壁垒在保护人类、动植物以及生态安全的同时，如果以此为借口，任意提高其技术性标准，当然也会妨碍农产品贸易的自由化。

二、农产品特殊保障机制（SSM）下农产品贸易利益的进一步分化

谈判议题较多，涉及范围广泛，内容较敏感是整个新一轮农业贸易谈判的显著特点。发达国家成员方和发展中国家成员方一方面积极主张全球农业市场和农产品贸易的自由化，另一方面也时刻以各国国内的政治经济利益为谈判的基点和政策出发点。由于WTO成员方之间的农业发展水平呈不均衡状态，同时各成员方在不同类型农产品的竞争上具有不同的优势力，而这些因素又往往是各国做出贸易政策的主要依据，因此，在农产品贸易谈判中，充分反映了这些差异与不均衡性。不同的农业发展水平和经济政治背景导致了不同的利益取向，各成员方为了维护自身利益，往往会随时调整谈判策略和意向，当这些意向发生较大分歧时，为了能够顺利完成谈判，就必须要求相关成员方在民主原则的基础上做出让步和妥协，这时主导谈判进程的成员方就对谈判结果的达成具有绝对的主动权和控制力。李秉龙等学者认为："对那些谈判中的弱势群体往往选择与自身主张相同或相近的成员联合起来，结成各种利益集团来增强他们的谈判影响力，以提升自己的谈判地位。因此，随着新一轮农业谈判的推进以及各成员谈判意向分歧的加大，谈判中表现出明显的集团化趋向，可见利益集团是谈判进入实质性阶段时必然出现的一种谈判格局。"② 从谈判伊始，发展中国家与发达国家形成的两大利益集团就一直是最基本的博弈主体。而在世贸组织中发展中成员仍占大多数，而且数量不断增多，随着发展中成员经济实力的不断增强，对整个国际农业贸易的影响力也不断提高，进而在国际农业贸易谈判中的地位和筹码也不断增加，不断改变着以前发达国家主导整个谈判进程的局面。而实力雄厚的发达国家成员方仍然保持着居高临下的态势，往往只从自身利益出发主导谈判

① 盛仁智．世界农产品贸易自由化与中国的对策分析［D］．吉林大学硕士学位论文，，2006：12-13．

② 李秉龙，乔娟，王可山．WTO规则下中外农业政策比较研究［M］．北京：中国农业出版社，2006：62-63．

议题和内容，忽视发展中国家整体利益，因此遭到了广大发展中国家的联合抵制。

发达国家阵营分化出两大利益集团，一个是以美国、凯恩斯集团为代表的群体，另一个是以欧盟、日本、挪威、瑞士等成员组成的群体。发展中国家阵营也分化出几大群体："由中国、印度、巴西组成的20国集团（G20）；由非洲、加勒比和太平洋地区、非洲联盟等组成的77国集团（G77）；由洪都拉斯、肯尼亚、多米尼加等33国组成的联盟（G33）等。"① 随着多哈回合谈判进程和议题的能不断变化，发达国家阵营内部、发展中国家阵营内部也在不断发生着分化和组合。新一轮农业贸易谈判中利益博弈格局的复杂化、多样化、变动化是世界经济发展的必然结果，但在很大程度也加大了谈判中利益协调的难度，谈判达成结果的可能性也比较小，特别是在诸如农产品特殊保障机制等敏感议题谈判方面表现尤为明显。

三、农业议题与其他议题的挂钩

鉴于WTO协定一揽子通过的谈判模式，只有当所有方面都达成相关协定之后，具体到每个领域的谈判成果才有意义。这也就是WTO著名的谈判模式"nothing is agreed until everything is agreed"。② 因此，为了达成协议，多边贸易谈判中会出现议题挂钩的现象。议题挂钩可以在多边贸易谈判中起到两个作用：第一，它可以用于获得互惠性，即满足了分配上的限制而达到利益或减让的平衡；第二，挂钩可以用于提高由贸易获得的潜在获利，从而成为一种有效的手段。在多边贸易谈判的初始阶段，出现议题的妥协只是为获得一个平衡的谈判议程，只有在多边贸易谈判的最后阶段，各成员方对各议题的立场已表达清楚，为达成整个协议而进行挂钩的必要性才显现出来。在这些情况下，挂钩关注的是获得看得见的利益和减让的平衡，而不在于增加潜在的共同利益。③ 在多哈回合谈判中，农业议题可选择与以下相关议题挂钩，通过在所选议题范围内的合作获得发达国家成员方和发展中国家成员方足够的相互利益。

---

① 刘瑛华．多哈回合的困境与中国的现实选择［J］．沈阳师范大学学报：社会科学版，2009（3）：16.

② 王传丽等．WTO农业协定与农产品贸易规则［M］．北京：北京大学出版社，2009：535.

③ 薛荣久，樊瑛．WTO多哈回合与中国［M］．北京：对外经济贸易大学出版社，2004：420-421.

（一）农业的多功能性与非贸易关注议题

非贸易关注问题是指那些虽然不符合世界贸易组织自由化的基本原则、但却涉及个人、国家或整个世界的多方面社会福利的问题。有学者指出："从广义上来看，非贸易关注问题包括两方面，一是指纯粹的农产品自由贸易无法体现和实现农业生产的全部价值，从而导致贸易某一方利益的损失和减少的问题；二是指开展农产品贸易可能引起和影响到的问题，如动植物产品贸易可能引致的动植物和人类卫生以及食品安全问题。第二个问题涉及的内容已在WTO《实施卫生和与植物卫生措施协议》（SPS）和《技术性贸易壁垒协议》（TBT）得到了考虑，而前者的问题对WTO现有协议和规则而言还是空白点，没有得到足够的关注和考虑，当前农业谈判中讨论的非贸易关注主要是这一内容。"①

《农业协定》明确提出贸易自由化改革"要考虑非贸易关注，包括粮食安全和保护环境的需要"；WTO《多哈宣言》也进一步表示："已注意到成员提交的谈判提案所反映的非贸易关注问题，确认谈判将根据《农业协定》的规定考虑非贸易关注"；2004年7月WTO达成的《农业谈判框架协议》再次重申："非贸易关注问题将在谈判中得以考虑。"非贸易关注使农业补贴支持措施具有了存在的合理性，而且在很大程度上左右着新一轮农业谈判的走向和改革力度。② 各成员方逐渐重视并强调非贸易关注议题，并非完全以改善社会福利、发展农业经济为目的，更重要的是可以把非贸易关注问题作为农业保护又一个冠冕堂皇的借口。欧盟提出："农业是农村的基础，是世界上许多国家的主要经济活动，农业的变迁会对发展中成员的社会和政治稳定产生严重影响；农业在农村发展，特别是土地利用方面发挥着重要作用；农业对农村发展的最主要的作用是提供就业、商业以及环境服务机会；农村发展的目标不能仅仅通过市场作用来实现，应当利用农业的作用实现农村地区的可持续发展；在农业改革方面，WTO规则应当允许成员在促进农村发展，特别是保持社会和政治稳定方面保持足够的灵活性。"③ 日本主要强调农业在保障粮食安全，实现国家宏观战略，防治洪水，净化空气水源，保护和改善环境，增强农村活力，继承传统文化，促进农村发展等方面的功

---

① 杨楠，倪洪兴. WTO农业谈判中的非贸易关注问题［J］. 中国农村经济，2005（10）：76.

② 杨楠，倪洪兴. WTO农业谈判中的非贸易关注问题［J］. 中国农村经济，2005（10）：76.

③ 王凯圆. WTO新一轮农业谈判主要议［J］. 世界农业，2002（7）：6.

能；欧盟着重于农业在环境保护，食品安全，农村发展，动物福利等方面的作用；发展中国家看重的则是农业在替代福利保障及经济缓冲上的作用；美国虽然承认解决非贸易关注问题的合理性，但提出非贸易关注与补贴、关税等贸易保护措施不存在必然联系，应该采取不扭曲贸易的方式来解决非贸易关注问题。① 非贸易关注问题的提出很可能成为接下来农产品贸易自由化进程中又一阻碍性因素。

可以预见，在环境保护日益成为 WTO 新关注焦点的背景下，非贸易关注和农业多功能的重要性将会成为 WTO 新一轮农业谈判中的焦点问题之一。在新一轮农业谈判中，应要求发达国家成员方给予发展中国家成员特殊的、切实可行的、有效的政策选择，特别是特殊产品（SP）和特殊保障机制（SSM）待遇，允许其采用必要的国内支持措施和边境措施来实现非贸易关注和农业多功能性目标。

（二）竞争政策议题

WTO 成立之后，在 1996 年新加坡第二届部长会议上通过的宣言第 20 条要求，“建立一个工作组，研究成员提出的有关贸易与竞争政策相互作用的问题，包括反竞争行为，以便确认值得在 WTO 框架内进一步考虑的领域”。据此，WTO“贸易与竞争政策相互作用工作组”成立并开展工作。经过多年努力，多哈部长会议决定将贸易与竞争政策关系作为新一轮多边谈判的议题，如果新一轮谈判取得成功，WTO 体制将正式建立全球性的竞争规则。

但是，由于竞争政策直接涉及各成员国贸易管理中的最基本利益，因此，各成员对此议题比较谨慎，各自持有不同观点。张幼文学者认为，各利益集团的观点主要包括：“（1）欧盟：倡导建立多边贸易规则。欧盟对竞争政策议题持非常积极的态度，主张在 WTO 框架内建立一套规范各成员竞争法及其执行方式的核心原则，最终形成一项多边竞争协议。同时，欧盟强调，必须考虑发展中成员的利益。但是，欧盟坚持反对赋予 WTO 调查和处理反竞争行为的权力，主张 WTO 应关注与国际贸易有关的跨国性反竞争行为，而不管各成员国内的反竞争行为，也不阻碍 WTO 成员运用更先进的竞争规则。（2）美国：反对讨论反倾销问题。美国最早在 WTO 中提出竞争政策问题是希望以此扩大其市场准入。由于日本和许多发展中成员倾向于将竞争政策议题谈判的重点限定于反倾销问题，而美国自身又是最习惯使用反倾

---

① 刘洋．论农产品贸易自由化与 WTO 协调机制的局限性［D］．吉林大学硕士学位论文，2003：13.

销措施的国家，因此美国对此议题的关心程度大为下降。多哈会议期间，美国强烈反对讨论反倾销问题，坚持认为反倾销与竞争政策无关，不属于竞争政策议题的谈判范围。（3）日本：主张建立多边竞争规则。尽管日本属于发达国家，却也同许多发展中成员一样深受反倾销等进口保护措施之害，因此，它极为主张将竞争政策议题谈判的重点放在反倾销问题上，提出应该建立行之有效的多边竞争规则来限制此类现象。（4）韩国、加拿大、澳大利亚：支持建立多边竞争规则。韩国认为，在竞争政策的双边、区域及多边三种合作方式中，多边合作方式是最佳的，因而主张在 WTO 框架内建立一套全球统一的多边竞争规则。同时强调，建议多边竞争规则时必须考虑到发展中成员的特殊需要。加拿大也支持建立全球统一的竞争规则，但认为应以渐进、小步的方式进行。澳大利亚对建立多边竞争规则表示支持，并就未来的多边竞争规则应包含的要素提出了建议。（5）多数发展中成员：持观望态度。虽然制定多边竞争规则可以给发展中成员带来一定好处，但是发展中成员因缺乏竞争法执法经验，甚至尚未立法，或因考虑到本国经济、政治、社会发展的需要，对多边竞争规则顾虑重重。"①

（三）贸易便利化议题

贸易便利化是指，"简化和协调货物在国际贸易各项活动中所涉及的各种程序。贸易便利化的主要目标在于减少国际商贸活动中的交易成本，降低交易的复杂性，改善一国的贸易环境，同时使政府的管制措施更为有效。旨在为国际贸易活动创造一种协调、透明和可预见的环境。以国际公认的标准和惯例为基础，设计各种手续和程序的简化，基础设施和设备的标准化，以及改进对各种适用法律和规定的协调"。② 由于快速获取他国进出口信息和减少市场进入的繁琐程序等便利贸易措施会为贸易商带来巨大的经济利益，因而贸易便利化一直是世界各国所追求的目标。

学者李金认为："迄今为止，WTO 尚无专门有关贸易便利化的协议和协定，相关的条款只是分散在《海关估价协定》、《进出口许可协定》、《装船前检验协定》、《技术性贸易壁垒协定》、《实施动植物卫生检疫措施协定》和《与贸易有关的知识产权协定》等协定中。WTO 对贸易便利化的全面考虑和专门分析始于 1996 年新加坡部长会议。1997 年 1 月，货物贸易理事会

① 张幼文等．多哈发展议程：议题与对策［M］．上海：上海人民出版社，2004：83-86.

② 张立莉．WTO 框架下贸易便利化问题研究［J］．云南财经大学学报：社会科学版，2009（4）：46.

经由新加坡部长会议授权，开始将贸易便利化问题列入工作日程，就简化和协调贸易程序的问题进行分析和研究。货物贸易理事会在 1998 年 3 月举行首次贸易便利化研讨会后多次举行研讨会，专门就贸易便利化问题进行磋商。2004 年，WTO 总理事会通过的‘7 月一揽子’草案，使‘新加坡议题’中的贸易便利化硕果仅存。10 月 12 日，贸易便利化谈判组正式设立，该议题谈判由此进入实质性阶段。其实，WTO 对贸易便利化议题的谈判已经酝酿许久，一直都没有取得实质性的进展。启动新一轮的多边贸易谈判，即多哈回合谈判后，各成员最终将贸易便利化作为‘新加坡议题’中的唯一议题纳入‘多哈发展议程’谈判达成了共识。也正是在贸易便利化议题上，发达国家成员的态度相当的积极，而发展中国家成员却持谨慎性的态度，虽然该议题不是导致本回合搁浅的直接导火索，多哈发展回合在贸易便利化议题上也走了不少的弯路，最后与成功失之交臂。”①

全球普遍关注的贸易便利化议题是需要尽早解决的问题，贸易便利化议题在下一轮农业贸易谈判中作为一个单独的议题进行谈判将成定局。

（四）特殊与差别待遇议题

随着 WTO 成员的增加，发展中国家也期待着扮演较重要的角色，因此，多边贸易体制应如何处理发展中国家的特殊需求及问题，并帮助其从国际贸易中获益，属于重要的课题。多哈会议上，发展中成员一致要求将特殊和差别待遇列为谈判议题，其将解决的问题包括：一般问题、以一般问题为框架的特殊问题、关于承诺、行动以及政策工具运用灵活性的问题、关于过渡期的问题以及关于技术援助条款的问题。

就特殊与差别待遇议题而言，发达国家成员方和发展中国家成员方持不同的立场。美国认为，现行的特殊和差别待遇已经基本能满足发展中成员的经济发展需要，发展中成员应把注意力集中在充分挖掘现有条款的潜力，而不是要求新的更多的优惠待遇。欧盟认为现行的特殊和差别待遇在执行中确实遇到困难，支持发展中成员的合理要求，愿意就更有效的操作问题展开深入讨论，并建议把特殊和差别待遇的讨论从目前已进行的农业和服务业延伸到各谈判领域中去。发展中成员的态度则比较一致，都希望在最大限度的范围内得到更优惠的待遇。

在新一轮农业贸易谈判中特殊与差别待遇议题的前景问题上，发展中国家内部意见极不统一，较发达的发展中成员认识到要取得发达成员的非互惠

---

① 李金．多哈回合贸易便利化议题：回顾、成员立场分析与谈判前景［J］．世界贸易组织动态与研究，2009（8）：1.

待遇越来越困难，他们一方面不放弃对新的特殊和差别待遇的要求，另一方面希望通过经济因素而不是优惠待遇来展开国际竞争，也对其他发展中成员施加压力，以保证自身的出口竞争力。其他发展中成员则认为要保证贸易的公平性，经济条件好的国家应该多承担责任。另一方面，发达成员不愿在旧议题上多做优惠让步，希望维持原来乌拉圭回合的结果，保持目前对特殊和优惠待遇的模糊规定。至于新议题，则根据实际情况给予技术援助和部分优惠待遇。谈判可能取得的成果是：在特殊和差别待遇中，最不发达国家享有的优惠将进一步加深，范围也将进一步扩大，从而成为最大受益者。① 总体而言，新一轮谈判中很可能在此议题上达成共识，形成逐个协议的特殊和差别待遇框架，但形成一个框架性的多边协议可能遇到困难。

四、新一轮农业贸易谈判 SSM 议题的前景

农业谈判是 WTO 新一轮多哈回合谈判的核心，它的结果将直接关系到多哈回合的成败。在《农业协议》的实施期即将完全结束的情况下，一旦农业谈判失败，世界农产品贸易将重新回到乌拉圭回合前的无序状态之下，前期各国削减补贴、降低关税、取消非关税壁垒等自由化的努力也将面临前功尽弃的危险。而且这将是一个极坏的榜样，可能对其他分歧严重的谈判领域产生示范效应，从而导致整个多哈回合谈判全盘失败，继而使半个世纪以来取得的全球贸易自由化成果化为乌有，以致威胁到世界贸易组织的合法性。这样的后果是任何国家都无法想象和难以承受的。另外，从国家利益分析，发达国家尤其是美国是农产品贸易自由化的最大受益者。《农业协议》的实施，打开了世界农产品市场的大门，使发达国家的农产品在强大的国内支持和出口竞争措施的帮助下，获得了更多的市场准入机会。②

农业特殊保障机制（SSM）议题在新一轮农业贸易谈判中是作为发展中国家特殊与差别待遇的一部分内容来展开谈判的，也是发展中国家与发达国家之间存在争议较多的问题之一。正如有学者认为：“发展中成员担心突然出现的农产品进口对其国内农业造成巨大冲击。发达成员则担心发展中成员可能通过特殊保障机制，将特殊产品的现有关税水平大大提高，要求对特殊保障机制的实施加以限制。重启该谈判的难点主要在于农产品贸易，即涉及

---

① 薛荣久，樊瑛．WTO 多哈回合与中国［M］．北京：对外经济贸易大学出版社，2004：40-41．

② 刘洋．论农产品贸易自由化与 WTO 协调机制的局限性［D］．吉林大学硕士学位论文，2003：25-26．

农产品的各种出口补贴、削减对农产品生产的国内支持以及市场准入等 3 个问题。此外，谈判的难点还包括如何对待以前多哈回合谈判的成果问题。有的谈判代表认为，当前的经济环境和谈判条件都已发生变化，以前谈判达成的协议需要修改，甚至重新谈判。再有，对于如何完善贸易救济措施，以便更加有效地制约滥用贸易救济措施和贸易保护主义，也将是谈判的一个新难点。此轮谈判能否达成最终协议、结束多哈回合谈判，关键仍在美国，其僵硬的谈判立场一度使谈判久拖不决。不过，由于美国经济走出危机困局离不开多边贸易体制，世界各国期盼发挥世贸组织的功能、促进世界经济复苏的诉求空前强烈，谈判成功的可能性大增。多哈谈判陷入僵局的直接原因是美国不愿意在农产品的特殊保障机制上对发展中国家作出让步。同时，金融危机也使得发达国家对于多边谈判提出更高的期望。譬如，欧美国家一定要提高和坚持在非农领域以及服务部门中的要价水平，从而加深了发达国家与发展中国家之间的分歧，增加了协调难度。但是，我们也看到一些积极的变化。在金融危机冲击下，越来越多的人认识到，多哈回合谈判的尽快结束是对世界经济恢复的最好刺激，也是遏制贸易保护主义的一剂良药。随着世界经济出现企稳迹象，推动新一轮谈判完成的政治意愿正在通过各种多边渠道得到加强。"① 农业作为战略产业，事关国计民生和国家安全，推动这样一个产业贸易自由化，制定可执行性较高协议的难度无疑很大。能否考虑各国的利益，体现利益平等原则是制定可执行性较高协议的关键所在。

① "艰难中行进的多哈回合谈判" ［EB/OL］. http：//world. gansudaily. com. cn/system/2009/09/16/011272801_ 01. shtml，2010-4-6.

第六章　中国与农产品特殊保障机制

第一节　中国《入世议定书》对农产品贸易的承诺及履行

中国自2001年加入世界贸易组织以来，对入世承诺书的承诺履行的态度积极主动，在农产品贸易方面加大开放的程度，农业对外贸易10年来呈现快速增长的局势。我国农业政策也随着入世承诺的履行进行转变，以最大限度适应WTO的要求。中国对农产品入世承诺的履行表现在关税减让、关税配额、出口补贴和国内支持以及法律法规的修订方面，充分体现中国在WTO中作为农业大国的姿态。

一、"入世"以来中国农产品贸易的发展

（一）"入世"以来我国农产品贸易的发展趋势

伴随着农业政策的不断发展演变，我国农产品贸易随之发展并取得了巨大成绩。"农业对外开放取得了举世瞩目的成就，农产品贸易规模不断扩大，贸易总额由1978年的61亿美元发展到2007年的781亿美元，增长11.8倍。中国已成为世界第四大农产品贸易国。"① 我国农产品贸易在保持国民经济平稳较快发展、调剂国内市场盈余短缺、保证农产品的市场供给、充分协调利用国际国内两大资源市场、促进农业增产农民增收、推动农业战略性结构调整发挥了不可替代的作用。

在经历了改革开放之后的我国农产品贸易的增长、波动阶段后，入世至今，我国农产品贸易整体呈现出繁荣局面，我国入世之后的改革开放和对外开放局势也进入了全新的开拓阶段。农产品贸易总额越居世界前列，农产品贸易繁荣活跃，持续快速增长，并且在促进我国农民就业增收方面的推进作用、在满足国内农产品需求方面都日益显著，国际农产品市场通过农业对外

---

① 牛盾．中国农产品贸易发展三十年［EB/OL］，http：//www.cicos.agri.gov.cn/Html/2009_01_20/2353_2503_2009_01_20_2673.html，2010-3-17.

贸易对我国内农产品贸易的影响持续深入。

（二）中国农产品贸易的现状

我国农产品贸易情况可以通过农业部的报告看出，“我国农业对外开放取得长足进展，逐步形成了全方位、多层次、宽领域的农业对外开放格局。我国已与140多个国家及主要国际涉农组织和机构建立了长期稳定的合作关系……我国已成为世界农产品第四大进口国和第五大出口国”①。然而，随着2008年下半年的国际金融危机的影响加深，农产品的国际市场频繁波动，气候变化的负面影响等，都给全球农产品贸易和农业发展带来沉重打击。我国政府在农业、农村和农民问题上的政策立场十分坚定，保证了农业经济和农村社会发展的稳定，保障了农民的经济利益和农业收入。2009年，我国农产品继续呈现贸易逆差趋势，② 谷物、棉花、食糖、油籽、蔬菜、水果、畜产品和水产品的相关数据都显示出了这一趋势。

我国自加入WTO以来农产品贸易尽管呈现逆差趋势，但出口总体上的规模在不断扩大。我国农产品出口竞争力不断增强，我国的世界农产品出口大国的地位在不断提高。“从出口总额看，我国农产品出口总额从1990年初期的100.6亿美元增长到2008年的401.9亿美元，增长了299.5%，在全球农产品出口总量中的比重由1990年的2.4%上升为2007年的3.4%，跃居世界农产品出口第五位。”③ 在农产品出口结构方面，“土地密集型农产品的比较优势基本丧失，贸易逆差仍在扩大，基本处于净进口状态。其中，粮食出口比重仅有三个年份超过10%，更多年份只有5%左右”。④ 随着入世农产品贸易的发展，我国农产品出口贸易的结构中的主导产品逐渐发展为劳动密集型农产品，包括水果、蔬菜、畜产品、水产品等，特别是2007年后园艺产品出口额超过传统的水产品，跃居为第一位，占农产品出口总额的

---

① 坚持走中国特色农业现代化道路——农业部部长孙政才答本报记者问［EB/OL］，http://www.agri.gov.cn/jjps/t20080815_1105204.htm，2010-3-17.

② 2009年，我国农产品进出口总额为921.3亿美元，同比下降7.1%。其中，出口395.9亿美元，同比下降2.3%；进口525.5亿美元，同比下降10.4%。贸易逆差为129.6亿美元，同比下降28.6%，连续六年呈逆差走势。2009年1—12月我国农产品进出口情况［EB/OL］，http://www.agri.gov.cn/xxfb/t20100125_1422344.htm，2010-3-17.

③ 董银果．世界三类猪肉进口市场的SPS措施分析［J］．华中农业大学学报：社会科学版，2007（1）：41-45.

④ 韩一军．中国农产品贸易发展分析［J］．世界农业，2008（6）：41-43.

27%以上。① 从农产品贸易出口的地区分布看，我国农产品贸易仍以东部为主，中西部地区出口额均有较大增长，但所占份额仍很少。其中，“2007 年东部地区出口农产品占到了全国农产品出口总额的 76.7%；而中西部地区仅占 23.3%。尤其是山东省，农产品出口额始终排在我国农产品出口产地的第一位，仅 2006 年农产品出口额增长幅度就达到 17.3%，超过全国平均增幅，呈现出增长强劲的势头。其次是广东、浙江、辽宁、福建，这五个省份农产品出口占全国农产品出口总量的 60%”。② 从出口市场的地区来看，近年来我国农产品出口市场主要集中在了亚洲、欧洲和北美洲，且发展了一批新兴市场。“在出口国家和地区排名中，日本始终是我国农产品出口的最大贸易伙伴，占我国农产品出口总量的 30%左右，美国、香港、韩国、德国成为我国农产品的其他四大出口市场，这五大出口市场占我国农产品出口总量的 60%。”③ 我国农产品除了以上的地区外，据统计，“2001—2005 年对巴基斯坦出口增长了 464.8%，对阿联酋出口增长了 225.6%，对尼日利亚出口增长了 183.5%，对南非出口增长了 136.1%，对乌克兰出口增长了 772.2%，对俄罗斯出口增长了 195.9%，对墨西哥出口增长了 479.1%，对波多黎各出口增长了 339.8%等”。④ 向许多发展中国家等加大了出口力度。

（三）中国农产品贸易的特征

我国农产品贸易的产品种类主要集中在谷物、油籽、蔬果、畜水产品和纺织纤维类这五大类上。

在我国农产品进口方面：一是谷物及其制品进口份额大幅下降，“从 90 年代初的 27%迅速下降到 5.31%；二是油籽及油料果实进口份额迅速扩大，我国这类产品的国内生产增长无法满足中国经济增长对该农产品需求量的迅速扩大”⑤，其进口量逐年增加。

在我国农产品出口方面：一是中国水产品和水果蔬菜成为重要的出口农

---

① 夏显力，吴雪丽．加入 WTO 以来我国农产品出口贸易变动的研究［J］．华中农业大学学报：社会科学版，2010（1）：40-44.

② 黄祖辉，王鑫鑫，宋海英．中国农产品出口贸易结构和变化趋势［J］．农业技术经济，2009（1）：11-20.

③ 黄祖辉，王鑫鑫，宋海英．中国农产品出口贸易结构和变化趋势［J］．农业技术经济，2009（1）：11-20.

④ 林毅夫．中国农业在要素市场交换受到禁止下的技术选择［C］//林毅夫．制度、技术与中国农业发展．上海：上海人民出版社，1994：171-196.

⑤ 谭晶荣，温玉萍，王真千：农产品贸易比较研究［M］，北京：中国农业出版社，2009：30.

产品，远高出其他农产品出口的增长速度，均占到中国出口农产品总额的1/4以上；二是谷物及其制品出口份额逐步下降达到出口农产品总额的1/10；三是肉及肉制品的出口份额基本稳定；四是传统农产品食糖及蜂蜜以及纺织纤维的出口额均下降。①

根据我国农产品贸易的进出口情况，以及受国际农产品贸易的影响，我国农产品贸易呈现以下特征：一是贸易规模逐年增大，贸易总额快速增长。不过贸易逆差逐渐成为常态，进口增速较之出口增速逐年扩大，并继续保持这一趋势。二是重点农产品成为农产品贸易结构中的主要增长点。除了上述五种类别进口量猛增外，园艺产品、海产品等需要大量集中劳动力的农产品出口量稳步增长；但最值得注意的是粮食类农产品波动较大。三是农产品贸易区域逐步形成梯度格局。我国东部地区是农产品贸易较为集中的地区，其农产品的进出口额分别占到全国的约九成以上和七成以上；同时沿边地区和中西部地区农产品贸易增长速度相对更快。四是农产品贸易主体逐步多元化。农产品贸易的主力逐步转向外资和民营企业两大主体，特别是民营企业将国有企业的农产品贸易市场份额逐步取代。五是农产品贸易的国际市场分布点较为集中。出口方面，日、美、韩是我国前三甲农产品出口国家，而亚洲是最大的区域性农产品出口市场。进口方面，美国、阿根廷和澳大利亚是前三甲的进口来源地，而美洲也成为最大进口市场，占总额一半以上，亚洲紧随其后占到了三成左右。

总之，中国作为发展中国家，又是农业大国，农产品贸易主要集中在农产品的出口方面，因此需要我们充分了解掌握其他贸易来往国，准确把握农产品贸易状况，特别是我国农产品的主要进口国的特保措施的规定，以及它们如何具体实施，确保我国在应对中做好积极充分的准备。

二、中国有关农产品贸易的入世承诺及相关政策转变

加入世贸组织后，我国农产品贸易的相关规则要与国际规则和惯例相一致，相协调，因此必须厘清我国关于农产品贸易的“入世”承诺的内容，对我国现行的农产品贸易的法律规定的制定和修改有重要的导向作用。

（一）中国关于农产品贸易的“入世”承诺

我国农产品贸易谈判在“入世”之后迎来了新的机遇和挑战，从之前的双边谈判模式转变为现在的多边谈判模式，我国的农产品贸易竞争直接进

① 分别为在出口总额中所占比例约为1.98%，1.31%和3.03%。谭晶荣，温玉萍，王真千：农产品贸易比较研究［M］．北京：中国农业出版社，2009：30.

入国际竞争层面。我国农业贸易、农产品生产、农业政策和农业法律法规都不同程度地受到 GATT 和 WTO 的农业相关规则的制约。我国在加入世界贸易组织时，依据 WTO《农业协议》的具体要求，作出了如下四方面的入世承诺：

第一，对农产品贸易市场准入方面的承诺。首先是关税减让的承诺，“我国承诺将对所有农产品的关税全面实施约束的上限，平均关税率由入世时的 21% 逐步降低到 2004 年的 17%”；① 其次是非关税措施的取消和转化；再次是对重大的农产品贸易实行关税配额制度进行管制。

第二，对农产品贸易国内支持方面的承诺。“首先承诺我国在基期中的综合支持量为零，我国用于整个农业的一般性支持和用于特定产品的支持均采用 8.5% 这一标准”；② 其次承诺同意把“发展中国家可免予减让的投资补贴和投入补贴”（《农业协议》第 6 条第 2 款规定）的计算方式进行转变，计算到第 6.4 款中，以促进农业和农村经济的发展。

第三，对农产品贸易出口竞争方面的承诺。包括其他成员国可针对我国农产品实施过渡性保障措施，我国农产品取消补贴出口的行为，其他成员国可以适用别国农产品价格在一定期限内对认为是倾销的损害进行计算。

第四，对农产品贸易卫生与动植物检验检疫措施方面的承诺。我国承诺：成为世贸组织成员后的一个月期间，向世贸组织通报我国全部的，关于卫生与动植物检疫措施方面的法律、法规和其他配套实施措施；在符合 WTO 相关规定的前提下，实施对进口农产品的检疫和质量检验的措施。

中国从 2001 年成为 WTO 成员之后，就必须严格履行在 WTO 体制下的我国所作出的以上承诺。随着我国的农产品贸易逐步纳入世贸组织体系中，纳入其法律框架下，我国的农业生产必然面临全球化的挑战。可以说我国农产品贸易进入了新的时代，我们应该充分借鉴其他成员国的农产品贸易法律法规的经验，积极调整我国农产品贸易的相关规定与 WTO《农业协议》和相关规则的规定向协调，建立健全农产品贸易的基本法律制度，增强农业政策对我国对外农产品贸易的支持力度和我国农产品的国际竞争力。

（二）入世以来中国农产品贸易相关政策的转变

立法的发展演进与现实的社会经济发展需要分不开，而农产品贸易立

---

① 陈亚平主编．WTO 与农产品贸易法律制度［M］．广州：华南理工大学出版社，2006：237.

② 陈亚平主编．WTO 与农产品贸易法律制度［M］．广州：华南理工大学出版社，2006：240.

法当然与农产品贸易的快速发展、农业贸易体制改革以及农业贸易政策分不开。在没有正式的法律文件颁布前，我国农产品贸易作为基本国策的对象，其立法最初以农产品贸易政策为主，农产品贸易政策主要经历了三阶段。

1979 年的改革开放政策开始到 1991 年，是农产品贸易的计划管理到逐步开放的阶段。改革开放政策实施之后，我国农产品贸易加快了对外贸易体制的改革步伐，从单一体制转向综合管理体制。在具体制度方面，进出口许可证制度被重新实行，外贸经营权审批制度新近成立，并积极鼓励出口；承包经营责任制逐步在外贸行业中实行，许多经济调控手段被用在了对外贸易方面，如价格、利率、退税以及出口信贷等，逐步形成了较为完善的外贸宏观调控体系。在农产品贸易政策方面，主要实行双重管理机制，即计划和市场两个经济管理体制相结合，使农产品贸易对我国的经济发展和出口创汇提供了重要支持。

1992 年到 2001 年期间，伴随我国加入世界贸易组织的谈判意愿，农产品贸易政策的发展主要以复关和入世推动作为重点，农产品贸易政策在这个阶段提高了开放发展要求。这个阶段的主要改革措施主要集中在汇率改革、减少进出口数量限制，取消承包制、开展新型外贸公司试点工作、健全出口退税制度、取消出口补贴等方面，通过这些措施，鼓励农产品对外贸易的主体多元化，增强出口企业国际竞争力，最重要是降低了关税幅度。

2001 年我国加入世贸组织后至今，是我国农产品贸易政策的全面开放阶段。受世贸组织的运行规则和国际惯例的影响，我国的外贸体制的法律规则必须与 WTO 规则相协调，因此进行了全面的改革。政策体制改革的主要措施有：根据“非歧视原则”、“自由贸易原则”和“公平竞争原则”的根本要求修改我国现有的与 WTO 规则不符的政策；加大私营外贸企业的发展力度，促进外贸主体多元化，鼓励和扶持中小企业的对外贸易活动；给外贸主管部门重新定位，将其领导功能逐步转变为服务功能；强化知识产权的关于外贸方面的保护，兴建公众信息服务系统。

相应的，我国在 2001 年“入世”后的农产品贸易政策的改革主要有以下五方面措施。第一，降低农产品关税，同时取消了进口许可限制、农产品数量限制等非关税措施；第二，对多种大宗农产品通过关税配额制度进行管理，增加非国有企业的配额量，在特殊农产品方面不采取关税配额制，如植物油；第三，所有农产品的出口补贴被取消，增加了对贸易无负面作用的国内支持政策的使用力度；第四，农产品贸易法制化工作加强，对农业法律法规展开修订和清理，废除了部分违背世贸组织规则的法规规章，完善了相关法律，增加了实施各项相关法律制度的透明度；第五，提高了农产品进口贸易的检验检疫科学水平，特别是提高了对动植物产品进口的检验检疫标准，加强了对我国农产品的产业保护和生物多样性安全的保障。

三、中国“入世”后有关农产品贸易承诺的履行

中国加入 WTO 后，关于农产品承诺的履行主要体现在关税减让，关税配额，国内支持和出口补贴，国内相关政策法规的修改适应，以及区域、双边的贸易和立法，关注其他国家相关立法方面。

（一）关税减让方面

中国“入世”的承诺，对一般农产品的进口采取单一的关税管理制度，撤销了与 WTO 规则不相符的非关税措施。中国大幅下调了几千种商品的进口关税，在近 10 年内，中国农产品的关税一降再降，平均关税从 2001 年的 23.2% 降至 2010 年的 15.2%。农产品中，“较为典型的如牛肉关税从 31.8% 降到 12%，苹果关税从 22% 降到 10%。土豆关税从 24% 降到 15%。中国农产品关税削减远远高于发达成员平均 36% 和发展中成员平均 24% 的水平”。① 按照我国加入世界贸易组织的降税承诺，“自 2010 年 1 月 1 日起，我国将进一步降低鲜草莓等 6 个税目商品的进口关税。由于降税涉及商品少、税率降幅小，对关税总水平影响不大，2010 年的关税总水平与 2009 年相同，仍为 9.8%。其中，农产品平均税率为 15.2%，工业品平均税率为 8.9%。经过此次降税，我国 2001 年加入世界贸易组织的降税承诺已经全部履行完毕”。② 目前，中国农产品的平均关税水平远低于日本和欧盟等发达国家水平，仅为世界农产品平均关税 62% 的 1/4，成为世界上农产品关税平均水平最低的国家之一。

（二）关税配额方面

“入世”后，中国根据承诺，对敏感商品采取了关税配额制，即对配额内的农产品进口实行低税率，对配额外进口实行该税率，并且对配额管理制度做了相应调整，在透明、可预测、统一、公平和非歧视的基础上进行关税配额管理，并完全采用了以市场为基础的关税配额分配程序，把一定比例配

---

① 陈泰锋．中国对外开放新进展：基于 WTO 承诺履行的视角分析［J］．国际经济合作．2008（5）：35-39.

② 2010 年关税总水平仍为 9.8%，农产品平均税率为 15.2% ［EB/OL］，http：//www. cnnsr. com. cn/jtym/cszx/20091216/20091216090129582042. shtml，2010-12-1.

额分配给了非政府制定的贸易部门甚至非国营贸易部门。① 从 2004 年起，中国对来自国外的小麦、水稻、玉米、棉花、糖料等全面开放了进出口经营权，这些农产品的进口配额数量均占到中国国内消费总量的 5% 以上，比世贸规则倡导的上限还高。“从 2005 年起，中国取消了羊毛和毛条的进口指定经营制度，并对外资开放农药、农膜的零售和批发业务，各种化肥进口关税配额数量已达到最高点。2006 年，中国取消了对豆油、棕榈油和菜籽油的关税配额管理，实行 9% 的单一关税管理。”② 化肥零售和批发业务也于 2007 年开放。2008 年，食糖进口关税配额量为 194.5 万吨，其中 70% 为国营贸易。③ 2008 年受全球经济危机的影响，国际粮食价格上涨，为保证中国粮食生产不受影响，中国政府加大了粮食进出口配额的控制政策。2009 年，根据《中华人民共和国政府与新西兰政府自由贸易协定》，“自新西兰进口羊毛、毛条国别关税配额量分别为 26250 吨和 473 吨”。④ 2010 年，“食糖进口关税配额量为 194.5 万吨．该数量与 2009 年相同，商务部网站公告并显示，享受低进口关税的上述配额中，70% 为国营贸易配额”。⑤ 中国于 2002 年颁布施行的《农产品进口关税配额管理暂行办法》在关税配额方面发挥了重要的作用。

（三）出口补贴和国内支持方面

到 2010 年为止，中国农业对外全面开放市场的各种壁垒也已经基本消除。中国自加入 WTO 起就取消了农产品出口补贴，中国已经成为农产品贸易开放程度最高的国家之一。

中国在《中华人民共和国加入世界贸易组织议定书》和《工作组报告》中，对农产品国内补贴方面作出的承诺，即中国不得对农产品维持或采取任何出口补贴。入世后，根据承诺，中国大量减少了扭曲贸易的国内补贴。“在世贸组织规定的‘黄箱政策’例外的‘微量补贴政策’支持总量上，中

---

① 张汉林主编．中国入世两周年评估报告［M］．北京：中国人民大学出版社，2004：74.

② 陈泰锋．中国对外开放新进展：基于 WTO 承诺履行的视角分析［J］．国际经济合作．2008（5）：35-39.

③ 2008 年食糖进口关税配额申请和分配细则［EB/OL］，http：//www.fdi.gov.cn/pub/FDI/zcfg/law_ ch_ info.jsp？docid=86037，2010-12-1.

④ 中华人民共和国商务部、中华人民共和国海关总署公告 2009 年第 98 号［EB/OL］，http：//money.163.com/09/1229/11/5RMSCA0500253B0H.html，2010-12-1.

⑤ 2010 年食糖进口关税配额 194.5 万吨，持平于 2009 年——商务部［EB/OL］，http：//cn.reuters.com/article/cnMktNews/idCNnCN093455020091013，2010-12-2.

国谈判结果为 8.5%。实际上，中国对农业的年补贴总量不超过 2%，还有很大的空间可以利用。"① 取消农产品出口补贴的承诺的履行已经成为中国备受世界赞扬的举措。

在国内支持方面，"入世"后，中国政府采取一系列措施扩大粮食安全储备支出，以及对农业环境和生态农业将设的支持等，对农民的税负改革加以大力支持，使农民税费负担继续大幅度下降。"三农"作为中国国民经济发展和国际贸易发展的基础，中国政府按照入世承诺，将农业方面的过渡性措施逐步取消。由于中国的小农经济模式成为农业经济现代化的掣肘，中国政府在"入世"后加大对农业现代科技、农村扶贫开发和农业产业化等的鼓励力度，还积极探索财政支农的多种方式，制定实施了"三减免三补贴"政策，农民从中得到了直接的收益。还有粮食风险基金和专项资金，目的是调动地方产粮大县的农业生产积极性，对产粮大县予以财力补助。通过实施粮食流通体制改革，实现农业生产的市场化、商品化和专业化。

（四）法律法规的修订方面

我国加入世贸组织后，积极开展了一系列的法律规定的改革工作，并积极参加多边贸易谈判，在 WTO 中发挥了重要的作用。关于农产品贸易方面我国虽然没有专门的法律规定，但为了使 WTO 规则在我国能够更加充分的顺利的适用，我国对农产品贸易的法律制度完善做了专门性的工作。

"2001 年 10 月颁布了《反倾销条例》、《反补贴条例》、《保障措施条例》；2002 年 4 月颁布实施了《无公害农产品管理办法》；2002 年 12 月修订颁布了新《农业法》；2004 年 7 月修订了《对外贸易法》，把实行了 50 多年的外贸审批制改为登记制，进一步开放了外贸权；2004 年 8 月修订了《种子法》；2005 年我国取消了所有非关税措施。"② 在国内的相关法律法规方面，主要是国务院的行政法规和农业部的部门规章的制定和修订工作，虽然目前还没有《农产品贸易法》等专门法律，也没有涉及专门的农产品生产、加工和流通等的具体规定，但我国的农产品贸易基本的法律制度必将不断健全和完善，这也是我国在农产品贸易方面的必需工作。

我国关于农产品贸易的政策和相关法律制度主要涵盖在以下法律法规和

① 柯炳生．美国新农业法的主要内容与影响分析［EB/OL］，http://www.cdnj.gov.cn/hyxx/fxyc/newdetail.php?id=1028100016&lb=%D7%DB%BA%CF，2010-12-3.

② 惠正强．WTO 体制下农产品贸易中的法律问题研究［D］，西安：西北大学硕士论文，2006.

文件中：《农业法》、《对外贸易法》是关于农产品和农业对外贸易的基本法律，二是《中国加入 WTO 议定书》、《中国加入 WTO 工作组报告》及附件《减让承诺表》等加入世贸组织的政府法律文件。在国务院和农业部等其他相关部门颁布的法律法规或部门规章中也存在农产品贸易的部分规定。但这些法律规定还很不健全，不能够形成我国农产品贸易的法律制度，很多农产品贸易的活动无法可依，一定程度上是我国农产品贸易的发展速度受到负面影响。如农作物种子的相关技术法规和质量标准没有制定，导致有关作物种子、种苗的违法行为发生，或者对我国物种保护不利，这些情况不加以制止将会严重影响我国作为世界农业大国的经济地位。

我国在农产品保障措施方面也没有专门的法律法规。我国《农业法》中的有关规定如"农产品流通与加工"、"粮食安全"、"农业资源与农业环境保护"、"农村经济发展"等章节有零星的与农产品贸易相关的规定，但专门的农产品保障措施的规定在该法中没有体现。我国《对外贸易法》的"对外贸易调查"、"对外贸易救济"和"对外贸易促进"等章节对我国所有产品的对外贸易的保护进行了规制，其中有许多条款涉及"保障措施"。但应该看到，该法没有注意到农产品贸易的特殊性，没有此类的规定，且在保障措施方面也都规定的比较笼统。

《保障措施条例》针对所有商品种类，包括农产品在内，在对外贸易中可能遇到"进口产品数量增加，并对生产同类产品或者直接竞争产品的国内产业造成严重损害或者严重损害威胁（以下除特别指明外，统称损害）的，依照本条例的规定进行调查，采取保障措施"。① 并在《保障措施条例》中规定了"调查"、"保障措施"和"保障措施的期限与复审"三个主要章节，对我国采取保障措施的流程、具体要求等给予了详细的规定。但毕竟是对所有商品，范围较广，没有突出农产品的特殊性，更不可能突出农产品贸易的特殊性，因此在农产品保障措施方面还期待针对性更强，能够更加符合农产品贸易特征的保障措施的法律规定出台。

关于农业对外开放、农产品贸易方面还存在一些其他的法律规范，如《对外贸易经济合作部、农业部关于进一步做好农业对外开放工作的若干意见》、《进出境动植物检疫法》、《畜禽遗传资源进出境和对外合作研究利用审批办法》等，都是从不同角度对农产品贸易加以不同程度的规范。

---

① 《中华人民共和国保障措施条例》（2001 年 11 月 26 日国务院令），第二条规定。

第二节　中国在新一轮 SSM 谈判中的参与及谈判对中国可能的影响

多哈回合从 2001 年 11 月在卡塔尔首都多哈举行的世界贸易组织第四次部长级会议启动的新一轮多边贸易谈判开始，至今已经持续了十年。这是一个漫长而复杂的谈判过程，并且至今也没有结束。多哈回合谈判的主要议题包括：农业、非农产品市场准入、服务贸易、规则谈判、争端解决、知识产权、贸易与发展以及贸易与环境 8 个，其中农业议题的谈判是重点也是最复杂的。多哈回合谈判的主要目的是通过世贸组织成员之间的谈判削减各方贸易关税壁垒，并且追求实质上的公平，来促进全球特别是较贫穷的国家的经济社会进步。实际上，多哈回合谈判中的主角是发达国家大国的美国、欧盟以及发展中国家大国的中国、印度和巴西等，真正进行实质性谈判的是这些主要国家组成的“20 国协调组”，其他国家希望能够在此基础上对将来达成的一揽子协议“搭乘方便车”。

农产品特殊保障机制（SSM）议题的谈判是农业议题谈判的难点问题，是发达国家和发展中国家谈判最难达成一致的议题，且多哈回合多次因为农业方面的谈判失败导致回合的中止。中国作为谈判中重要的发展中国家，全面、积极地参与了多哈回合谈判，并且明确表达自己的立场和观点，还在合适之时提出了一些自己的提案。中国还积极地先后在大连、香港举办小型部长会议和部长级会议，为多哈回合的谈判搭建协商沟通的平台。

多次回合谈判总是以失败告终，各方意见不能达成一致，多哈回合漫长而艰苦的谈判过程仍将继续，但最终将取决于各方是否能更富有勇气的采取行动。中国也将一如既往的尽最大努力推进谈判的进程。

一、中国积极参与多哈回合农产品特殊保障机制（SSM）议题谈判

多哈回合的谈判前后经历了三个谈判阶段，中国积极参与了所有的谈判过程，并积极推进农产品特殊保障机制（SSM）议题的谈判。

（一）阶段一：2001 年 11 月至 2003 年底

2001 年 11 月新一轮全球多边贸易谈判启动。这一回合原本计划在 2004 年底结束谈判达成协议，并确定了 8 个谈判领域作为谈判的内容。多哈回合是多边贸易体制下目前为止参与方最多、谈判内容最多、目标最宏伟的贸易谈判。

中国“2001 年 12 月 11 日《中国加入 WTO 议定书》生效，正式成为

WTO 第 143 个成员，开始以 WTO 成员身份参与多哈回合谈判。2001 年 12 月 19—20 日中国原外经贸部副部长龙永图率团出席 WTO 总理事会，中国代表团第一次以成员身份在 WTO 亮相。中国常驻 WTO 代表团在日内瓦举行了隆重的揭牌仪式。中国首任 WTO 代表孙振宇大使、前 WTO 总干事穆尔、各主要成员常驻 WTO 代表团团长应邀出席”。① 中国的 WTO 多哈回合谈判代表团肩负着重要的谈判任务。“2002 年 6 月 20 日中国提交了关于渔业补贴的提案，这是中国在多哈回合谈判中的第一份提案，该提案得到了包括巴西、菲律宾等一些 WTO 成员的响应。”② 这一提案也充分说明了中国在 WTO 新一轮谈判中的努力和负责任的态度。也为 WTO 总理事会在年底完成对中国加入 WTO 的最终审议奠定了基础。通过此回合中国代表团认识到，关于农业方面的谈判是这 8 个议题中的最为复杂和关键的议题，农业议题谈判成功与否直接关系到整个多哈回合谈判成功的与否。

2003 年 9 月，世贸组织第五次部长级会议。2003 年 9 月中旬，世贸组织第五次部长级会议在墨西哥坎昆举行，令各方失望的是，谈判的主要问题存在重大分歧，无法达成共识，谈判陷入僵局，无法在原定的 2004 年底前达成协议，谈判破裂。“中国商务部部长吕福源率团出席，农业部部长杜青林、商务部部长助理易小准、中国常驻 WTO 代表团大使孙振宇参加代表团。”③ 在此次回合中，农业问题一如预测成为分歧的核心。中国在此次回合中，在农业贸易谈判方面没有具体的内容，不过在国内法，如《对外贸易法》和《多外贸易经营者备案登记办法》，放开了对外贸易经营权，扩大了对外贸易的可能范围。

（二）阶段二：2004 年 8 月至 2006 年底

2004 年 8 月，达成《多哈回合框架协议》。《多哈回合框架协议》的达成为下一步谈判奠定了基础。WTO 总理事会在日内瓦举行，会议决定将已经无法按原计划 2004 年 12 月 31 日完成的多哈回合谈判的截止日期推迟，并决定 WTO 第六届部长级会议于 2005 年 12 月在中国香港举行。中国商务部部长助理易小准率团出席会议，坚持“发展中大国”的地位，与广大发展中成员和新入世成员的利益保持一致。中方为框架协议的达成发挥了积极

---

① 世贸组织研究会．中国参与多哈回合谈判大事记（2001 年 11 月—2008 年 7 月）[N]，国际商报，2008-11-11（002）．

② 世贸组织研究会．中国参与多哈回合谈判大事记（2001 年 11 月—2008 年 7 月）[N]，国际商报，2008-11-11（002）．

③ 世贸组织研究会．中国参与多哈回合谈判大事记（2001 年 11 月—2008 年 7 月）[N]，国际商报，2008-11-11（002）．

作用，希望其他国家进一步开放农业贸易市场。

“2005 年 1 月 29 日 WTO 小型部长级会议在瑞士达沃斯举行，会议就 2004 年 7 月框架协议达成后的谈判形势和 2005 年的谈判任务以及香港第六届 WTO 部长会议的目标进行了研究和探讨，发出明确信号，希望 2006 年结束多哈回合谈判。”① 中国常驻 WTO 代表团大使孙振宇出席。

本次回合中，由中国主办的一次会议是 2005 年 7 月 12—13 日 WTO 小型部长级会议，中国大连。“会议涵盖农业、非农产品市场准入、发展、服务、规则等方面，与会成员同意农业谈判以 G20 市场准入新建议为起点展开进一步的工作，表达了推进谈判的强烈政治愿望和相互协调的务实精神，为今后一个阶段的谈判确定了方向。商务部部长薄熙来和中国香港工商和科技局局长曾俊华共同主持了会议。”② 这也是我国第一次举办此类国际贸易谈判会议，充分展示出中国意欲以更加积极主动的态度参与制定多边贸易规则。

“2005 年 10 月 11—16 日 WTO 小型部长级在苏黎世举行，美国公布了其农业谈判新建议，会后欧盟、G10（农业高保护 10 国协调组）和 G20 等重要谈判方提出各自提案，农业谈判节奏明显加快。此次会议由中国香港倡议，商务部副部长易小准率团出席。”③ 这次小型部长级会议关于农业方面的谈判中国也提出了自己的提案。

2005 年 12 月，世贸组织第六次部长级会议。根据 2004 年 WTO 总理事会的决定，2005 年 12 月 13—18 日 WTO 第六届部长级会议在中国香港举行。“会议通过了《香港部长宣言》，确定 2006 年底前结束本轮谈判，在取消农产品出口补贴、优先解决棉花问题、对最不发达国家给予‘双免’待遇以及确定非农关税削减公式等方面取得了进展，但在农业、非农产品市场准入和服务等核心领域，各成员间仍存在严重分歧。”④ “中国商务部部长率团出席，农业部部长杜青林、商务部副部长易小准、农业部副部长牛盾、

① 世贸组织研究会．中国参与多哈回合谈判大事记（2001 年 11 月—2008 年 7 月）[N]，国际商报，2008-11-11（002）．

② 世贸组织研究会．中国参与多哈回合谈判大事记（2001 年 11 月—2008 年 7 月）[N]，国际商报，2008-11-11（002）．

③ 卡迈勒·纳特将出席苏黎世 WTO 小型部长会议 [EB/OL]，http://www.nihaoouzhou.com/articles/news/24/744/zh/，2010-11-20.

④ 多哈回合谈判进程——中国首次参与制定国际贸易规则 [EB/OL]，http://old.jfdaily.com/gb/node2/node171/node52948/node53008/node73779/node73783/userobject1ai1163517.html，2010-11-20.

中国常驻 WTO 代表团大使孙振宇参会。中国商务部部长在会议的关键时刻与少数成员积极沟通，为宣言的通过发挥了重要作用。"① 中国商务部部长在本次会议上，始终强调中国政府的重视态度，曾指出："多哈回合谈判是中国加入 WTO 后第一次参与国际贸易规则的制定，因此中国特别重视这一历史性机遇。在上一轮全球多边贸易谈判——乌拉圭回合中，中国没有机会、没有条件参与。而今中国已经融入了世界国际贸易的大体系，参与贸易规则制定对中国的经济发展来说至关重要。此外，中国之所以对这次多哈回合谈判高度重视，还因为它是一个发展回合，注重发展中成员的利益，中国作为世界上最大的发展中国家，对推动这个最重要的发展回合当然责无旁贷。"还表示："虽然中国也面临着一些困难，尤其农业等行业面临着很大的挑战，但中国的心态是开放的，愿意积极地参与多边贸易规则的制定和推进全球化的进程，并愿如拉米所言，成为一个发展中国家和发达国家间的'桥梁'。"中国代表团以及中国作为主办方的积极主动的姿态赢得各界好评。

中方代表阐述了中方立场："一是包括中国在内的 WTO 成员希望美国在多哈回合谈判中发挥重要作用，而美国具备相应的经济实力。多哈回合谈判的成功符合 WTO 成员的利益，也对全球经贸发展至关重要。二是多哈回合谈判的关键是农业。今年 7 月谈判中止，症结在农业问题。从全球贸易来看，一些主要发达成员的农业补贴是极不合理的，希望美欧等主要成员显示出诚意和灵活性，先行一步，在农业领域取得共识，推动其他领域谈判取得进展。三是多哈回合是发展回合。希望发达成员切实考虑发展中成员在开放市场上的承受能力，使发展中成员真正受益，促进世界经济的平衡与和谐。四是中国既是发展中国家，也是 WTO 新成员。中国在加入 WTO 时作出了重大承诺，目前中国的农产品和工业品关税水平已经是发展中国家中最低的之一。各方均应客观对待这一事实。中方是负责任的，愿意作出与自己能力相称的贡献，为推动谈判取得成功发挥建设性作用。"②

2006 年重要的会议有：4 月在日内瓦举办的中国入世以来的首次贸易政策审议，6 月举行的 WTO 小型部长级会议，7 月日内瓦举行的 G6 会议。在贸易政策审议会议上商务部副部长易小准在会上介绍了中国加入 WTO 四年多来经济贸易发展情况，与会成员普遍认为中国加入 WTO 给世界带来机

---

① 世贸组织研究会．中国参与多哈回合谈判大事记（2001 年 11 月—2008 年 7 月）[N]，国际商报，2008-11-11（002）．

② 步欣．多哈回合谈判关键是农业 [N]．国际商报，2006-11-20（A01）．

遇，并肯定了中国在多哈回合谈判中发挥的建设性作用；在后两次的会议上由于各方分歧严重，WTO 总干事拉米建议，多哈回合谈判无果而终，谈判又一次中止。

（三）阶段三：2007 年 1 月至 2009 年底

2007 年 1 月，多哈回合谈判再次恢复。2007 年 1 月 27 日 WTO 小型部长会议在瑞士达沃斯举行，“与会成员一致同意正式、全面地恢复多哈回合谈判。商务部易小准副部长率团出席。2007 年 12 月 28 日财政部部长谢旭人代表中国政府签署了中国加入 WTO《政府采购协议》（GPA）申请书。标志着中国正式启动加入 WTO《政府采购协议》谈判。2008 年 5 月 21—23 日 WTO 对华第二次贸易政策审议于瑞士日内瓦 WTO 总部举行。会议全面审议了中国近两年来经贸政策的发展及对多边贸易体制的影响。中国商务部部长助理仇鸿率中国代表团与会。中国常驻 WTO 代表团大使孙振宇参加了会议”。① 这几次会议并没有对多哈回合谈判起到促进作用，多哈回合谈判依旧没有结果，以谈判失败告终。有学者甚至认为，如果多哈回合在 2008 年底无法谈判成功的话，多哈回合将会面临永远被搁置的危险。

2008 年 7 月，世贸组织部长会议谈判失败。2008 年 7 月 21—29 日来自 35 个主要世贸组织成员的贸易和农业部长在日内瓦聚会，举行了 WTO 小型部长级会议，此次会议的目的是希望多哈回合谈判能够在农业和非农产品市场准入问题方面取得突破性进展，但仍旧以失败告终，令各方参与者极为失望。会议的主要矛盾集中在美国和印度对于农产品特殊保障机制（SSM）议题的谈判上，两方存在难以弥合的分歧，最终导致整个会议谈判的失败。

中国商务部部长陈德铭率团赴日内瓦参加 WTO 小型部长级会议。中方对这次会议以失败告终深表遗憾，陈德铭部长在最后一天的大会上做了发言，表达了我方的感慨和对未来谈判的希望。陈德铭表示：“我们抱着希望而来。在发达国家扭曲贸易的国内支持、敏感产品、特殊保障措施、反集中条款等方面做了极大妥协和让步……然而就在我们即将接近成功时，却被一些小小的系数挫败了所有的努力……我不得不表示深深的遗憾。”“这是一次悲壮的失败，它将在世界经济、贸易的发展史上留下一座重要的里程碑。拉米先生、两案文主席以及所有为之作出了贡献的部长们都应为有益的尝试感到骄傲。这也是一次严重的失败，特别是在当前世界经济下行、通胀严重、金融风险四伏的情况下，失败将会给脆弱的多边贸易体系带来较大的负

① 世贸组织研究会．中国参与多哈回合谈判大事记（2001 年 11 月—2008 年 7 月）[N]，国际商报，2008-11-11（002）.

面影响，对此我们要有足够准备并做好充分应对。”① 最后，陈德铭部长还对未来谈判提出了几点希望，愿“这次会议已经达成的成果能作为一份珍贵的遗产保留下来，为继续探索多边贸易体系的发展提供借鉴。我也希望WTO成员能共同总结失败的原因，从中汲取应有的教训，以提高未来磋商的质量和效率”。中国将始终坚持各成员方的平等谈判地位，不断加强双边贸易合作，互惠互利，特别是与其他发展中国家的共同合作，以推动世界经济在繁荣发展的道路上继续前进。

本次回合谈判失败的重要原因在于美国和印度这两个主要国家在农产品特殊保障机制（SSM）议题上无法达成一致，这个环节被普遍认为是失败的核心原因。印度方面希望放松对农产品特殊保障机制（SSM）使用的条件下限，而美国强烈反对，其他发达成员也希望提高这一机制使用的条件。另外一些发展中成员由于出口的农产品品种相对集中，也同样不愿放松限制条件。中国代表团团长、商务部长陈德铭认为：本次回合失败的关键是美国在自己利益得到保障后漫天要价。以美国为首的发达成员已经在本轮谈判中获得了巨大的利益，为其本国内的农业补贴留下很大空间，但却没有给予发展中成员充分的关注和理解，没有对发达成员和发展中成员发展水平的不同给予充足的体现，对农产品方面的问题设置了诸多障碍。② 中国的立场未偏袒两者任何一方，而是表示接受双方达成的任何协议。回合的又一次失败是各方都不愿看到的，甚至从谈判的过程看，有些成员都没有预见到的。

2009年12月，WTO第七次部长级会议在日内瓦召开，中国商务部部长陈德铭出席了会议。这次会议是继2008年谈判遭遇中止后的一次重要的部长级会议。多哈谈判持续了八年一直未能结束，对全球贸易自由化的进程带来的很多障碍。当然2008年下半年爆发的全球金融危机也是谈判中止的重要影响因素，导致贸易保护主义盛行，需要谈判各方重新审视多边贸易体制。陈德铭在接受采访时表示：“我们要在金融危机背景下，重新审视多边贸易体制在当今全球经济中的作用；加强合作，共同抵制贸易保护主义；推动WTO改革，进一步加强和完善国际经济治理结构；全面评估多哈回合谈判的进展，研究下一步的谈判应该怎样走。”③ 同时他还坚定的重申中国支持在2010年结束多哈回合谈判立场。

（四）截至2010年底中国参与谈判的现状

2010年有两次和农产品贸易谈判有关的重要会议。一是5月的WTO总

① 步欣．多哈回合谈判关键是农业［N］．国际商报，2006-11-20（A01）．
② 步欣．多哈回合谈判关键是农业［N］，国际商报，2006-11-20（A01）．
③ 中国坚定支持在明年结束多哈回合谈判［N］．国际商报，2009-12-4（001）．

理事会，二是6月的第16届亚太经合组织贸易部长会议。拉米在WTO总理事会上谈到了WTO农业谈判的“双轨制”，他表示：“谈判将继续沿‘模式协议’和‘减让表’同时推进的‘双轨制’方式进行，即在继续推动达成农业和非农模式协议的同时，各成员可以通过磋商明确在制作减让表时的敏感和特殊产品。”① 6月札幌举行的会议重点讨论了如何推动多哈回合谈判、反对贸易保护主义等与农产品谈判有关的问题。中国商务部部长陈德铭、副部长易小准率代表团参加了会议并参与讨论。与会各国代表均表示出支持多哈回合早日谈判成功的强烈愿望，积极抵制所有形式的贸易保护主义。中方认为：关于WTO多哈回合谈判，“应当珍惜多哈谈判已取得的成果，制定切合实际的目标。中国作为发展中成员和新成员，为谈判作出了重要贡献，中方也希望有关的发达成员显示出更多的政治诚意。在谈判的最后阶段，单方面提高市场准入的要价水平是危险和不负责任的”。② 多哈回合是发展回合，所有发展中国家均十分重视多哈回合谈判，中国也不例外。

中国在多哈回合的谈判中的态度和行动被评价为最为积极主动。中国提出的议案是发展中国家最多的，并且仅次于美国和欧盟，中国积极参加了历次部长级会议、小型部长级会议以及各种层级的磋商。在关于农业方面的谈判，中国一贯主张关注发展中国家的利益，主张贸易自由化；坚持发达国家应该大幅度削减补贴并降低农产品贸易壁垒，给予发展中国家更多的优惠待遇等。中国在加入WTO时所作出的承诺已经非常开放，到2010年为止已经全部承诺履行完毕，目前我国已经是开放程度最高的发展中国家，多哈回合农业议题的谈判也将扩大中国农业市场。

二、WTO农产品特殊保障机制（SSM）对中国可能的影响

WTO农产品特殊保障机制（SSM）的谈判及其未来可能的实现，对中国的农产品贸易、国家粮食安全和国内法规则都将带来各种影响。随着中国“入世”，农产品贸易呈现进口增多的趋势，而出口方面却由于种种原因逐步减少。中国农产品贸易逆差的常态化呼吁WTO农产品特殊保障机制（SSM）的设立和实施，保障中国和广大发展中国家的农业利益。

（一）对中国农产品贸易的影响

SSM的谈判和日后可能达成的新规则都将不同程度的推动世界农产品贸易自由化的进程。不论是多边、区域还是双边，农产品贸易自由化程度的

① 孙楠．多哈农业谈判仍走双轨制［N］．国际商报，2010-5-7（001）．

② 推动多哈谈判抵制保护主义［N］．国际商报，2010-6-7（001）．

进一步提高，在给我国农业发展带来机遇的同时，也必然会给我国农业带来冲击。

1. 贸易自由化对中国农产品的整体影响

自2004年8月1日《多哈发展议程框架协议》达成以来，农产品关税减让模式成为农产品贸易议题的谈判中的焦点问题。

依据WTO《农业协定》的规定，加入世贸组织的中国必须承诺将中国的农产品进口关税下调。我国承诺了葡萄酒进口关税由65%下降到20%，牛肉、水果进口关税从30%～40%下降至10%左右，小麦、大米、玉米、棉花等农产品降低到14%。除了关税壁垒的消除外，还承诺了进口配额逐年增加这一非关税壁垒的消除。中国承诺"到2006年，小麦从200万吨增加到930万吨，私营部门所占比例应达到10%；玉米配额从450万吨增加到720万吨，私营部门应达到50%；大豆的进口额从1998年的170万吨增加到330万吨，其中私营部门应达到90%；到2004年棉花应从20万吨增加到89.4万吨，私营部门应达到67%"。① 这些农产品的非关税壁垒削减措施将积极促进中国的进口贸易。

中国还承诺，2006年结束后取消贸易配额。在国内支持的削减方面，我国承诺今后的综合支持（AMS）将确定为零，同时放弃以下权利：《农业协议》给予发展中国家的特殊待遇和差别待遇，我国的农业政策支持国内农业。这些内容对我国将产生如下冲击：

第一，我国的种植业生产受到的影响最直接。特别是玉米、油料作物、大豆等农作物的影响最大，还包括糖料作物和棉花。"同基准方案相比，到2005年，玉米国内生产将减少1106万吨，减少8.3%，小麦生产减少437万吨，减少3.8%。"②

第二，我国种植业部门的就业将受到影响。由于农产品贸易进口量增加，贸易自由化程度加大，我国的农业生产队劳动力的需求也将减小，农业种植部门的就业机会将减少。虽然这些富余的农业劳动力最终会在其他行业找到新的工作，但短期内，这种种植业部门的就业所受到的冲击和负面影响不会很快消除。

第三，我国粮食自给率将下降进而带来粮食安全问题。在没有加入到自

① 温铁军. WTO与中国农业农村农民问题［J］. 经济前沿，2006（3）：9-10.

② WTO与中国农业：理论上和预测［EB/OL］，http：//www.sdxnw.gov.cn/document_ show.asp? id = 4286&types = % D6% D0% B9% FA% C5% A9% D2% B5% D3% EBWTO&mark = 13. 2010-05-20.

由贸易机制中之前，我国的粮食自给率能够达到95%以上，但现在受到农产品自由贸易的影响，农产品本身总量下降带来粮食自给率的下降。比如玉米贸易将从出口变为进口，在可能取消关税配额后将发生玉米贸易逆差，还有可能影响到长期以来靠玉米支持的出口导向型的畜牧业发展。

第四，我国农产品出口的扩大将遭遇阻碍。我国还是发展中国家，在农产品的质量、标准还不能完全与世界最高水平同步，农业集约化、机械化程度也较低，生产成本和农产品价格将遭遇强力的外来竞争。我国农产品立法和食品安全立法都还很不健全，执法效果更差强人意，农产品贸易的营销经验不足等，这些都将严重阻碍我国农产品贸易在国际市场上的顺利进行。

第五，农产品贸易的主要进口国的关税配额壁垒化，将对我国出口贸易造成影响。在 WTO 的贸易自由化框架下，发展中国家经常受到一些发达国家的劝诱，企图使发展中国家的农产品进口贸易加大开放的力度。发达国家表示这是改善发展中国家的资源配置，享受更优的农产品资源，还表示所带来的负面影响，如种植业就业率下降等，都是暂时的。但我们却不难发现，在这些发达国家内部，对其农业部门的保护措施非常之多，普遍实施各种农业补贴，同时对来自国外的农产品课以高额关税，这样的农产品贸易是不符合贸易公平的基本要求的。现在还有很多发达国家的农产品关税甚至达到300%。美、欧、日、韩等许多成员国在乌拉圭回合后，增加了敏感农产品的进口关税配额管理，造成我国的蔬菜、水果、肉类等这些具较强竞争力的产品的出口扩大受到了此制度的严重限制。

2. SSM 谈判进展缓慢导致中国农产品出口增加困难

世界各国的农产品高关税保护措施，各国的农产品出口的普遍使用农业扶持条款以及发达国家的新兴贸易壁垒等三大因素造成中国农产品出口增加困难。农产品特殊保障机制（SSM）议题谈判的屡屡失败使得以上抑制因素的负面影响无法消除，在中国主要表现为大宗农产品出口和其他农产品出口方面。

（1）对大宗农产品出口的影响。

目前我国大宗农产品也有较大数量的出口，但是从长远看来，我国在这些产品上并没有比较优势，因此出现大幅度出口增长的可能性不大。事实上，近年来我国大宗农产品出口呈逐年下降的趋势，而进口则呈上升的趋势。据资料统计：“2006 年，我国谷物净出口 250.4 万吨，同比下降 35.8%。食用油籽：2006 年出口 121.5 万吨，同比下降 10.7%；进口 2928.0 万吨，同比增长 8.3%。棉花：2006 年出口 1.5 万吨，同比增长 1.0 倍；进口 380.6 万吨，同比增长 43.5%，净进口量 379.1 万吨。2007 年，我国谷物净出口 835.4 万吨，同比增长 2.3 倍。食用油籽：2007 年出口 127.1 万吨，同比增长 4.7%；进口 3185.8 万吨，同比增长 8.8%。棉花：2007 年出口 2.4 万吨，同比增长 51.6%；进口 261.5 万吨，同比下降 31.3%。2008 年我国谷物净出口 32.1 万吨，同比下降 96.2%。棉花：2008 年出口棉花 2.1 万吨，同比下降 10.2%；进口 218.9 万吨，同比下降 16.3%；净进口 216.8 万吨，同比下降 16.4%。食用油籽：2008 年食用油籽出口 118.8 万吨，同比下降 7.4%；进口 3900.5 万吨，同比增长 22.2%，比上年提高 13.4 个百分点；净进口 3781.7 万吨，同比增长 23.5%。2009 年我国谷物进口量增加一倍，出口量减少两成多。逆差 1.6 亿美元，2008 年顺差 0.5 亿美元。棉花进口量 159.8 万吨，同比下降 27.0%；进口额 21.5 亿美元，同比下降 39.0%。出口 8831.0 吨，同比下降 58.8%；出口额 1884.8 万美元，同比下降 54.9%。逆差 21.3 亿美元。油籽及食用油进口量增近两成，逆差 195.5 亿美元，同比缩小 8.9%。"①

从以上数据可见，在谷物、油料、棉花等土地密集型农产品的国际贸易中我国整体上不具有比较优势，而且由于我国人口众多，耕地资源紧张，可以预见未来我国在这些土地密集型的农产品出口上不可能有大幅的增长。因此，如果 WTO 农产品特殊保障机制的产品范围包括大宗农产品的话，一方面，由于我国在这方面的优势不足，即便其他发展中成员启动农产品特殊保障机制，对我国大宗农产品的出口不会产生太大的影响；另一方面，在发生大宗农产品进口激增或者价格大幅下降的情况下，我国可以启动农产品特殊保障机制，保障我国的大宗农产品市场免受国际市场波动的影响。

（2）对其他农产品出口的影响。

我国出口的农产品主要集中在蔬菜、畜禽产品、水果、蚕丝等劳动密集型的农产品方面，这些产品大多数都具有易腐和季节性特点，我国在这些产品上的竞争优势明显。以蔬菜和水果为例，近年来，我国的蔬菜和水果在农产品国际贸易中出口增长趋势明显，连续保持顺差状态。据资料统计："2006 年我国蔬菜出口 732.5 万吨，同比增长 7.7%，出口额 54.2 亿美元，同比增长 21.0%；进口 11.7 万吨，同比增长 20.3%，进口额 0.9 亿美元，同比增长 11.7%。2006 年水果出口 370.2 万吨，同比增长 1.5%，出口额

① 根据中国农业信息网数据整理．http://www.agri.gov.cn/xxfb/t20070209_772286.htm，http://www.agri.gov.cn/xxfb/t20080204_968293.htm，http://www.agri.gov.cn/xxfb/t20090304_1230001.htm，http://www.agri.gov.cn/xxfb/t20100125_1422344.htm，2010-4-29.

24.7 亿美元，同比增长 21.7%；进口 125.9 万吨，同比增长 9.9%，进口额 7.6 亿美元，同比增长 15.3%。2007 年蔬菜出口 817.3 万吨，同比增长 11.6%，出口额 62.1 亿美元，同比增长 14.5%；进口 9.9 万吨，同比下降 15.7%，进口额 1.1 亿美元，同比增长 17.4%。2007 年水果出口 477.3 万吨，同比增长 28.9%，出口额 37.5 亿美元，同比增长 51.4%；进口 134.7 万吨，同比增长 7.0%，进口额 9.6 亿美元，同比增长 25.6%。2008 年蔬菜出口 819.5 万吨，同比增长 0.3%；进口 10.4 万吨，同比增长 5.1%；净出口 809.1 万吨，同比增长 0.2%。2008 年水果出口 484.1 万吨，同比增长 1.4%；进口 169.2 万吨，同比增长 25.6%；净出口 314.9 万吨，同比下降 8.1%。2009 年即便受到金融危机的影响，我国蔬菜贸易顺差 66.7 亿美元，同比扩大 5.5%；水果贸易顺差 22.0 亿美元，同比缩小 27.6%。"①

从以上数据可见，我国的竞争优势主要体现在蔬菜、畜禽产品、水果、蚕丝等劳动密集型农产品方面。如果 WTO 农产品特殊保障机制的产品范围包括这些劳动密集型的农产品，一旦其他国家对这些产品启动农产品特殊保障机制，则我国的农产品出口将受到很大的影响。"亚洲历年来是我国农产品第一大出口市场，2006 年对亚洲出口同比增长 6.4%，占我国农产品出口总额的 61.5%。2007 年，我国对亚洲出口 223.2 亿美元，同比增长 15.5%，占我国农产品出口总额的 60.3%。2008 年我国对东盟 45.8 亿美元，同比分别增长了 16.0%。"② 特别是在我国这些劳动密集型农产品主要出口到亚洲、拉丁美洲以及非洲的很多发展中国家的情形下，我国受到其他发展中国家采用农产品特殊保障机制的风险将会很高。

3. SSM 谈判不利使得中国农产品国内保护难以维系

由于包含 SSM 谈判的多哈回合农业谈判经过多次回合仍旧没有结果，

① 根据中国农业信息网数据整理. http://www.agri.gov.cn/xxfb/t20070209_772286.htm, http://www.agri.gov.cn/xxfb/t20080204_968293.htm, http://www.agri.gov.cn/xxfb/t20090304_1230001.htm, http://www.agri.gov.cn/xxfb/t20100125_1422344.htm, http://www.agri.gov.cn/xxfb/t20070209_772286.htm, http://www.agri.gov.cn/xxfb/t20080204_968293.htm, http://www.agri.gov.cn/xxfb/t20090304_1230001.htm 2010-4-29.

② 根据中国农业信息网数据整理. http://www.agri.gov.cn/xxfb/t20070209_772286.htm, http://www.agri.gov.cn/xxfb/t20080204_968293.htm, http://www.agri.gov.cn/xxfb/t20090304_1230001.htm, http://www.agri.gov.cn/xxfb/t20100125_1422344.htm, http://www.agri.gov.cn/xxfb/t20070209_772286.htm, http://www.agri.gov.cn/xxfb/t20080204_968293.htm, http://www.agri.gov.cn/xxfb/t20090304_1230001.htm. 2010-4-29.

尽管各方积极呼吁有些个别成员要拿出诚意顾全大局，必要之时加以妥协，但结局依然令各方大失所望。有学者甚至预测未来多哈回合谈判将被永远搁置，农产品特殊保障机制（SSM）的谈判也将永无结果。因此中国也需要在积极参与谈判的同时，做好充分的应对无 SSM 的准备，必须加强促进本国的农产品贸易方面的有效措施，克服农产品国内保护不易的难题。

（1）我国采用的传统的农产品贸易保护水平逐渐降低。

乌拉圭回合以来，农产品贸易的自由化要求越来越高，对于发展中国家来说使用相应的保障措施的可能性越来越小，导致对本国农产品贸易的保护力量越来越弱。这使得发展中国家更多使用边境措施来保护本国农业的发展的可能性越来越小，而发达国家通常使用国内支持政策来保护本国的农业生产和农民的利益。我国加入世贸组织后承诺在 2006 年之前的过渡期当中将农产品关税水平降低，其农产品征收的关税水平还不到全球农产品关税平均水平的 1/3，关税水平达到全球最低。增加大宗农产品配额和取消非关税壁垒也是我国的承诺之一。另外关于农业协议的延迟关税化的例外规定，由于我国是在农业协议生效后加入世贸组织，该例外条款又具有很强的时限性，我国对此条款无权使用。

（2）我国在新兴贸易壁垒的设置技术方面水平较低。

以我国为代表的发展中国家的科技水平目前还远不能达到发达国家的水平，因此科技水平的落后指导的新兴技术贸易壁垒的设置能力与发达国家还有很大差距。在国际农产品贸易竞争中，我国的技术法规、技术标准等难以对发达国家形成技术性贸易壁垒。农产品在国际市场上还要通过两大标准的认证，“ISO9000 国际质量管理系列标准”和“ISO14000 国际环境系列标准”，但我国对这两大标准的论证和研究还很缺乏，国内农产品的标准主要还是适用国家标准和行业标准，与国际上制定的标准认证不一致，偏重国内市场。我国农产品国内标准与国际标准之间的差距导致我国农产品贸易比较被动，国内还存在很多环保、技术方面的法律规范的空白。因此，从国内的技术水平来看，想通过标准化的法律法规给农产品贸易的进口设置技术性或环境性壁垒，还存在很多困难，保护国内农业和农产品贸易存在许多障碍。

4. 议题谈判的屡次中止对中国农产品贸易的影响

多哈回合的破裂对于中国农业带来的影响较大，主要包括以下几个方面：“（1）失去因扭曲贸易的国内支持的减少带来的收益；（2）失去因市场准入改善带来的机会；（3）失去因发达国家成员减少出口补贴带来的收益；（4）丧失运用特殊保障措施（SSM）的机会。在低价农产品进口大量增加的情况下，如何保护国内农民收益和农村发展，成为今后农业发展需要解决的重大课题。”① 因此，新一轮多哈回合农业谈判中给予发展中国家的特殊保障机制条款，对于已经成为农产品净进口国的中国来说，显得特别重要。多哈回合谈判的失败与搁置，虽然使中国可以不受新的约束采取相应的对策防止农产品大量进口给国内农业造成的伤害，但是，同时也失去了其他的国际市场环境改善带来的收益。

在国际贸易中，任何保障措施都是一柄双刃剑，农产品特殊保障机制也不例外。分析即将产生的 WTO 农产品特殊保障机制对我国可能产生的影响，可以为我国在新一轮农产品贸易自由化谈判中应坚持的立场提供依据。

从目前新一轮贸易自由化的谈判来看，关于农产品特殊保障机制的产品范围主要有三种意见：第一种意见是由各发展中成员各自提出自己的产品清单；第二种意见是把农业特殊保障机制的适用范围限定为谷物、油籽和棉花等大宗农产品领域；第三种意见是根据不同产品在发展中成员的国家粮食安全和营养中的作用以及占 GDP 的份额来确定农业特殊保障机制适用的产品范围。

就我国目前情况而言，我国主要的出口产品集中在蔬菜、畜禽产品、水果、蚕丝等劳动密集型的农产品，这些产品大多是易腐和季节性的产品，我国在这些产品方面具有生产成本上的优势。谷物、油料、棉花等土地资源密集型的产品是我国主要的进口产品，在这些产品方面我国不具有比较优势。

就上述三种意见而言，第三种意见由于计算方法比较复杂，很多发展中成员提供相关数据也存在困难，适用的可能性很小。关于第一种意见，我国在自己的产品清单中可以把小麦、玉米、大豆等我国不具有比较优势的农产品列入，自然可以对我国的大宗农产品进行保护。但是为了获得认可，可能需要与发达成员进行谈判，谈判成本太高。而且，部分发展中成员可能会把蔬菜、水果、园艺类和畜禽产品列入其产品清单，这对于我国开拓这些成员的市场不利。

只有第二种意见最符合我国的利益。在这种方案之下，发达成员和凯恩斯集团所面临的谈判是整个发展中成员，我国的谈判压力较轻。如果每个发展中成员都各自根据需要提出自己的产品清单，会导致谈判更为复杂和艰难，会进一步拖延多哈回合的谈判进程。将谷物、油籽和棉花等大宗农产品列入农产品特殊保障机制的产品范围完全符合设立该机制的政策目标。而易腐和季节性的产品以及园艺类的产品与国家的粮食安全的关系并不大，将这

---

① 林学贵. WTO 多哈回合谈判破裂对中国农业的影响［J］. 国际贸易，2009(2)：34-38.

些产品也列入农产品特殊保障机制的产品范围，有可能将农产品特殊保障机制的政策目标扩大化。当然，或许有个别成员的情况特殊，这可以通过其他方式解决，这样才能尽快促进多哈回合达成最终的协议。

5. 中国农产品贸易逆差的现状需要改变

2000 年至 2003 年间，我国农产品贸易持续保持顺差。从 2004 年起，进口快速增加而出口缓慢，该年份成为农产品贸易顺逆差分水岭，出现了“46.44 亿美元的逆差，占农产品进出口总额的比重达到 9.03%，此次逆差被称为自 1984 年以来首次出现的农产品贸易逆差”。① “2005 年到 2007 年间，继续保持农产品贸易逆差，不过规模相较前期缩小。2008 年我国农产品出口增长放缓，进口高速增长，贸易逆差快速扩大。我国农产品进出口总额为 991.6 亿美元，同比增长 27.0%。其中，出口额为 405.0 亿美元，同比增幅由上年的 17.9% 下滑到 9.4%；进口额为 586.6 亿美元，同比增长 42.8%。贸易逆差为 181.6 亿美元，同比增长 3.4 倍。”② 谷物、棉花、食糖、果蔬、食用油籽、食用植物油、畜产品和水产品的相关数据都证实了这一趋势。由于受到 2008 年 9 月开始的全球金融危机的影响，我国农产品依然呈逆差状态，导致连续六年呈逆差走势。

（二）对中国粮食安全的影响

粮食安全是关乎人类生存的问题，也是一个世界性问题。对于我国这个农业大国和人口大国来说，粮食安全是所有经济、政治和社会问题的根基。农产品贸易中的交易对象就包括粮食，因此与粮食安全问题息息相关，两者相互影响，相辅相成。世界各国在安排本国农产品贸易规则时，都将粮食安全作为首要考虑的要素，经常为本国的农业发展和粮食安全设置保护措施；粮食安全出现问题，就会影响一国的农业发展和农产品贸易，甚至影响到国家安全。而我国农产品贸易涉及的粮食安全目前存在许多亟待解决的问题。

1. 中国粮食安全的现状

（1）我国对粮食安全的认知不足。

我国自古以来就是农业大国，但对于粮食安全的问题许多老百姓，甚至政府官员没有明确的认识，并没有将粮食安全与国家安全联系起来。甚至个别市县曾经发生挪空粮仓高价出售储存粮和骗取保管费的事件。我们一定要

① 原瑞玲，倪洪兴，田志宏：对 2008 年我国农产品贸易逆差剧增的分析与思考[J]，中国农业大学学报（社会科学版），2009（4）：139-144.

② 农业部市场与经济信息司．2008 年我国农产品进出口贸易逆差快速扩大［EB/OL］，http：//www.gov.cn/gzdt/2009-03/12/content_1258137.htm，2010-3-20.

用长远的发展的目光看待粮食安全问题，这个问题包括粮食的生产、流通、技术、数量、价格等要素，是事关我国甚至全世界发展的全局性战略问题。粮食安全问题不仅仅是农民需要关心的问题，更是一国政府需要花大力气关注和防范的问题。因此，对于粮食安全还需要做更深入、更细致的研究，确保我国政府在粮食安全上树立正确的、符合我国国情的、能够维护我国国家安全的总体目标。

（2）粮食生产依靠的基础资源要素日益缩减。

粮食生产必须依靠许多基础要素才能保证安全生产和稳定的粮食产量，如耕地面积、水资源、土壤肥力、农业科技、劳动力和政府资金投入等。但工业革命以来，工业的迅速发展、城镇规模的扩张等都对粮食生产依靠的基础要素形成各方面的压力，水土资源、基础能源等要素向农业和粮食生产的配给率受到较大影响，农业劳动力也逐渐向非农行业转移。

首先，耕地面积逐年减小，耕地质量下降。随着城镇化的快速推进，耕地被大面积征为建设用地，退耕还林还草政策和新时期农业产业结构调整等，造成我国农业用地逐年减少，耕地面积已经接近“红线”1 亿亩。① 与此同时，耕地的质量和土壤的肥力受到生态环境破坏的影响，水土流失、土壤污染和农药化肥滥用是我国农业耕地质量退化的最主要原因。

其次，粮食生产经济效益较低，农民种粮积极性相对缺乏。粮食生产受自然要素的影响较大，同时受到市场经济的制约，粮食的价格相较于其他经济作物低了很多，许多农民为了追求经济效益拒绝耕种粮食作物，转而耕种经济作物。另外，工业化和城市化促使许多农业劳动力向城市转移，特别是大量农民工岗位的增加，使长期驻留在农村从事农业生产的劳动力的数量和质量连年下降。尽管农业科技水平的提高能够在一定程度上缓解这一问题，但社会环境的变化已经严重影响到农民农业生产的积极性。

再次，粮食生产力水平受到基础设施和经营方式的制约。我国农业生产力水平还很低，由于我国城乡二元化的格局使各种资源对三农的配置偏少，农村和城镇发展不平衡。我国农业基础设施、水利设施相较国际水平还很薄弱，农业在抵御自然风险方面的能力建设也较差。在经营方式方面，我国尽管有农业高科技，但普遍的农业生产还是小农分散经营模式，不能形成规模，全国各地的主要粮食生产模式依旧是农业粗放型，劳动生产率低，严重

① 根据国土资源部公布的相关资料显示，截至 2008 年 12 月 31 日，全国耕地面积为 18.25 亿亩，比 2007 年度减少 29 万亩。同 1996 年的 19.51 亿亩相比，12 年间，耕地面积净减少了 1.2526 亿亩，耕地面积越来越接近“红线”。

制约农业生产力，粮食的数量和质量都受到较大影响。

(3) 粮食消费的国内供需矛盾加大。

我国粮食受到因社会需求结构的变化，出现粮食消费国内供需矛盾加大的问题。“粮食消费社会需求种类主要包括口粮、饲料粮、工业粮、种子及其他用粮。”① 根据今年粮食消费统计，口粮在粮食消费结构中所占比例正在下降。“1985 年口粮消费 24 136 万吨，占粮食总消费的 64.1%，虽然到 2008 年口粮消费升到 26 800 万吨，但所占比例却下降到 51.8%。”② 饲料粮消费需求迅速增加。主要因为居民由过去的主要依靠谷物的数量型食品消费结构，转变为肉蛋奶等质量型消费结构，引起饲料粮的需求量增加。工业粮的消费需求也出现快速增长现象。我国在食品加工、燃料乙醇、酿酒、新兴生物制药等行业对粮食的需求量，随着行业的迅速发展而不断增加，促进了工业粮消费在粮食消费中的比例加大。“1985 年，饲料粮和工业粮的消费量仅为 10 775 万吨和 1 588 万吨分别占粮食总消费的 28.6% 和 4.2%。到 2000 年，两种粮食消费已快速增长到 17 000 万吨和 7 350 万吨，分别占粮食消费总需求的 32.9% 和 14.2%。”③ 种子粮方面，由于农业科技水平的不断提高，粮食单位面积总量不断下降，同时由于耕地减少的因素，我国种子粮消费需求在粮食消费中所占比例很小。

因此，我国粮食消费结构的矛盾主要存在于口粮和饲料粮、工业粮之间，随着我国人口的不断增加，居民的粮食消费结构的不断优化，各行业对粮食作为生产资源的需求不断加强等，这些社会发展的趋势都会使我国粮食消费的供需处于紧张平衡状态。我国在粮食消费方面的粮食安全政策制定上，一定要首先保证以稻谷和小麦为主的口粮的供应量，保证口粮的供需基本平衡。饲料粮和工业粮则要确保避免供需失衡。

(4) 粮食对进口的依赖程度越来越高。

我国的粮食进出口水平同样深刻影响着我国的粮食安全。我国以往对农产品采取的进出口许可证、农产品限量登记和进口配额等非关税措施以及指定由特定企业运营等控制粮食进出口总量的一系列措施，在入世后进行了一系列的措施改革，如取消粮食出口补贴、采取配额和关税减让措施等，粮食

---

① 潘月红．当前我国粮食消费现状及发展趋势浅析［J］．粮食问题研究，2007 (1)：12-16.

② 尹成杰．粮安天下——全球粮食危机与中国粮食安全［M］．北京：中国经济出版社，2009：278.

③ 尹成杰．粮安天下——全球粮食危机与中国粮食安全［M］．北京：中国经济出版社，2009：278.

的进口量和对进口的依赖程度大大增加。目前我国需要进口的主要粮食作物为小麦、大麦，且大豆在 1996 年之后全部转变为净进口，大豆的进口数量猛增，占到了全球大豆进出口贸易的三分之一。大豆作为主要的油脂类农产品，对进口依赖程度越来越高，加之其他油脂类如油菜籽、花生油、玉米油、葵花籽油等关税配额的取消，国内很多油脂类企业为中外合资或外国独资，国内食用油市场几乎被外资垄断。这些现象是我们必须加以警示的粮食安全乃至国家安全问题。

2. 农产品特殊保障机制（SSM）对我国粮食安全可能的影响

由于我国在入世谈判中对部分开放程度较高的产品并没有争取到采取农产品特殊保障措施的权利，因此通过建立农产品特殊保障机制争取到对这些产品的适当保护是十分必要的。建立农产品特殊保障机制的主要目标是针对发展中成员，而且是关系粮食安全和农村发展的大宗农产品。就我国而言，谷物、棉花、油料等大宗农产品在国际贸易中处于不利地位，而且在“入世”谈判中对其中的部分产品作出了较大的让步，国内市场开放的程度较高，如大豆及植物油，在 2005 年以后分别实行 3% 和 9% 的单一产品关税。建立农产品特殊保障机制必然会为我国保护国内农产品市场遭受国际市场冲击提供一个有效的手段。

就当前的谈判情况来看，关于农产品特殊保障机制的产品范围，不管是哪个提案或者主张，都应包括大宗农产品在内。因此在大宗农产品进口数量激增或者价格下跌的情况下，我国可以启动农产品特殊保障机制，保护我国的农产品市场免受国际农产品市场的冲击，从而保护我国的粮食安全和广大半自给状态下的小农户的利益。综上所述，WTO 农产品特殊保障机制的建立可以有效地从国际贸易的角度保证我国的粮食安全。

当然，就当前的谈判情况来看，关于农产品特殊保障机制的使用资格还存在较大的争议，如果我国不能争取到使用农产品特殊保障机制的权利，则我国的粮食安全将不能从该机制中得到保障。就农产品特殊保障机制的使用资格问题而言，目前存在五种主张：第一种是大多数发展中成员所主张的所有的发展中成员都可以使用；第二种是根据人均收入水平确定使用资格；第三种是按照农产品出口额占国内生产总值的比例来确定；第四种是把使用资格与农产品关税水平和出口补贴、国内支持水平等指标相挂钩；第五种是最不发达成员和粮食净进口成员才有资格使用。

就上述五种方案来看，第二种方案对于我国争取到农产品特殊保障机制的权利最为有利。首先，关于第一种方案，关于“发展中成员”的概念到目前为止 WTO 并没有明确的判定标准，至今仍然有成员对我国的发展中成员的身份感到不满。如果需要我国自主声明才可以使用 SSM 的话，可能就需要面临艰苦的双边和多边谈判。其次，就第三种方案而言，在世界农产品进出口贸易总额中，我国占有很大的比重，如果将农产品出口额占农业产值的比重作为衡量的依据，则我国可能丧失农业特殊保障机制的使用权。再次，关于第四种方案，随着今后财力的增强，我国必然要对农业和农村提供更多的支持和保护，所以把使用资格与农产品关税化水平和出口补贴、国内支持水平相挂钩对我国并不利。最后，关于第五种方案，由于我国并不是粮食净进口国，该方案对我国显然是不利的，该方案被采用的可能性不大。综上所述，只有第二种方案对我国最为有利，因为按照人均收入或者按照联合国最低收入和粮食进口国标准来衡量，我国是联合国粮农组织所定义的低收入粮食进口国，我国可以毫无争议地获得运用农产品特殊保障机制的权利。

（三）对农产品相关国内立法的影响

1. 国际农产品贸易规则概况

一般来说，国家贸易救济措施是指一国在对外贸易时，针对外国对本国的贸易不公平行为，包括倾销、政府补贴以及由于进口激增等因素造成的本国同类产品和相关产业遭受严重损害或严重损害威胁时，政府所采取的各种救济措施，包括农产品的特殊保障措施在内。根据 WTO 的相关规则，反倾销、反补贴和保障措施（“两反一保”）是 WTO 成员方可以采取的合法的贸易保护方式。其中“两反”是针对进口产品存在不公平的贸易行为的补救，“一保”是针对没有不公平现象只是产品进口激增造成产业损害或威胁时的补救。这些可以采取的贸易救济方式在 WTO 的《反倾销协议》、《补贴与反补贴协议》和《保障措施协议》中进行了具体的规定。世界各国通过不同的方式将这些国际法的规定转化为国内法加以运用或允许适用，实质上这些措施已经成为许多国家，特别是发达国家的战略性贸易政策的各种手段，甚至已经成为保护本国国内产业的合法竞争的手段。

2. 中国对国际农产品贸易规则的变化需要作出的回应

我国的农产品贸易在出口创汇和促进我国农业现代化等方面起到重要作用。但在国际农产品贸易中，大量的贸易救济措施的存在以及很多国家为了本国的利益对我国频繁实施贸易救济措施，导致我国的农产品贸易成本不断攀升，农产品的价格高于国际市场价格，影响了我国农产品的出口。出口额和出口价格遭受影响导致我国农业经济和农业产业、企业遭受经济损失，甚至影响国家农业安全。这些农产品贸易救济措施的采用很多情况下被认为是对我国的歧视性措施的性质，我们必须时时刻刻保持对这种不公平竞争的国际农产品贸易的警惕。

随着 WTO 农产品特殊保障机制（SSM）议题的谈判进展，我国在未来关于农产品保障措施立法方面，必须注意到农产品贸易各国的救济方式和国际规则的不断变化。随着特殊保障措施（SSG）有效期的时限到期，我国加入 WTO 过渡期的结束，我国农产品贸易正在面临各国贸易救济措施的转变，在这个过程中，我国农业经济结构将遭遇更多的国际市场的冲击，深层次矛盾必将逐一显现。因此我国农产品贸易救济措施之一的保障措施立法，在未来制定过程中，必须关注这些贸易救济措施和国际规则的转变，以及它们对我国农产品对外贸易和农业经济可能造成的影响，一方面保障我国农产品出口时避免不遭受对方贸易救济措施的损害，另一方面加强我国农产品贸易市场和农业产业的自我保护，适时合理有效地利用贸易救济措施和保障措施。

我国目前还没有专门的农产品保障措施立法。但宏观的保障措施方面，有《保障措施条例》，即 2001 年 12 月 26 日公布的《中华人民共和国保障措施条例》，并于 2004 年进行了一次修改。我国《保障措施条例》第六条规定，“对进口产品数量增加的调查和确定，由外经贸部负责。对损害的调查和确定，由国家经济贸易委员会负责；其中，涉及农产品的保障措施国内产业损害调查，由国家经贸委会同农业部进行”。2003 年 3 月，根据《十七大报告》的要求①，国务院撤销外经贸部、国家经贸委，组建商务部，其职责是主管国内外贸易和国际经济合作。修改后的《保障措施条例》第六条规定：“对进口产品数量增加及损害的调查和确定，由商务部负责；其中，涉及农产品的保障措施国内产业损害调查，由商务部会同农业部进行。”就条文内容来看，我国农产品保障措施中涉及进口产品数量增加的调查和确定，无论是程序还是内容，与非农产品并无二致。但农产品毕竟与非农产品在性质和特点上有很大不同，这是农产品保障措施立法必须要研究的问题。目前来看，需要在国内产业损害调查方面，当涉及农产品时，调查主体增加了农业部，即由商务部和农业部共同商讨进行产业损害调查。

就笔者所掌握的资料来看，我国发起的贸易救济案件主要涉及反倾销和反补贴两类，目前为止还没有保障措施类的案件。因此，在农产品保障措施中，商务部与农业部如何开展国内产业损害调查尚无先例可循，无法为农产

---

① 《十七大报告》明确要求，“加大机构整合力度，探索实行职能有机统一的大部门体制，健全部门间协调配合机制。精简和规范各类议事协调机构及其办事机构，减少行政层次，降低行政成本，着力解决机构重叠、职责交叉、政出多门问题。统筹党委、政府和人大、政协机构设置，减少领导职数，严格控制编制”。

品保障措施立法给予经验借鉴。同时，我国农产品保障措施立法还面临着入世后的多哈回合谈判困难、农产品贸易自由化、粮食安全以及未来农产品保障措施的国际规则变化的种种考验，这些都是我国农产品保障措施立法正在和即将面临的严峻的挑战。

第三节　中国参与农产品特殊保障机制（SSM）谈判的目标、立场和策略

有数据显示，“自1987年第一起国外涉华保障措施案启动以来，截至2007年5月底，国外针对中国的保障措施或特殊保障措施限制案为73起。其中，“入世”前为27起；“入世”后为46起，增幅达70.0%。案件数量超过全球保障措施案件的1/3，且呈逐年上升趋势，我国已成为国际保障措施的主要受害国。国外涉华保障措施调查的行业范围由“入世”前的7个增加到9个，增加的行业为金属制品和冶金行业。而且“入世”前后，轻工产品始终都是国外涉华保障措施调查的重点，该领域的提案约占同期涉华保障措施案的40%。入世后，建材和纺织行业的保障措施案已超过化工行业，分别跃居第二和第三位”。① 因此，我国所面临的特殊保障措施案件纠纷的形势依然十分严峻。

农业及农产品贸易问题能否在下一轮农业贸易谈判中取得实质性进展成为了整个谈判进程的关键，因此我国在接下来的谈判中必须采取积极有效的谈判策略和防御措施，从而在最大程度上维护我国农业利益。

一、中国参与农产品特殊保障机制（SSM）议题谈判的目标

农产品特殊保障机制（SSM）议题的谈判屡次破裂而中止，导致各方的谈判参与目标和策略随着谈判的变化而发生改变。多哈回合谈判启动之初，我国对SSM议题谈判的目标也随着谈判的不确定因素而需要调整，截至目前形成的谈判目标就是在多次谈判中不断磨合，不断改进的过程中逐渐明晰的。

（一）中国在多哈回合谈判中的目标

多哈回合谈判已经持续了近十年，多次谈判破裂，有学者认为最终的结果很有可能因为谈判没有结果而导致的世界贸易回到弊端丛生的旧规则，因

① 袁建军．论WTO体制下的保障措施和特殊保障措施［J］．商业时代，2008（23）：30.

此中国在积极谈判的同时还要做好这方面的准备。“这对中国的进出口贸易可能会带来外部环境趋紧的问题，可能会带来贸易摩擦增多的问题。”“我们的责任就是一方面自己做好应对贸易摩擦的准备，加快自己结构的调整，另外一方面，我们要加强区域经济合作。”① 中国还要加强与最不发达的小国和弱小经济体国家的贸易往来。

从目前中国对“入世”时所作出的承诺的履行情况来看，已经将所有的承诺履行完毕，实际上已超前完成了多哈回合的义务。中国积极参与所有的部长级会议和小型部长级会议以及各种层别的磋商，提出了仅次于美国和欧盟数量的议案。在世界贸易量方面已经位居世界第三，中国的多哈回合谈判参与是中国第一次进入“世贸规则制定的核心层”，中国应该在多哈回合中享有更多的话语权，以维护世界经济贸易的公平秩序。“在农业问题上，中国主张发达国家应大幅削减出口补贴和生产补贴，同时降低农产品贸易壁垒，并给予发展中国家一定的差别待遇；在非农产品市场准入问题上，中国支持瑞士公式减税，以期削减关税高峰，并对发达国家和发展中国家采取不同系数；在服务贸易自由化问题上，中国主张积极而稳妥地予以推进，在规则问题上，中国主张修改部分现有规则，特别是反倾销规则，以防止其被滥用为贸易保护的工具。”② 中国主张和积极支持全球贸易自由化，更多地关注发展中国家的利益是多哈回合中国的谈判目标，中国的谈判内容也以此为导向。同时中国也不会向某些发达国家为达谈判目的而进行利益结盟，中国最终的目标就是使国际规则充分维护发展中国家的利益，维护我国的利益。

（二）中国在农产品特殊保障机制（SSM）议题谈判中的目标

我国自加入世贸组织后，在农产品贸易方面所作出的承诺比其他一般发展中国家的自由化和可接受程度要大得多，且在 2005 年后国际 WTO 农业谈判进入新的阶段，我国的过渡期结束，农产品贸易必须更深程度地融入经济全球化，我国农业和农产品贸易必将面临新的国际贸易冲击。除此之外，我国还在区域和双边贸易开展了大量的经济合作和农业合作，签订了许多区域贸易协定和双边协定，这些都已对农产品贸易产生了影响。因此，我国在农产品贸易的全球、区域和双边的快速进程中，必然要积极参与农产品贸易的相关国际谈判，农产品特殊保障机制（SSM）就是最重要的议题之一。同时国内法方面也要相应做好准备，为农产品特殊保障机制（SSM）议题的谈判打下国内法律依据的基础，最大限度地保护我国农产品国际贸易中的自身的

① 王瑄．陈德铭：“悲壮”的多哈回合［N］．国际商报，2008-8-4（A01）．

② 屠新泉．多哈回合谈判美国无权指责中国［N］，国际商报，2010-8-20（004）．

权益。

1. 建立有利于我国的农产品特殊保障机制（SSM）

随着农产品特殊保障机制（SSM）的谈判，发达国家与发展中国家之间的矛盾越来越尖锐。特别是在农产品市场准入方面，发展中国家成员方由于农业部门的就业人口众多，所占比例很大，加之本身的农产品质量上竞争力差，许多关于食品安全、生物安全的问题的解决就要求设立农产品特殊保障机制（SSM）以防过量的农产品进口激增对本国农产品造成严重冲击和损害。而《农业协议》第5条的适用农产品的特殊保障措施条款（SSG）最早的设立目的是发达国家成员方基于对以往的受非关税措施保护的本国农产品受到关税化影响和受国际市场价格波动的冲击的担心，其实质上反映了发达国家和发展中国家在以往的谈判中的不公平。众所周知，SSG的援用必须是该国对产品实施了关税化措施，但在乌拉圭回合谈判时，很多发展中国家囿于认识和技术能力水平的有限，没有认识到SSG的重要性，没有实施产品的关税化措施，因此丧失了在WTO框架下适用SSG的权利，我国就是其中之一。

我国是非常重视“三农”的国家，并且拥有8亿多农民人口，农业问题和农产品贸易问题是我国经济社会发展的根本性问题。我国在农产品特殊保障机制（SSM）的谈判中必须坚持正确的目标，这些参与农产品特殊保障机制（SSM）议题谈判的目标与立场，包括关于SSM使用资格、SSM产品范围、SSM触发机制、SSM时间期限实施对象补偿机制、关于透明性和实施程序问题等在前章已述。建立农产品特殊保障机制（SSM）也是对我国入世后作出巨大减让承诺的回应，我国现在是全球农产品关税最低的国家的现状必须要依靠有效的贸易救济机制来维护正当的利益，防止我国农业受到未知的巨大冲击。在多哈回合的谈判中必须与其他发展中国家联合起来，尽最大努力来建立有利于发展中国家的SSM，有利于我国农产品贸易应对国际市场的冲击的SSM，和有利于解决我国农业安全、粮食安全和国家安全的SSM。

2. 维护公平的国际经济新秩序

WTO框架下的农产品特殊保障机制（SSM）议题的谈判仍是未知数，还有许多障碍没有消除，我国在未来参与谈判的过程中，必须坚持发展中国家的立场，不被有其他意图的发达国所诱导，并始终围绕我国自身的经济政治利益，坚持农产品特殊保障机制（SSM）规则设置的合理性和公正性，在未来需解决的问题方面，认真研究果断决策，充分发挥谈判的技术优势，并以大国的良好姿态影响立场摇摆的国家，以期早日在农产品特殊保障机制

（SSM）议题谈判方面达成共识。

尽管多哈回合多次谈判失败没有结果，但其谈判所产生的许多新的内容和议题都对未来谈判和实践有着重要意义。特别是目前全球经济不景气、金融危机的长期困扰、粮食危机还未消除的情况下，更需要加强和推进多哈回合的谈判成功，以对抗以上消极的国际贸易因素，给全世界的贸易参与方以信心。毕竟消耗各个参与方许多时间和精力的谈判如果最终没有突破性的进展，将会导致贸易保护主义滋生，出现更多新的双边多边贸易摩擦，对全球经济构成巨大打击。

我国对农产品特殊保障机制（SSM）议题的谈判在未来必须要积极抵制各国内的贸易保护主义潮流，呼吁和倡导发达成员放弃一己私利，不受国内政治因素的影响，防止国内农业补贴对国际贸易的扭曲，合理开放市场合理要价。多哈回合也被成为是“发展回合”，希望发达成员秉承公平正义的理念，理解和支持发展中成员的正当权益，区别对待发达成员和发展中成员的农业利益，毕竟发展中成员追求的是最基本的国家农业安全和农民的生存，这个问题在发达成员国里已不存在。我国未来在谈判实践上要继续保持一贯的姿态，积极参与、争取更多的话语权，为建设一个更加合理的全球多边贸易体系和维护发展中国家的农业利益而不懈努力。

二、中国参与新一轮农产品特殊保障机制（SSM）议题谈判的立场

（一）坚持作为发展中国家的谈判立场

在农产品贸易自由化冲击的影响下，发展中国家由于应对措施不足，往往承担不利后果。由于发展中国家本身农业集约规模化生产水平不高，多以小农生产方式为主，且发展中国家政府也不能给予过多的农业生产补贴。在这种情况下，通过多边贸易体制高度开放发展中国家的农业市场是危险之举。会导致原本就贫困的农民和乡村更加贫困，国家的粮食安全和国家安全也会受到严重威胁。“乌拉圭回合谈判过程中发达国家利用建立世界贸易法律体系的机会为自己在农产品贸易领域争取到了极大的利益，在 WTO 新一轮谈判过程中，如果发展中国家再不联合起来与发达国家谈判，那么在未来的国际农产品贸易领域中将很难有生存的空间。”① 我国应当联合其他发展中国家，共同争取建立有利于发展中国家的农产品特殊保障机制，这将有助于我国农业在未来的国际农产品市场贸易自由化趋势中更好地维护我国的农

① 张敏．多哈回合与特殊保障机制（SSM）［J］．河南商业高等专科学校学报，2007（2）：93-95.

业利益。

经济发展水平、人均国民生产总值、产业结构层次、对外贸易模式等因素客观上决定了中国仍是一个发展中国家。与此同时，中国又是一个拥有巨大经济总量和政治影响力的"发展中大国"。为此，一方面中国政府仍将以"巩固和加强同发展中国家的团结合作"作为基本立足点；另一方面，中国又致力于扩大同发达国家的共同利益，妥善处理各种矛盾和问题，进一步改善和发展相互关系，① 争取达成双方利益的互利共赢局面。

（二）坚持不当发展中国家的"头"的立场

由于中国在加入WTO的谈判中已就诸多问题作出不同程度的承诺，已为农业多边贸易体制的发展和贸易自由化的进程作出了贡献，因此，将以此作为参加多哈回合多边谈判的重要筹码，争取尽量不做或少做进一步的承诺；在多哈回合多边贸易谈判中要坚持维护发展中国家的利益，但不当发展中国家的"头"；从中国自身利益出发，在具体谈判中，分不同的议题，与那些与中国利益相同或立场相近的国家和集团互相协调，加强合作。

中国参加多哈回合农业贸易谈判，应注重从谈判战略和谈判战术两个层面来维护国家经济利益和积极推动多哈回合农业贸易谈判的成功。我国应采取的谈判战略主要包括：谈判者要正确认识和判断形势，从大局出发，把宏观和具体相结合，政治因素和经济因素相结合，作为正确分析形势的基本方法；争取权利与义务的平衡。应采取的谈判战术主要包括：选择议题挂钩；参加谈判同盟；适当运用"先行优势"；选择灵活变通的谈判策略。②

中国在参与农业贸易国际竞争时，要注意做好两个方面的准备：其一是要在WTO框架的条件下，分析"后过渡期"的大形势及我国的优势和劣势，将多边贸易体制法纪和规则条款与我国的切身利益结合起来进行研究，找出我国与国际规范的契合点和冲突的解决方案；其二是要以大国身份积极参与新一轮农业贸易谈判，争取更多的话语权，使我国的利益能够得到体现。谈判重点应放在以下方面："其一，在削减关税方面，我国应主张在进一步削减各国农产品平均关税的同时，设定每种农产品关税的最高限额，使农产品关税得到实质性的减让；其二，在出口补贴方面，应联合广大发展中国家提出诉求，力争使发达国家在短期内大幅度削减乃至全部取消出口补

---

① 樊勇明，贺平．中国是多边贸易体制的积极建设者［J］．复旦学报，2006（6）：33.

② 薛荣久，樊瑛．WTO多哈回合与中国［M］．北京：对外经济贸易大学出版社，2004：7-8.

贴；其三，在国内支持方面，我国应坚持的态度是大幅度削减发达国家的黄箱补贴，并要求发达国家严格遵守农业多边贸易法纪规定的削减义务；其四，我国应联合发展中国家提出议案，要求承认发展中成员农业的特殊性，并以实际的、可操作的措施严格执行发展中国家享有的特殊和差别待遇；其五，在新一轮农业多边贸易谈判中，以发展中国家的立场提出农产品贸易保障措施，维护我国的粮食安全。"①

三、中国参与农产品特殊保障机制（SSM）议题谈判的策略

（一）以发展中成员方立场，维护发展中国家利益

1. 发展中国家在 SSM 议题上采取的立场

对于多数发展中成员，特别是农业人口比重大，存在大量生存型、资源禀赋匮乏的低收入农民的成员，农业在确保其国内粮食安全和消除贫困方面具有极其重要的和不可替代的作用。由于这些发展中成员的财力有限、宏观调控能力较弱以及农业具有生产周期长、农产品需求弹性小等特点，为防止扩大市场准入过程中可能出现的进口剧增对其粮食安全和消除贫困造成的不利影响，应给予发展中成员新的特殊保障机制。

在农产品特殊保障机制的谈判方面，发展中国家应该采取的立场包括：

（1）国家及产品范围。

①国家范围。衡量一个特定国家是否可以适用特殊保障机制（SSM），可以考虑以发展中国家对农业的实际国内支持水平（例如使用国内支持支出占农业产值的比例）来作为衡量标准。

②产品范围。《关于发展中国家农产品特殊保障措施的建议案》认为，产品范围应包括以下几个方面："A. 发展中国家可以坚持战略性/特殊产品可以自动适用 SSM。B. 通过声称 SSM 应关系粮食安全，来主张特殊保障机制适用于加工产品是有道理的。发展中国家可以从更广泛的角度来考虑，即特殊保障机制关系他们的整体发展要求以及农业潜力的实现。在此意义上，加工产品应当可以适用 SSM，因为它们有助于增加发展中国家的就业、生产价值以及出口基础。C. 为了保证 SSM 的效力，产品范围应当包括每个成员具有重要利益或关注的相近的替代品或竞争产品。D. 在坚持对按照与 SSM 同样的标准审查现行的 SSG 的产品范围的基础上，权衡主张 SSM 应具有更

---

① 钟卫稼. 我国农产品贸易的现状分析与对策［J］. 价格月刊，2007（5）：56-58.

广泛的产品范围的立场。”① 尽管大多数发展中国家在乌拉圭回合中并没有实行关税化，但他们和其他 WTO 成员一样实行单一关税制。因此在单一关税制下，所有 WTO 成员都对农业的脆弱性表示担忧。

③对“目前”贸易流向的影响。为确定援用以数量为基础的特殊保障机制所要求的进口量而计算最低和现行准入承诺项下的进口，澄清这一点对有权使用关税配额的发展中国家来说至关重要。

④与进口来源有关的国家范围。发展中国家可以坚持特殊保障机制适用于所有来源的进口。

（2）数量触发特殊保障措施。

①触发机制的敏感性。现行特殊保障措施规定当进口不超过国内消费量的 10% 时，基础触发水平为 125%。进口占国内消费量的比例越高，规定的基础触发水平越低。在计算触发水平时如不考虑国内消费量，也应该使用此种基础触发水平。基础触发水平越高，越难以援用以数量为基础的特殊保障措施。因此，125% 的基础触发水平是第 5 条现行规定所设想的最极端情况。对那些因进口水平较低或没有公布国内消费量数据的国家采取这种极端情况是一种惩罚。可以认为这个条件过于严格，因为假如发展中国家的进口占国内消费量的比例在所有情况下都小于 10%，情况可能就不是这样。如果进口量已经占国内消费量的一个重要比例，则只有当进口量已经达到国内消费量非常大的比例时，才可以启动以数量为基础的特殊保障措施。发展中国家关税低，不能使用关税配额和其他措施来控制进口流量。因此认为他们已经关闭市场并且只允许少量进口是不正确的。

②救济行动。在附加关税的形式方面，现行 SSG 规定并没有设定任何条件，因此成员可以自由决定以从价税、从量税或混合使用两种方式来征收附加税。

③实施期。根据每个国家的情况，该措施实施年度可能是指民事、财政或营销年度。发展中国家可以在一年实施期满后坚持可以再援用特殊保障措施。另外一个建议就是确定成员对同一种产品采取新的特殊保障措施的期间（如 1 年）。

（3）价格触发特殊保障措施。

①触发机制。发展中国家没有能力向农民提供直接支持（即财政拨款）以维持他们的收入水平。而且，大多数发展中国家都没有建立以市场为基础

① 农业贸易促进中心．关于发展中国家农产品特殊保障措施的建议案［EB/OL］，http：//www.cafte.gov.cn/gjmyxy/taishi/20050124/1728.asp，2010-4-15.

的、完善的机制以应付与农业生产，特别是价格波动有关的风险。

主席案文建议在计算参考价格时剔除 3 个最高和 3 个最低的月平均价格，这将导致该机制对同样的波动情势反应不灵敏，而这些波动情势恰恰是该机制旨在解决的问题。在无法获得月平均价格的情况下，主席案文规定参考价格应在“已经公布的、具有代表性且事先通报的出口价格”的基础上确定。现行的特殊保障措施允许成员自行使用“根据产品质量及其加工程度确定的合理价格”，且只有在首次使用后才需要通报。发展中国家可以考虑采用类似的价格触发界定方法，这将使他们能够对诸如进口产品质量及其价格等问题作出判断。

发展中国家可能对下列事项感兴趣：在农业委员会内澄清有关参考价格的磋商不得妨碍进口成员诉诸特殊保障机制。这种澄清在如主席建议的参考价格应事先通报的情况下尤为必要。延迟适用此种措施将对其制止进口激增的效力具有重要影响。

考虑到目前世界市场的扭曲状况，发展中国家可以考虑坚持使用平均国内价格来确定价格触发。

②触发机制的敏感性。一旦启用此措施，主席案文允许对价格下跌进行全额补偿。在此方面，SSM 比要求采取措施前价格下跌 10% 的现行 SSG 更加灵活。

主席案文中 SSM 继续采用了现行 SSG 关于以本国货币来表示进口价格的条件。这种规定存在缺陷，因为发展中国家在通货膨胀和货币不一致等方面的脆弱性，使这些国家不能仅仅靠这些因素的运作而达到触发价格。一种更好的方法是使用交易时 CIF 价格货币作为参考。

③救济措施。附加税不得超过该水平，即使应征收更高附加税才能足以抵消价格下跌。

④审查和通报要求。发展中成员可以考虑继续坚持放弃援用保障措施协议的有关条款及 GATT1994 的一般保障措施条款的成员不得收回其对有权诉诸 SSM 的成员的承诺。发展中成员可以强调通报要求不得变成一种额外负担，避免将提供通报作为实施特殊保障措施的条件。

⑤特殊保障措施的有效期。SSM 条款应在改革进程内或永久有效。这种方式可以保证发展中国家在以后的贸易自由化回合谈判中仍可使用。①

2. 中国在发展中成员内部利益的协调作用

① 农业贸易促进中心．关于发展中国家农产品特殊保障措施的建议案［EB/OL］，http：//www.cafte.gov.cn/gjmyxy/taishi/20050124/1728.asp，2010-4-15.

中国在多哈回合谈判伊始就立场鲜明地主张新的多边贸易谈判的目标应当是有利于建立公平、公正和合理的国际经济新秩序，有利于发达国家和发展中国家利益的平衡。中国参与多哈回合的谈判不仅仅是就谈判而谈判，实质上更深层次地包含了希求建立国际经济新秩序的愿望。中国作为迅速崛起的发展中大国，在谈判中具有双重身份，且中国参与多边谈判的经验还有所不足。因此，在多哈回合谈判中，中国应该充分发挥大国姿态，积极参与谈判并在其中发挥积极作用。

农业多边贸易谈判过程告诉我们，随着发展中成员数量的增加，其各自收入水平、贸易利益、机构能力和融入全球经济程度等方面的差异巨大，因此，在农业多边贸易谈判中分歧较大。尤其自乌拉圭回合以来，发展中成员之间出现了进一步分化的趋势，参与或形成了多个关注各自利益的小集团，不仅分散了整体的谈判实力，甚至存在根本性的利益冲突。中国在农业多边贸易体制中是否能够，并且愿意发挥其在联合国中所发挥的作用？对此，我们认为，在短期内，中国还很难做到。原因主要在于：中国作为一个经济高速成长的大国，其本身对其他发展中国家的农产品进出口利益存在竞争威胁。而且在“以经济建设为中心”、“永不当头”、“韬光养晦”的外交原则下，中国并不一定愿意充当领导者，这是因为多边谈判作为一个具体制定国际规则的场所，所有成员都会将国家利益作为优先原则，力图在规则中反映本国或本集团的经济利益，因此，合作与联合往往是暂时的，而冲突与竞争才是永恒的主题。

在多哈回合农业贸易谈判的进程中，中国获得了影响其发展方向的机会，并有能力在这过程中发挥其重要作用。① 中国作为最大的发展中国家，与广大发展中国家联合起来将有助于改变多边贸易体制由美、欧、日、加四方主宰的局面，并为其他发展中成员和转型经济成员的参与起到示范作用，从而促进多边贸易体制的正常有序发展。

（二）谈判的原则性与灵活性相统一

各国都积极利用拥有的参与制定国际贸易规则的权利，在多边贸易谈判中维护和实现自身权益。加入世贸组织，意味着我国已经拥有了参与到世界贸易规则的制定和修改当中去的合法权利。多哈回合谈判是我国加入世贸组织后，首次以规则制定者的身份参与的谈判，该谈判涉及众多领域，其中农产品问题是多哈回合的焦点。作为一个对促成谈判起决定性作用的力量，我

---

① 张幼文等著．多哈发展议程：议题与对策［M］．上海：上海人民出版社，2004：34-39.

国应更好地参与到贸易谈判中去，不断提高我们的谈判技巧和能力，并应善于运用谈判策略，培养一些能够掌握并熟练运用 WTO 规则的专家，进一步提高谈判策略和能力，以更大程度维护本国的利益不受损失。

1. 坚持农业特殊保障机制（SSM）谈判的原则性立场

我国在新一轮农业贸易谈判中在特殊保障机制（SSM）议题上，应在 SSM 目标、SSM 使用资格、SSM 产品范围和 SSM 触发机制等方面采取以下原则性立场：（1）在 SSM 的政策目标上。我国应同其他发展中国家一道，坚持在谈判中取消现行的 SSG 条款，大力倡导仅适用于发展中国家的 SSM，以保护发展中国家出口农产品的利益。我国农产品出口的流向国多是欧美发达国家，建立适应发展中国家的 SSM 对我国的农业利益和国家利益起到重要保障作用。（2）在 SSM 适用的成员资格上。关于 SSM 的谈判，到底哪些成员方能够有资格使用农产品特殊保障机制（SSM）也是维护发展中国家利益的重要条件。在这一点上，很多发达国家在谈判时总是抓住中国 GDP 排在世界前列而反对中国使用 SSM，中国则应坚持按照“人均 GDP”的标准参与谈判，以“人均 GDP”作为划分使用 SSM 的成员的标准符合我国国情，我国仍旧是各方面发展还很不平衡的发展中国家。（3）在确定 SSM 的产品范围上。和粮食密切相关的谷物、油籽以及人类生活必需品来源棉花，是 SSM 的产品范围中重要的产品。这些产品归为 SSM 谈判的重要谈判范围，各成员方没有异议。不过各个成员方的国情不同，我国更是一个农产品种类丰富、地域广袤的发展中国家，因此，中国在谈判中必须从中国的国情出发，专门制定中国的 SSM 农产品范围清单，体现我国的特殊性。（4）在 SSM 触发机制上。以往的保障措施只适用数量触发机制，而从我国的农业生产利益分析，SSM 适用数量触发机制和价格触发机制两种方式更切合我国利益。数量触发机制可以保证国内农产品供求关系的平衡，价格触发机制可以避免国际农产品价格的波动变化过于频繁影响我国农民和农业的经济利益。

2. 采取 SSM 谈判的灵活性立场

农业特殊保障机制的建立对于减轻农产品贸易自由化给我国农业发展带来的不利影响具有相当大程度的促进作用。因此，在接下来的农业贸易谈判中，在特殊保障机制议题上，我国在积极支持建立旨在维护发展中国家利益的 SSM 机制的同时，也要立足本国国情，争取在该议题上为我国争取更大的利益和发言权。

第一，应坚持特殊保障措施（SSG）在农业改革进程之后就应该被取消。然而，一些以前有权使用 SSG 的国家，在多哈回合谈判过程中提出要继续保留使用这一措施。目前有权使用的国家主要有欧盟、美国、日本、加拿大、澳大利亚、挪威、新西兰、瑞士、韩国等发达国家以及少数发展中国家，而我国并没有使用特殊保障措施（SSG）的权利。其中美国与欧盟是动用特殊保障措施最多的国家，日本、韩国每年也动用特殊保障措施，这些国家正是我国农产品主要出口目的地国。因此我国在多哈回合谈判中应该坚持取消现有的特殊保障措施（SSG）。

第二，应主张只有发展中国家才能使用特殊保障机制，并将特殊保障机制的目标主要确定为维护发展中国家的粮食安全、生活安全以及乡村发展。

第三，就SSM的适用范围而言，由于我国既是农产品出口国，SSM规定的越少越有利于我国农产品的顺利出口；同时又是农产品的进口国，需要利用SSM来保护本国农业利益不受外来进口农产品的冲击，因此，应尽量争取将我国主要进口农产品纳入SSM的产品范围之内。

第四，应该坚持允许数量触发及价格触发两种触发机制。发展中国家农业生产水平还不高，中国同样面临着多边贸易机制对农业的冲击等问题。触发机制的方式越多越能够给中国提供更多的农业保护途径。

（三）以“发展”的理念推动多哈回合SSM议题的谈判

发展中国家参与农业多边贸易体制的实践表明，这些国家由于经济结构和贸易实力的限制，难以按照形式上平等的无条件最惠国待遇条款与发达国家进行贸易往来，在国际农业贸易中往往处于劣势地位。在一个以规则为基础的农业多边贸易体制中，如何体现一种公平、互利的农业贸易竞争规则，从而实现发达国家与发展中国家利益之间的平衡呢？笔者认为，应该以“发展”的理念推动多哈回合农业特殊保障机制（SSM）议题的谈判。

1. 坚定“发展”理念

多哈农业回合能否在接下来的谈判中取得实质性的进展，最重要的因素取决于“发展”的主旨能否被贯穿于多边贸易谈判始终。主要应该从以下两方面来努力：

（1）深入贯彻落实“特殊和差别待遇”原则。“多哈发展议程”一个主要的宗旨就是要充分照顾到广大发展中国家的切身利益，促进其国内经济的不断发展。鉴于发展中国家在经济实力、资金等各方面都处于劣势，因此，给予发展中国家“特殊和差别待遇”是十分必要的，也是多哈回合“发展”主题的核心。要想使“发展”主题实至名归，使“特殊和差别待遇”落到实处，那么接下来的谈判就应该从以下两个方面来开展：一方面，加强现行农业多边贸易协定中“特殊和差别待遇”条款的可操作性和执行力，将现行条款中关于“特殊和差别待遇”的原则性条款在最大程度上具体和细化，规定具体的权利和义务以及不履行的责任；另一方面，现行的“特殊和差别待遇”条款数量还十分有限，还需要制定更多的、新的“特殊和差别待遇”条款，并给予发展中国家更长的过渡期，使发展中国家在制度改革和经济发展上都能有显著的进步。

给予发展中成员切实有效的特殊和差别待遇不仅有利于发展中成员的发展，同时也是新谈判达成协议的必要条件。一方面，在削减关税及国内支持的承诺水平和实施期限上，应给予发展中国家更大的空间和更长的期限，以便发展中国家逐步适应开放的市场。对于大多数发展中国家普遍存在的大量小农场主和主要以维持生计为目的的小农经济生产者，应允许其灵活地采取进口限制和国内支持等保护措施。重视农业改革对发展中国家的影响，适当鼓励一些缺乏足够、稳定的外汇储备来源以支付食品进口的发展中国家发展国内食品生产，并在一定限度之内，允许他们可以限制廉价的食品进口和提供国内生产支持。但另一方面，又要避免形成一套单独适用于发展中国家的有悖于自由贸易宗旨的规则。因而在设置特殊和差别待遇的过程中，要把重点放在如何使发展中国家更容易融入世界贸易体系、确保发展中成员能在所需的基础建设上投资和提高竞争力等方面。

为了制定特殊与差别待遇条款的改进措施，应该深入理解农业贸易与发展之间的关系，关注发展中国家制度上的缺陷和市场运转中的弱点，这是把发展中国家的农业和发达国家区分开来的关键特征。由于多边贸易协定的实施能否朝着有利于发展中国家的方向发展并得到进一步的完善，是衡量多哈回合能否实现“发展议程”的一个重要标志，因此，发展中国家也有必要在谈判与国际立法活动中通过协调立场和加强合作来促进国际农业贸易体系的民主改革。当然，无论发达成员还是发展中成员都要在共同努力中求妥协，在利益平衡中求共同发展，在共同发展中求可持续贸易。

（2）坚持平等性原则。虽然平等性原则作为 WTO 的基本原则被提了出来，但 WTO 具有长期被发达国家把持的历史，其导致的结果是：决议、方案等文件反映的都是发达国家的意志，广大发展中国家并没有在贸易自由化的趋势下得到多少实惠。要使国际农业贸易的自由化趋势不损害发展中国家的发展，同时确保发展中国家在农业贸易自由化进程中得到好处，必须改变这种自由化进程中的不平等现象。只有这样，农业贸易的自由化才可能促进世界经济的“可持续发展”，否则将导致世界经济的两极分化，最终也将使自由化的成果化为乌有。因此，只有妥善处理好农业贸易谈判中发展中国家的利益体现和维护问题，才能促使谈判达成一致的可能性加大。

WTO 农产品贸易协调机制的完善是一个长期的过程，指望在短期内通过谈判达到上述改善是不现实的，它需要在长期的协调农产品贸易的实践过程中不断得到修改和完善。

2. 坚定多边贸易体制

多边及区域农业贸易协议虽然在一定程度上促进了地区内部的贸易自由化，但是随着区域合作程度和广度的不断加深，多边主义和区域贸易将很有可能会对多边农业贸易体制产生威胁。区域主义对多边贸易体制的影响包括：使多边贸易体制的非歧视原则受到损害；交错重叠的区域贸易协定增加了多边贸易体制的潜在成本；区域主义会造成贸易转移问题，影响了多边贸易体制的公平，降低了世界经济的福利；区域贸易谈判占用了大量的谈判资源，使一些国家特别是发展中国家无法对多边贸易谈判投入更多的财力物力。① 以上三个方面的影响充分说明了需要坚定多边贸易体制，需要通过多边贸易体制综合各种其他贸易体制的优势。

综上所述，多边贸易体制对维护整个国际农产品贸易市场秩序发挥着至关重要的作用。由于世界贸易组织所具有的统领性和较完善的农业贸易争端解决机制的设置，双边、多边和区域性的农业贸易才能健康、有序发展，这是任何区域贸易组织和协议所不具备的。因此，正如曾令良教授所言“无论多哈回合和 WTO 今后的道路多么的艰难曲折，我们必须始终保持多边主义的信念不动摇。只有这样，WTO 及其成员，包括其他政府间组织和非政府组织，才能群策群力，利用各种官方和民间的智慧，寻求克服各种困难的途径，推动农业多边贸易谈判，不断地完善多边贸易体制，可持续地促进全球农业贸易的发展”。② 我们期待着农业贸易议题能够在下一轮谈判中取得实质性的进展。

第四节　中国对农产品特殊保障机制（SSM）议题谈判的推动及其国内回应

中国加入世界贸易组织（WTO）以及多哈回合对农业议题的谈判，对 21 世纪的中国农业产生深远的影响。对我国农产品贸易来说，首先意味着一大批新的竞争者的加入，其次是原有的市场规则有许多不再适用，旧的格局将被打破，再次是必须在更深层次上与国际市场及其通行的贸易规则接

① 邓炜．多边贸易机制的深层危机和中国的现实选择［J］．中央财经大学学报，2001（1）：68.

② 曾令良．多哈发展议程的困境与出路［J］．理论月刊，2004（7）：5-11.

轨，构建新的国内农产品贸易环境。因此对于我国来说，农产品贸易和农产品特殊保障机制未来可能的适应，既是一次革命性的全面提升的契机，又是一次过程艰辛的严峻挑战。中国既要在谈判中坚持立场，又要积极推动农产品特殊保障机制（SSM）议题的谈判。因此，我们需要通过加强法治环境，完善相关法律规定，建立配套的实施机制，规范农产品对外贸易的运行秩序。

一、积极推动多哈回合和农产品特殊保障机制（SSM）谈判

（一）以发展中国家立场积极推动多哈回合谈判

多哈回合停滞不前使世界多边贸易体制的发展遇到严重阻碍。而中国始终站在积极的立场支持多哈回合尽快达成协议。中国自"入世"以来，积极履行各项承诺，已经成为世界上关税水平最低的国家之一，这在发展中国家是不多见的。中国坚定立场和履行的积极态度大大促进了国际贸易的发展。尽管中国在双边和区域贸易方面的发展情况及协定的制定都走在世界前列，但毕竟不能替代多边贸易体制的种种优点，比如节约交易成本等。中国的进出口贸易水平已经排到世界前列，贸易覆盖区域遍及全球，因此亟需完善的有利于发展中国家的多边贸易体制来保护中国对外贸易活动。

特别在农业方面，中国是世界农业大国，又是世界上人口最多的发展中国家，农产品议题谈判的成功与否对中国来说至关重要。多哈回合谈判的多边贸易体制停滞不前，恶化的结果将严重威胁世界经济。对中国而言，对外贸易的不稳定因素增加，中国经济贸易的平稳增长的目标将无法达到。因此，加强多边贸易体制，积极支持多哈回合谈判完全符合中国利益，有利于稳定中国出口环境和经济环境。不仅中国，在当前世界经济增长放缓、不稳定、不确定因素增加，形势严峻复杂的形势下，"国际社会尤其应该防止各种形式的贸易投资保护主义，努力推动多哈回合谈判早日取得进展"。① 中国商务部也曾表示："中国始终是多边贸易体制的坚定支持者，始终是自由贸易原则的忠实维护者，始终是多哈回合谈判的积极推动者。"② "谈判成功对于加强国际合作、为发展中国家从贸易自由化和投资全球化进程中创造有利条件来说必不可少，对于改善贫困弱势人口的生活以及消除不合理的市

① 胡锦涛．通力合作共度时艰，在金融市场和世界经济峰会上的讲话［N］．经济日报，2008-11-16（1）．

② 张君．中国坚定支持多哈回合谈判的立场不会变［J］．中国经贸，2010（15）：44．

场状况和加强贸易管理来说也非常重要。作为世界上最大的发展中国家的中国更应积极推动多哈回合谈判尽快达成协议"，联合国秘书长潘基文也对中国推动多哈回合谈判寄予厚望。

在多哈回合的农业谈判过程中，中国下一步的谈判方向应该坚持拒绝再在农产品方面作出让步，同时和众多发展中国家一道，同舟共济，相互支持协调合作，维护多哈授权，捍卫发展中国家的利益，使多哈回合这个"发展回合"真正体现对发展中国家的优惠和特殊差别待遇，通过积极的谈判确保中国对外贸易和农业贸易发展的良好的公平合理的多边体制环境。

（二）坚持实质公平的理念促进 SSM 谈判

农产品特殊保障机制（SSM）议题的谈判曾因美国和印度在这个问题上的严重分歧而导致整个多哈回合谈判的破裂。究其实质，是发达国家在本国已获得巨大利益的基础上还欲对发展中国家利益予以压制，这深刻体现了旧的世界经济秩序的不公平不合理之处。农产品特殊保障机制（SSM）的谈判就是希望打破旧有格局的桎梏，纠正多边贸易体制内不平衡的财富分配格局和矫正只追求效率而不追求公平的价值理念。

中国对农产品特殊保障机制（SSM）的谈判必须坚持以公平价值为最高理念，对以前乌拉圭回合中的效率最大化理念加以限制，保持农产品特殊保障机制（SSM）的谈判的公平与效率价值的平衡，通过建设世界经济新秩序推动其谈判进程。当然，农产品特殊保障机制（SSM）的谈判的成功反过来也将促进世界经济新秩序的建设。因此，中国在维护世界经济新秩序的过程中，同时还要加强区域经济合作和有效应对贸易摩擦，应对发达成员对发展中成员在多边贸易体制中的歧视性，与广大发展中成员一起，携手共建公平互利的世界经济新秩序，改革只追求效率的旧有多边贸易体制。中国在 SSM 谈判中的角色不仅仅是新规则制定的参与者，还要扮演新的世界经济秩序建立的创造者之一，将中国在世界经济贸易中地位的崛起和农产品特殊保障机制（SSM）的谈判紧密结合，相互促进，使谈判成为契机，使新秩序的建立为谈判创造更加有利的国际贸易环境。

二、中国对 SSM 谈判可能产生新的规则的国内法治准备

由于新一轮谈判未完成，谈判各方的立场不明朗，什么时候谈判达成，达成什么样的谈判结果，这些最终内容都无法预测。但是我国必须做好充分的迎接各种可能的谈判结果的准备，在各项工作上完成与国际接轨。有了国内良好的法治环境才能保证我国与 WTO 的有效接轨和保障我国在农产品特殊保障机制中的国家利益。

（一）中国须加强外贸立法与农业立法

农产品特殊保障机制（SSM）谈判和农产品贸易自由化程度的提高对发展中国家的影响在逐渐扩大，若农产品特殊保障机制（SSM）谈判成功，将成为全球农产品自由化贸易频繁波动的“减震器”，使农业大国的农产品贸易趋于平稳。此时，各个发展中国家的良好的法治环境将成为适应新规则之必需，只有国内法治环境与国际规则相协调才能促进和改善中国农产品贸易自由化的现状。

中共中央在党的十五大上提出“依法治国，是党领导人民治理国家的基本方略，是发展社会主义市场经济的客观需要，是社会文明进步的重要标志，是国家长治久安的重要保障”，“加强立法工作，提高立法质量，到2010年形成有中国特色社会主义的法律体系”。农产品特殊保障机制的良好法治环境的建立，首先需要健全市场经济中的法治环境，应该注重法律秩序和公平规则的建立及完善，减少交易成本，消除交易障碍，促进市场经济商品交易的发展。在农产品特殊保障机制（SSM）方面首先须加强外贸立法与农业立法。

中国目前的外贸立法与农业立法主要有，《对外贸易法》、《保障措施条例》、《进出境动植物检疫法》、《反倾销条例》、《反补贴条例》、《保障措施条例》，以及《农业法》、《种子法》、《无公害农产品管理办法》等。市场经济对法治要求不仅表现在完善的市场法律体系，以加强构成市场经济的基础和前提，而且表现在法治的要求要得到切实的贯彻实施，在开放经济条件下，还须考虑到国内相关法规要与国际贸易规则接轨。因此，我国在参与农产品特殊保障机制（SSM）议题新一轮谈判时，就要以 WTO 规则的基本精神以及农产品的贸易规则的基本原则，对以上现行的外贸立法和农业立法进行必要的清理、充实、调整和完善，并提高依法行政水平，使我国的国内法规与 WTO、《保障措施协议》、《农业协定》第五条等规定相适应。

（二）亟需完善中国农产品保障机制相应的立法

未来农产品保障机制需要中国制定、修改和完善国内的实体法，完善司法审查程序的程序法，加快适应 WTO 规则的国内立法步伐，更好地与国际接轨。

首先，为更好地适应 SSM，应积极修改我国与 WTO 规则体系相冲突的国内实体法，避免导致国际争端。因为大部分的农产品特殊保障措施争端案例中，最根本的冲突就是各成员方国内立法的一般规定与 WTO 相关规则不一致，引发对国内产业的损害或损害威胁的事实认定不一致。因此，我国人大常委会和国务院有必要及时加强和监督农产品保障机制的立法工作，使已有法律规定与WTO农产品特殊保障机制的相关规定衔接，为我国在国际市场上的农产品贸易做好法制保障，避免由于立法冲突引发的农产品保障措施的国际纠纷。

其次，在我国国内立法修改方面，应将重点放在行政程序方面，以及对行政活动的司法审查程序上。WTO协定的规则数量巨大而且缺乏权威的解释，各国在农产品特殊保障机制方面的实体立法难以达成完全的一致，这也是任何一个成员方或申请特保机制的成员方难以做到的，美欧国家完善的法律体系也难以达到。不过在程序法方面，法律规定不难作解释，是可列举的，包括行政管理程序和司法审查程序，因此可以首先考虑修改国内的程序法内容。为了保证国内立法修改的实际作用，应当遵循以下原则：立法形式不得以行政命令代替，程序性立法不得以实体性规定代替。确保我国农产品保障措施立法的时效性和针对性。

再次，加快健全和完善我国市场经济法律体系的步伐。我国在参与农产品特殊保障机制（SSM）议题的新一轮谈判后，应积极认真研究WTO规则和我国的入世承诺，将相关的程序性和实体性冲突逐一修改或废除。不过国内产业将在这些法律规定修改后面临激烈的来自国际市场的竞争，我们还需要快速及时地补充我国农产品保障机制和市场经济体系的法律空白，正确引导农业的发展，积极推动、加速扶植我国农产品贸易。

（三）尽快制定建立中国农产品产业损害预警机制的相关立法

农产品产业损害预警机制能够维护国家农业经济安全与农产品贸易安全，是有效运用各种贸易救济措施必不可少的基础性工作，具有前瞻性和预防性的特点。制定建立我国农产品产业损害预警机制的相关立法包括对我国国内农产品产业可能受到的进口农产品激增带来的损害或损害威胁的监测预警的规定，和我国出口的农产品可能遭到进口国采取保障措施或反倾销、反补贴的监测预警的规定。我国农产品产业损害监测预警的制度措施可以包括，在进口方面规定对重点农产品、农产品进口国家或地区的市场进行动态监测，并定期公布监测预警信息，提高国内农产品相关产业的警惕性，保障我国国内农产品产业的贸易安全；在出口方面规定向国内的出口企业提供详细准确的国际市场信息，农产品出口国的市场情况和法律法规的信息，保障我国农产品出口企业免受“两反一保”救济措施的损害。我国的农产品贸易在国际市场上仍处于弱势，立法也不完善，和许多发达国家的农产品贸易法律法规体系的完善度很难相比，很容易受到这些国家采取贸易救济手段而导致的损害。因此，农产品特殊保障机制未来对我国的影响必然涉及建立农产品产业损害预警机制的相关制度，完善农产品产业信息体系管理体系，以保障我国农业和农产品贸易的发展的长远利益。这些也是我国农产品贸易对国际法律制度加以借鉴的结果。

（四）加强农产品特殊保障机制方面国际法与国内法的关系的研究

农产品特殊保障机制（SSM）议题新一轮谈判将制定出新的国际农产品特殊保障措施规则，中国将在这一轮谈判中加强发展中国家的意愿表达，使规则更有利于发展中国家，使规则的公平性大大增强。规则制定后，中国在国际事务中的话语权也将大大增强。究其深层次的法理，实际上是国际立法和国内立法的关系的问题，是履行国际义务和行使本国权利相互关系的问题。对这一问题的分歧也主要存在于发达国家和发展中国家之间。

发达国家往往以其价值观为最终追求，就是为了追求利益的最大化，轻视实质公平。如果在具体规则上不能制约发展中国家，发达国家就会把农产品的产业标准提高到对发展中国家形成贸易壁垒的程度，这只是有可能发生的情况的一种。因此，中国作为世界上最大的发展中国家参与谈判，就必须确保拥有贸易规则的制定权和谈判权，这是全球农产品贸易达到真正的实质公平的保证。

WTO 作为经济全球化的极为重要的组织之一，必以自由竞争和市场经济为基础，必将世界贸易自由化作为其终极目标。WTO 的规则主要是条约规则和习惯法规则，都属于国际法范围。中国作为 WTO 的成员国，必须认真清醒地研究与农产品贸易和农产品特殊保障机制有关的规则，准确修改和制定国内法，消除与国际规则的冲突，最大程度保护我国利益。相应地，在国际规则制定后，我们作为重要的缔约方就要严格依照国际规则进行农产品贸易活动，认真履行国际义务，承担我们应当承担的国际责任，明晰国际法和我国国内法之间的关系，保障我国的国家权益。

（五）注重 WTO 体制下农产品贸易与法律的复合型人才培养

不论是国际法与国内法的关系研究，还是如何制定农产品国际贸易和特殊保障措施的相关国内法规定的研究，都需要我国注重培养农产品贸易与法律复合型的专业人才，为参与农产品特殊保障机制的谈判做好充分的准备。有了专业的人才才能掌握相关的法律知识，特别是农产品贸易的规定，才能掌握制定规则的主动权；对于司法界来讲，要根据新的形势，不断建立健全农产品特殊保障机制的各种法律制度。呼吁更多的法律界人士介入农产品保护的实践，培养复合型司法人才，他们具有专业的法律知识和深厚的法律功底，考虑问题角度与单一的农业生产者有所不同，对于理顺和处理好农产品贸易中的各成员特殊保障措施和相关法律规定之间的关系，将翻开新的一页。

三、中国对农产品特殊保障机制（SSM）配套实施机制的建设

农产品特殊保障机制（SSM）未来的构建，除了相关的国内立法的完善之外，还需要SSM的国内配套实施机制的构建，促成农产品特殊保障机制（SSM）功能的有效发挥。主要从农产品贸易救济方面，包括“两反一保”，加强配套实施机制的建设。

（一）多种途径进行农产品贸易救济的法制宣传

农产品贸易救济将为农产品市场开放设立一个安全阀门。要使农产品贸易救济真正发挥作用，必须加强农产品贸易救济法制宣传。具体内容包括：

创新法制宣传观念方面，要结合农产品贸易的特点和规律，帮助广大农产品生产者、行业协会和执法人员，树立市场开放条件下的粮食安全观、农业安全观。要结合在农产品进口实践中反映出的普遍性问题，进行有针对性的宣传教育。既重视农产品贸易救济法制宣传的一般性，又注重农产品贸易救济法制宣传的差异性。坚持以树立市场开放条件下的粮食安全观、农业安全作为农产品贸易救济法制宣传的基本原则，作为衡量农产品贸易救济法制宣传工作成败的重要标准。要将农产品贸易救济法制宣传工作纳入到贸易救济法制宣传、对外贸易法制宣传之中。要注重农产品贸易救济法制宣传主体的多样性，既要发挥专职法制宣传教育人员的力量，又要发挥其他各部门和社会资源在法制宣传中的积极作用，形成农产品贸易救济法制宣传的途径多样化。

丰富法制宣传方式方面，要根据农产品贸易的特点和规律开展法制宣传，善于开发新颖的形式和利用现代科技手段。积极发挥各级各类院校的法制宣传作用，充分利用影视、网络等现代传媒的优势和作用，采取人们喜闻乐见的方式普及农产品贸易救济法律知识。法制宣传注重点面结合，重要日期进行大规模法制宣传，营造氛围推动高潮，平常时期进行日常法制宣传，潜移默化地促进观念形成。同时，结合农产品贸易以及农产品贸易救济中的新鲜实践，组织农产品生产者、行业协会和执法人员进行模拟演练，加深他们对农产品贸易救济的理解。必要时，也可以组织他们直接参与农产品贸易救济立法、执法旁听。

健全法制宣传机制方面，要健全农产品贸易救济法制宣传推进机制，内容包括农产品贸易救济法制宣传预测、农产品贸易救济法制宣传决策和农产品贸易救济法制宣传执行保障；要健全农产品贸易救济法制宣传职能作用机制，形成农产品贸易救济法制宣传领导、农产品贸易救济法制宣传组织、农产品贸易救济法制宣传协助、宣传参与的有效协作关系，保证农产品贸易救济法制宣传效果；要建立健全农产品贸易救济法制宣传的互动机制，提高广

大农产品生产者、行业协会和执法人员的积极性和主动性；要为农产品贸易救济法制宣传的工作决策提供切实可行的参考依据，建立健全农产品贸易救济法制宣传的评估管理监督机制，推动农产品贸易救济法制宣传的不断深入。

（二）整合农产品贸易救济相关行业组织

随着我国经济进一步融入世界经济轨道，遵循和运用世界贸易组织的规则，保护国家产业安全，促进企业良性竞争、维护市场经济的公平公正秩序、提高经济效益成为行业组织的重要历史使命。无论是保护本国产业不受过量进口产品冲击，还是协助国内企业应对国外贸易救济调查与诉讼，行业组织必须建立和健全科学有效的，能够确保维护本行业产业的经济运行安全以及确保维护有利于企业发展农产品市场内外环境。与农产品进出口有关的行业组织主要有中国国际贸易促进委员会、国际商会中国国家委员会、中国国际商会、中国食品土畜进出口商会等。其中，"中国食品土畜进出口商会①是农产品贸易的专门行业组织，会员企业5000多家，遍布全国各地，集中了本行业经营规模最大和最具代表性的企业以及大批中小企业，设立了43个专业商品分会，每个分会均是全国性的行业组织，覆盖了粮食谷物、油脂油料、干鲜蔬菜水果、畜禽肉食、水海产品、酒、饮、罐头、糖果等加工食品、林产及林化产品、香精香料、茶叶、蜂产品、食药用菌及制品、花卉、蜡烛、烟花、羽绒羽毛及制品、羊绒兔毛及制品、猪鬃肠衣、裘革皮及制品、地毯等各类农林食品土畜产品"。中国食品土畜进出口商会的主要职责是："为成员企业创造公平竞争的市场环境和良好的经营秩序，维护国家和行业利益，维护会员企业的合法权益，推动行业发展；向政府反映行业和会员企业的要求和意见，并对政府制定政策提出建议；组织企业应对国外贸易救济调查和诉讼等。"② 有些地方组建的地区性农产品进出口企业协会，也在规范地区行业管理，促进企业公平竞争，保证产品质量，维护地区行业

① 中国食品土畜进出口商会的主要职责是：为企业创造公平竞争的市场环境和良好的经营秩序，维护国家和行业利益，维护会员企业的合法权益，推动行业发展；组织行业和会员企业开拓国际市场；为会员企业提供各种市场、客户、法律法规信息咨询和培训服务；调解会员及国内外企业之间的贸易纠纷；向政府反映行业和会员企业的要求和意见，并对政府制定政策提出建议；监督和指导会员企业守法经营；组织国内外交易会、展览会及研讨会，组织行业与国外同行业组织交流、合作，参加国际同行业组织的活动，开展国际合作与交流；组织国外反倾销应诉，代表行业应对国外贸易壁垒，配合政府解决贸易纠纷，推动质量保障体系和食品卫生安全体系的建设，实施品牌战略，对进口产品倾销及其他不正当竞争行为调查，履行政府委托或根据会员要求赋予的其他职能。

② 资料来源：中国食品土畜进出口商会网站．http：//www.cccfna.org.cn/cfna_details.aspx？id=1，2010-5-20。

整体利益方面发挥着重要作用。除了与农产品进出口有关的行业组织外，地方各级农业行业协会主要职责在于应对进口农产品对国内市场的冲击，提高农民的组织化程度。

各级各类行业组织应该进一步认清自己在农产品贸易救济法制中的职责，充分发挥自身作为政府与企业之间的桥梁、企业的代言人的作用。加强农产品贸易救济工作体系的建设，针对农产品贸易救济工作的现状，配备高素质的专门人才，建立健全专家队伍；制定系列规章制度，进一步完善农产品贸易救济工作体系。要以进行农产品贸易救济的培训、宣传、咨询作为工作的切入点，进一步加强农产品贸易救济的培训、宣传、咨询工作。要注意掌握各类农产品在国际市场上的变化，各国农产品在国际市场上的竞争力水平的差距以及我国农产品进出口情况对本国、本地区或本行业的影响，建立产业损害预警机制和农产品贸易救济专家库、案例库，根据可靠真实的资料确定需要在本国、本地区或本行业重点监测的进出口农产品目录，通过预警机制随时监测它们的价格和数量变化状况。积极配合农产品主管机关的保障措施工作，及时反映行业情况、提供相关材料和数据。

（三）加强政府对农产品贸易救济的行政指导

行政指导是“行政机关和其他行政主体在其职权、职责或管辖事务范围内，为适应复杂多样化的经济和社会管理需要，制定诱导性法律规则、政策；或者实施灵活地采取符合法律精神、原则、规则或政策的说服、劝告、协商、建议、鼓励、帮助、警示、发布信息、提供行动指南等不具有强制力的方法，谋求相对人同意或协力，引导相对人作出或不作出某种行为，以有效实现一定行政目的的一种新型行政行为”。① 行政指导的优越性在于弥补法律之不足②、降低行政成本③和保障相对人的意志自由。

在农产品贸易救济中，商务部和农业部是主要的行政指导主体。加入

---

① 上海市人民政府行政法制研究所“行政指导”课题组．中国行政指导的实践与理论研究（上）［J］．政治与法律，2003（3）：35.

② 在社会法治国家当中，行政主体为达成日益专业分工、多元化的行政任务，原本即可自由选择行政行为的方式已完成行政任务。尤其在缺乏法律依据，却不能以无法律依据为由推卸行政责任时，以法律所未规定的‘非形式化行政行为’便为行政机关所采用，以便解决日益复杂的行政任务。包万超．转型发展中的中国行政指导研究．罗豪才主编．行政法论丛（第1卷）［M］．北京：法律出版社，1998：273.

③ 以非关税行政指导为例，一方面对于行政主体来说，在非关税壁垒领域运用行政指导的方式比运用具有法律强制力权力行为更为灵活妥善；另一方面，对于相对人来说，从避免法律纠纷、政府给予利益诱惑等因素考虑，企业乐于接受政府的指导。至此，双方共同合作，达到维护国家经济安全和企业的个体利益的双赢目的。

WTO 以来，商务部、农业部等部门在农产品贸易领域对农产品生产企业和行业协会做了大量的指导和帮助工作，但仍然不能满足农产品贸易和农业安全、粮食安全的需要。随着农产品贸易的进一步发展，农产品贸易救济行政指导必须从服务理念、制度建设、法律救济等方面进一步完善。

服务理念方面，农产品贸易救济行政指导主体应当树立“服务行政”理念，重视农产品生产者的诉求，强化服务意识，增加服务的各类措施；农产品贸易救济行政指导主体之间以各自职能定位为基础，科学、合理分工、统一协调，减少行政阻力降低行政成本，不断提高农产品贸易救济行政效能；强化农产品贸易救济行政指导主体的农产品贸易自主权利的保护理念，保证农产品贸易救济行政指导的服务性，但要抑制行政主体的权力滥用。

制度建设方面，健全和完善农产品贸易救济行政指导决策咨询研究制度，广泛搜集信息，听取专家意见，定期或不定期对各种具体行政指导行为的有效性进行评估和预测；构建和完善农产品贸易救济信息说明制度，本着透明度原则，提高农产品贸易中涉及的行政指导工作的水平，保证行政相对人能够有权利和通过简易的程序获得相关的农产品贸易救济的有效信息；构建和完善农产品贸易救济行政指导监察制度，本着责任明晰的原则，对行政主体作出的农产品贸易救济的行政指导行为及其程序加以严格规范并明确责任归属，对行政相对人和媒体、社会组织、其他参与者的相关行为给予正确的行政指导并采取正确的方式和程序加以监察。

法律救济方面，尽管农产品贸易救济行政指导不直接产生法律后果，但由于农产品贸易救济行政相对人的权益可能会因为行政指导行为而受影响并有实质性增减，必须完善农产品贸易救济行政指导法律救济制度。要注重发挥行政复议、听证等内部救济手段的纠错、堵漏，给农产品贸易救济行政相对人提供简便、畅通和低成本的行政执法救济渠道。同时，严格遵守《行政复议法》、《行政诉讼法》、《国家赔偿法》等法律的有关规定，为农产品贸易救济的利害相关者提供强有力的外部救济。

（四）促进农产品贸易救济实施的国际合作

农产品贸易救济涉及农产品进口国和农产品出口国。就农产品进口国而言，在决定是否采取保障措施前，需要调查进口农产品的生产和销售情况；就农产品出口国而言，常常关注采取保障措施的程序是否公正、透明。农产品进口国和农产品出口国之间，一旦缺乏良好和有效的沟通，就有可能形成农产品贸易战，危及正常的农产品贸易秩序。“对话比对抗好，合作比遏制好，伙伴比对手好”，农产品进出口双边之间必须加强国际合作与交流。

目前，我国在贸易救济方面积极开展了双边和多边交流与合作。2003

年12月举行的第四届中韩贸易救济合作会议，是较早的双边国际合作交流会议，会上中方向韩方提出了“市场经济国家”透明度问题；2005年2月，商务部高虎城副部长会见南非国际贸易管理委员会主席时，提议两国建立贸易救济合作机制，就双方共同关心的议题和案件进行探讨和磋商；“2008年10月10日，商务部公平贸易局与印度商工部反倾销局在新德里签署了《中印贸易救济合作机制谅解备忘录》”,① 期待加强两国的双边“两反一保”等贸易救济领域的信息交流；2009年3月，为谨慎使用贸易救济措施，及时解决两国贸易纠纷案件中存在的问题，中俄双方初步商定将着手建立司局级贸易救济交流合作机制，定期举行会晤，以增进理解，加强合作，化解矛盾，努力减少两国企业的损失；“2010年1月，商务部部长陈德铭在与沙特财政大臣阿萨夫共同出席中沙经贸联委会第四届会议时建议，建立中沙贸易救济合作机制，妥善处理贸易摩擦，共同推动中国与海合会②自由贸易协定谈判进程”③ 等。一系列国际合作与交流，对于贸易伙伴间增进互信、消除疑虑和可能引发的矛盾发挥了重要作用。

综上，尽管农产品特殊保障机制（SSM）议题的谈判还远未结束，但为维护中国作为最大的发展中国家和农业国家的根本利益，中国国内的相关立法需要做好充分的准备，相关未来实施特保机制的配套措施和机制也需要着手建设。不论是人才培养、法制宣传、信息交流、行政指导还是国际合作，都需要提前投入研究工作，以便使未来相关国内规则具体化的过程更快速更便捷，在实际操作中更加有效更有针对性。中国对农产品特殊保障机制（SSM）的回应将会最大幅度地维护发展中国家权益及我方利益，并使我国的农产品特殊保障机制立法更具前瞻性。

---

① 新华社．中印两国在印度签署贸易救济合作机制谅解备忘录［EB/OL］，http：//www. gov. cn/jrzg/2008-10/11/content_ 1117504. htm，2010-05-21.

② 海湾合作委员会（简称海合会，Gulf Cooperation Council ——GCC）全称海湾阿拉伯国家合作委员会，1981年5月在阿联酋阿布扎比成立。其成员国为阿拉伯联合酋长国、阿曼、巴林、卡塔尔、科威特、沙特阿拉伯6国。成员国总面积267万平方公里，人口约3400万，主要资源为石油和天然气，是中东地区重要区域性组织。总部设在沙特阿拉伯首都利雅得。

③ 新华社．中国－沙特经贸联委会会议共商加强双边经贸合作［EB/OL］，http：//www. gov. cn/jrzg/2010-01/11/content_ 1507302. htm，2010-05-21.

结　语

随着贸易自由化的发展，贸易自由化逐步向农产品领域扩散。以“凯恩斯集团”和部分发达国家为了维护自身利益，积极推动农产品贸易自由化多边谈判。经过多年的谈判，最终形成了 WTO 体制农产品贸易规则。保障措施制度，作为农产品贸易自由化的例外，也被纳入 WTO 框架中，包括 GATT1947 第 19 条、《保障措施协议》和 WTO《农业协议》中的农产品特殊保障措施（SSG）。它们体现了情势变更法理在农产品贸易自由化法律制度中的运用。由于《农业协议》的有效期到 2001 年，农产品特殊保障措施（SSG）的去向成为新一轮谈判的重点。在多哈回合谈判中，G33 集团提出建立农产品特殊保障机制（Special Safeguard Mechanism，SSM）替换到期的 SSG，并获得了正式谈判授权。SSM 的提出有着深刻的政治、经济和法律背景。与 WTO 农产品特殊保障措施（SSG）相比，WTO 农产品特殊保障机制（SSM）更加关注“发展”问题，关注发展中国家的农产品贸易利益和国家粮食安全。因为只有改变注重形式公平而忽略实质公平的农产品国际贸易秩序，让发达国家更多地承担起促进发展中国家发展的历史责任，才能真正提高发展中国家的农产品贸易发展能力和粮食安全保障能力。只有切实关注和保障发展中国家贸易利益和粮食安全，才能争取本身已经处于弱势地位的发展中国家参与经济全球化的信心。从 WTO 主要成员方的农产品保障措施及相关成案来看，未来 SSM 的议题谈判和制度构建以及我国相关立法必须处理好《保障措施协议》、《农业协议》与国内保障措施立法之间的关系。

SSM 谈判启动以来，国际农产品贸易的格局和形势发生了深刻变化，虽然 WTO 历次会议都对农产品特殊保障机制进行了磋商，但由于发达国家成员方与发展中国家成员方、发达国家成员方内部以及发展中国家内部谈判利益格局错综复杂，各个谈判集团针锋相对，为了维护自身政治经济利益都不愿做出妥协和让步，致使谈判缓慢，各方分歧严重，争论的焦点主要集中于 SSM 的使用范围、SSM 的适用条件、SSM 的触发机制和 SSM 所允许的补偿措施四个方面。制约 SSM 谈判的因素，既有政治因素，又有经济因素和法律因素。笔者认为，只有从以下几个方面进行制度完善，才能突破 SSM

的谈判困境：(1) 农业贸易规则在制定时要遵循民主和透明的谈判机制；(2) 增强农业贸易规则的约束力；(3) 维护发展中国家的农业政策自主权；(4) 发达国家农产品市场的进一步开放；(5) 有效制止发达国家扭曲贸易的农业补贴行为。未来的 SSM 谈判将出现以下趋势：(1) WTO 框架下世界农产品贸易自由化趋势的进一步加大；(2) 农产品特殊保障机制 (SSM) 下农产品贸易利益的进一步分化；(3) 农业议题与其他议题挂钩；(4) 推动 SSM 议题谈判的政治意愿进一步增强。自 2001 年加入世界贸易组织以来，中国对《入世承诺书》的履行态度积极主动，积极参与 WTO 新一轮农产品贸易谈判，农产品市场开放不断扩大，农产品贸易呈现快速增长的局面。在未来参与谈判的过程中，我国必须坚持发展中国家的立场，高擎“发展”旗帜团结广大发展中国家，坚持原则性与灵活性相统一，坚持农产品特殊保障机制 (SSM) 规则设置的合理性和公正性，推动多哈回合 SSM 议题的谈判，以期早日在农产品特殊保障机制 (SSM) 议题谈判方面达成共识。同时，我国还应在与农产品特殊保障机制 (SSM) 相关的国内法律及其配套机制方面提早做出相关准备和调整。

以上是本文对 WTO 农产品特殊保障措施机制进行初步研究的主要结论。由于时间和条件关系，所做工作有限，仍有许多内容需要拓展，如：(1) 如何更充分地考虑全球化对农业安全、粮食安全的冲击，从而促进国内农产品保障措施立法更加完善；(2) 如何更好地把握农产品贸易自由化的发展规律，从而在新一轮谈判中推动 WTO 农产品特殊保障措施机制更加科学的构建；(3) 如何更好地体现农产品贸易自由化的公平要求，从而在新一轮谈判中团结广大发展中国家，构建农产品贸易的国际新秩序；(4) 如何更好地应对国际、国内农产品价格不断上涨的现实挑战，从而丰富农产品保障措施的制度功能。本书将是未来研究的起点。

参考文献

著作类：

[1] 张汉林．农产品贸易争端案例［M］．北京：经济日报出版社，2003.

[2] 张汉林主编．中国入世两周年评估报告［M］．北京：中国人民大学出版社，2004.

[3] 张汉林．张汉林解读中国入世［M］．北京：经济日报出版社，2002.

[4] 余敏友．世界贸易组织争端解决机制：法律与实践［M］．武汉：武汉大学出版社，1998.

[5] 余敏友，左海聪，黄志雄．WTO 争端解决机制概论［M］．上海：上海人民出版社，2001.

[6] 曾令良．21 世纪初的国际法与中国［M］．武汉：武汉大学出版社，2005.

[7] 黄志雄．WTO 体制内的发展问题与国际发展法研究［M］．武汉：武汉大学出版社，2005.

[8] 俞可平，黄卫平．全球化的悖论［M］．北京：中央编译出版社，1998.

[9] 胡元梓，薛晓源．全球化与中国［M］．北京：中央编译出版社，1999.

[10] 陈芬森．国际农产品贸易自由化与中国农业市场竞争策略［M］．北京：中国海关出版社，2001.

[11] 任列．贸易保护理论和政策［M］．上海：立信会计出版社，1997.

[12] 赵维田．世界贸易组织（WTO）的法律制度［M］．长春：吉林人民出版社，2000.

[13] 曾令良．世界贸易组织法［M］．武汉：武汉大学出版社，1996.

[14] 张玉卿，李成钢．WTO 与保障措施争端［M］．上海：上海人民出版社，2001.

[15] 杨国华，WTO 保障措施基本法律问题研究［M］．北京：中国法制出

版社，2002.

[16] 高鸿钧．法治：理念与制度［M］．北京：中国政法大学出版社，2002.

[17] 梁慧星．中国民法经济法诸问题［M］．北京：中国法制出版社，1999.

[18] 韩世远．合同法总论［M］．北京：法律出版社，2008.

[19] 彭凤至．情事变更原则之研究［M］．台北：台湾五南图书出版公司，1986.

[20] 周鲠生．国际法（下册）［M］．上海：商务印书馆，1981.

[21] 周辅成．西方伦理学名著选辑（上卷）［M］．北京：商务印书馆，1964.

[22] 张幼文．多哈发展议程：议题与对策［M］．上海：上海人民出版社，2004.

[23] 赵伟．国际贸易：理论、政策与现实问题［M］．大连：东北财经大学出版社，2008.

[24] 黄文俊．保障措施法研究——理论框架与实证分析［M］．北京：法律出版社，2004.

[25] 李秉龙，薛兴利．农业经济学［M］．北京：中国农业大学出版社，2009.

[26] 李秉龙，乔娟，王可山．WTO 规则下中外农业政策比较研究［M］．北京：中国农业出版社，2006.

[27] 赵伟．国际贸易：理论、政策与现实问题［M］．大连：东北财经大学出版社，2008.

[28] 李勤昌．农产品贸易保护制度的政治经济学［M］．北京：科学出版社，2010.

[29] 梁西．国际法［M］．武汉：武汉大学出版社，2000.

[30] 李浩培．条约法概论［M］．北京：法律出版社，2003.

[31] 叶全良等．国际商务与保障措施［M］．北京：人民出版社，2004.

[32] 王传丽等．WTO 农业协定与农产品贸易规则［M］．北京：北京大学出版社，2009.

[33] 龚宇．WTO 农产品贸易法律制度研究［M］．厦门：厦门大学出版社，2005.

[34] 薛荣久等．WTO 多哈回合与中国［M］．北京：对外经济贸易大学出版社，2004.

[35] 薛荣久，樊瑛．WTO 多哈回合与中国［M］．北京：对外经济贸易大学出版社，2004.

[36] 李娟．WTO 框架下的特别保障措施制度比较研究——以针对中国产品之特保机制为中心［M］．北京：北京大学出版社，2008.

[37] 北京大学哲学系/外国哲学史教研室．古希腊罗马哲学［M］．北京：商务印书馆，1961.

[38] 张皞．农业贸易自由化进程中的国内支持——基于多哈谈判和政策调整视角的分析［M］．兰州：兰州大学出版社，2007.

[39] 王珍．WTO 与农产品国际竞争力［M］．北京：中国经济出版社，2004.

[40] 陈亚平主编．WTO 与农产品贸易法律制度［M］．广州：华南理工大学出版社，2006.

[41] 尹成杰．粮安天下——全球粮食危机与中国粮食安全［M］．北京：中国经济出版社，2009.

[42] 叶全良等．国际商务与保障措施［M］．北京：人民出版社，2004.

[43] 谭晶荣，温玉萍，王真千．农产品贸易比较研究［M］．北京：中国农业出版社，2009.

[44] 包万超．转型发展中的中国行政指导研究．罗豪才主编．行政法论丛（第 1 卷）［M］．北京：法律出版社，1998.

[45] 国际货币基金组织．世界经济展望［M］．北京：中国金融出版社，1997.

[46] 农业部农产品贸易办公室编．新一轮农业谈判研究［M］．北京：中国农业出版社，2004.

[47] 农业部国外农业调研组．国外农业发展研究［M］．北京：中国农业科技出版社，1996.

[48] 对外贸易经济合作部国际经贸关系司．世界贸易组织乌拉圭回合多边贸易谈判结果法律文本［M］．北京：法律出版社，1999.

[49] 亚当·斯密．道德情操论．转引自马克思主义来源研究论丛［M］．北京：商务印书馆，1984.

[50] 伯尔蒂尔·俄林．地区间贸易和国际贸易［M］．北京：商务印书馆，1992.

[51] ［英］詹宁斯·瓦茨．奥本海国际法（第一卷第二分册）［M］．王铁崖等译，北京：中国大百科全书出版社，1998.

[52] 亚里士多德．亚里士多德选集伦理学卷［M］．北京：中国人民大学

出版社，1999.
[53] 亚里士多德．政治学［M］．北京：商务印书馆，1997.
[54] 休谟．人性论（下）［M］．关文运译，北京：商务印书馆，1980.
[55] 罗尔斯．正义论，何怀宏等译［M］．北京：中国社会科学出版社，1988.
[56] 庞德．通过法律的社会控制——法律的任务［M］．北京：商务印书馆，1984.
[57] 亚当·斯密．国民财富的性质和原因的研究（上卷）［M］．北京：商务印书馆，1972.
[58] 伯纳德霍克曼、迈克尔考斯泰基．世界贸易体制的政治经济学——从关贸总协定到世界贸易组织［M］．刘平等译．北京：法律出版社，1999.
[59] Merlinda D. Ingco、John D. Nash. 农业与WTO：创建一个促进发展的贸易体制［M］．北京：中国财政出版社，2004.
[60] 保罗·克鲁格曼．战略性贸易政策与新国际经济学［M］．北京：中国人民大学出版社，2000.
[61] ［比］约斯特·鲍威林著，周忠海、周丽瑛等译．国际公法规则之冲突——WTO法与其他国际法规则如何联系［M］．北京：法律出版社，2005.
[62] ［德］彼得-托比亚斯·施托尔，［德］弗兰克·朔尔科普夫著，南京大学中德法学研究所译．世界贸易制度和世界贸易法［M］．北京：法律出版社，2004.
[63] 韩睛纶．国际贸易理论与实务［M］．天津：南开出版社，2000.
[64] 陈文敬，古布思．中国面对的贸易壁垒［M］．北京：中国对外经济贸易出版社，1999.

期刊论文类：

[1] 程耿，张志松．从“多哈回合”农业谈判的新动态看中国农业的发展［J］．青海经济研究，2004（6）：13-16.
[2] 曹文．多哈回合与成功擦肩而过——WTO小型部长级会议纪实［J］．WTO经济导刊，2008（9）：11-14.
[3] 陈松洲．多哈回合谈判屡陷困境原因及其前景探析［J］．对外经济实务，2009（6）：39-42.
[4] 程国强等．WTO新一轮农产品关税谈判研究［J］．经济研究参考，

2006（24）：2-24.

［5］陈宝森．美国政府的农业政策与“多哈回合谈判”［J］．世界经济与政治论坛，2008（3）：38-46.

［6］陈泰锋．中国对外开放新进展：基于 WTO 承诺履行的视角分析［J］．国际经济合作，2008（5）：35-39.

［7］汤海燕．论贸易自由化的效应［J］．上海师范大学学报（哲学社会科学版），2002（6）：50-57.

［8］沈敏荣．WTO 的贸易自由化与国际贸易法的发展［J］．东南大学学报（哲学社会科学版），2001（2）：37-43.

［9］张欣蕾．我国劳动力比较优势与产业结构优化升级研究［J］．现代商贸工业，2010（12）：144-145.

［10］马有祥．新一轮 WTO 农业谈判的进展与我国采取的基本策略［J］．农业经济问题，2005（11）：26-30.

［11］宋秉斌．WTO 农业协议与我国农业保护立法对策［J］．农业现代化研究，2001（6）：42-45.

［12］靖寒薇．WTO《保障措施协议》的理论及实践争议［J］．法制与经济，2003（11）：50-55.

［13］肖锐．美国贸易法规与 WTO 规则矛盾冲突分析［J］．经济前沿，2005（6）：34-38.

［14］周超．简析农产品特殊保障机制对 WTO 多哈谈判的影响［J］．安徽农业科学，2009（14）：46-50.

［15］韩世远．情事变更原则研究［J］．中外法学，2000（4）：45-50.

［16］王晓东．多哈谈判举步艰难的原因［J］．国际经济合作，2008（4）：29-34.

［17］黄志雄．WTO 与发展问题研究报告［J］．武大国际法评论，2007（6）：190.

［18］何利辉．中美农业综合开发比较分析［J］．世界农业，2005（1）：23-26.

［19］卜海．多哈回合受挫后的农产品国际贸易发展前景研判［J］．国际贸易问题，2008（12）：40-41.

［20］刘笋等．论 WTO 下的农产品贸易国内支持措施［J］．华东政法学院学报，2003（6）：50-55.

［21］李娟．试述 WTO 框架下的农产品特殊保障措施［J］．农业经济，2008（11）：91-92.

[22] 刘李峰，张照新．新一轮农业谈判中的特殊保障机制问题及我国的立场［J］．新疆农垦经济，2006（6）：1-5.

[23] 李勤昌．WTO 农业谈判的僵局及其原因［J］．大连海事大学学报（社会科学版），2009（3）：13.

[24] 刘健男，周立春．特殊保障机制导致多哈谈判破裂［J］．WTO 经济导刊，2008（9）：15.

[25] 李金．多哈回合贸易便利化议题：回顾、成员立场分析与谈判前景［J］．世界贸易组织动态与研究，2009（8）：1-7.

[26] 刘昌黎．WTO 农业谈判之路——艰难、较量与展望［J］．农业经济导刊，2006（4）：143-148.

[27] 刘黎昌．WTO 谈判破裂的原因与最后成功的关键［J］．世界贸易组织动态与研究，2008（10）：1-10.

[28] 上海市人民政府行政法制研究所“行政指导”课题组．中国行政指导的实践与理论研究（上）［J］．政治与法律，2003（3）：35.

[29] 刘瑛华．多哈回合的困境与中国的现实选择［J］．沈阳师范大学学报（社会科学版），2009（3）：18.

[30] 林学贵．WTO 多哈回合谈判破裂对中国农业的影响［J］．国际贸易，2009（2）：34-38.

[31] 王万山．WTO 新一轮农业谈判进展、冲突与命运［J］．国际贸易论坛，2007（4）：54-59.

[32] 季风．多哈回合农业谈判的回顾及特点分析［J］．世界贸易组织动态与研究，2007（9）：17-28.

[33] 巫俊飞．从多哈谈判历程看多哈回合的再次重启及其研判［J］．国际贸易，2008（5）：130-131.

[34] 佟福全．世界贸易组织“多哈回合”的突破性进展及其前景［J］．开放导报，2004（10）：70-73.

[35] 陆燕．WTO 香港会议后“多哈发展议程”的进展与前景［J］．世界贸易组织动态与研究，2006（9）：14-18.

[36] 黄志瑾．WTO 第七届部长级会议述评［J］．世界贸易组织动态与研究，2010（1）：68-73.

[37] 宗会来．借鉴国外经验提高我国自贸区农业谈判质量［J］．农业经济问题，2009（2）：81-87.

[38] 张兵．多哈回合谈判全面中止的政治经济学分析［J］．亚太经济，2006（6）：105-108.

[39] 张建. WTO多哈回合农业谈判近况及日本立场的考察［J］. 国际观察，2009（1）：74-79.

[40] 张敏. 多哈回合与特殊保障机制（SSM）［J］. 河南商业高等专科学校学报，2007（3）：92-95.

[41] 宋泓. WTO新一轮谈判遭遇暂时挫折［J］. 国际贸易，2008（8）：39-42.

[42] 李娟. 试论WTO框架下的农产品特殊保障措施［J］. 农业经济，2008（11）：91-92.

[43] 周超. 简述农产品特殊保障机制对WTO多哈谈判的影响［J］. 安徽农业科学，2009（14）：46-48.

[44] 朱伟等. WTO之后是FTA——魅力FTA［J］. 中国海关，2009（7）：12-13.

[45] 卜海. 多哈回合受挫后的农产品国际贸易发展前景研判［J］. 国际贸易问题，2008（12）：41-42.

[46] 朱行. 国外粮食产业和国家支持政策的比较与借鉴［J］. 粮食经济研究，2007（3）.

[47] 王志远. 欧盟东扩后共同农业政策调整的评价［J］. 俄罗斯中亚东欧市场，2010（3）：15-22.

[48] 罗国强. 欧盟共同农业政策与多哈回合僵局［J］. 农业经济导刊，2007（11）：100-10.

[49] 余莹. 设立农产品特殊保障机制的思考——兼论我国农产品贸易保护规则的局限性［J］. 甘肃政法学院学报，2010（2）：54-95.

[50] 王修志，许一涌. 谈谈WTO新一轮农业谈判中的争议［J］. 经济论坛，2004（9）：123-124.

[51] 梁珂. 多哈回合的农业贸易改革——从发展中国家的角度谈起［J］. 社会观察，2005（3）：56.

[52] 张帆. WTO多哈回合谈判历程评述［J］. 山东经济，2007（9）：118-121.

[53] 钱钰. 欧盟共同农业政策改革及其对WTO新一轮农业谈判的影响［J］. 中国农村经济，2004（2）：78-80.

[54] 徐泉. WTO体制中成员集团化趋向发展及中国的选择析论［J］. 法律科学，2007（3）：141.

[55] 邓炜. 多边贸易机制的深层危机和中国的现实选择［J］. 中央财经大学学报，2007（1）：66-70.

[56] 谢建民．坎昆农业谈判为何受挫［J］．WTO经济导刊，2004（4）：89．

[57] 袁建军．论WTO体制下的保障措施和特殊保障措施［J］．商业时代，2008（23）：30．

[58] 杨楠，倪洪兴．WTO农业谈判中的非贸易关注问题［J］．中国农村经济，2005（10）：76．

[59] 王凯圆．WTO新一轮农业谈判主要议题［J］．世界农业，2002（7）：6．

[60] 张立莉．WTO框架下贸易便利化问题研究［J］．云南财经大学学报（社会科学版），2009（4）：46．

[61] 董银果．世界三类猪肉进口市场的SPS措施分析［J］．华中农业大学学报（社会科学版），2007（1）：41-45．

[62] 韩一军．中国农产品贸易发展分析［J］．世界农业，2008（6）：41-43．

[63] 夏显力，吴雪丽．加入WTO以来我国农产品出口贸易变动的研究［J］．华中农业大学学报（社会科学版），2010（1）：40-44．

[64] 黄祖辉，王鑫鑫，宋海英．中国农产品出口贸易结构和变化趋势［J］．农业技术经济，2009（1）：11-20．

[65] 原瑞玲，倪洪兴，田志宏：对2008年我国农产品贸易逆差剧增的分析与思考［J］．中国农业大学学报（社会科学版），2009（4）：139-144．

[66] 潘月红．当前我国粮食消费现状及发展趋势浅析［J］．粮食问题研究，2007（1）：12-16．

[67] 樊勇明，贺平．中国是多边贸易体制的积极建设者［J］．复旦学报，2006（6）：33．

[68] 钟卫稼．我国农产品贸易的现状分析与对策［J］．价格月刊，2007（5）：56-58．

[69] 邓炜．多边贸易机制的深层危机和中国的现实选择［J］．中央财经大学学报，2001（1）：68．

[70] 曾令良．多哈发展议程的困境与出路［J］．理论月刊，2004（7）：5-11．

[71] 胡锦涛．通力合作共度时艰，在金融市场和世界经济峰会上的讲话［N］．经济日报，2008-11-16（1）．

[72] 张君．中国坚定支持多哈回合谈判的立场不会变［J］．中国经贸，2010（15）：44．

[73] 徐洁．WTO 保障措施与中国［J］．乐山师范学院学报，2005（6）：67-71.
[74] 袁瑛．多哈回合作为一个发展回合，对最不发达国家的关心是远远不够的——访商务部世界贸易组织司司长兼中国政府世贸组织通报咨询局局长［J］．商务周刊，2006（16）：45-47.
[75] 毛凤霞．我国农产品贸易逆差的成因分析［J］．商业时代，2008（34）：35.
[76] 周立春．巴西农业：从多哈回合中收益［J］．WTO 经济导刊，2006（1）：101-102.
[77] 温铁军．WTO 与中国农业农村农民问题［J］．经济前沿，2006（3）：9-10.

学位论文类：

[1] 曹辉．论权利用尽原则和贸易自由化的关系［D］．中国海洋大学，2006.
[2] 惠正强．WTO 体制下农产品贸易中的法律问题研究［D］．西北大学，2006.
[3] 朱晶．贸易、波动、可获得性与粮食安全——利用国际、国内两个市场加强我国粮食安全的理论分析与实证研究［D］．南京农业大学，2000.
[4] 赵一夫．中国农产品贸易格局的实证研究［D］．中国农业大学博士学位论文，2005.
[5] 徐宏源．凯恩斯集团和 G20 成员的农产品贸易及政策比较分析［D］．中国农业大学学位论文，2004.
[6] 李娟．WTO 框架下的特别保障措施制度比较研究——以针对中国产品之特保机制为中心［D］．华东政法学院学位论文，2006.
[7] 代瑛．多哈谈判受阻成因分析［D］．天津财经大学硕士学位论文，2009.
[8] 卫延朝．美欧农业补贴政策及其对多哈回合的影响［D］．上海交通大学硕士学位论文，2008.
[9] 盛仁智．世界农产品贸易自由化与中国的对策分析［D］．吉林大学硕士学位论文，2006.
[10] 刘洋．论农产品贸易自由化与 WTO 协调机制的局限性［D］．吉林大学硕士学位论文，2003.

报纸类:

[1] 刘志忍，马秀莲．世界农产品：需求持续低迷，贸易保护抬头［N]．经济日报，2001-12-28（5）。

[2] 丁刚．联合国期盼“发展回合”［N]．人民日报，2001-11-19（7）.

[3] 世贸组织研究会．中国参与多哈回合谈判大事记（2001年11月—2008年7月）［N]．国际商报，2008-11-11（002）.

[4] 步欣．多哈回合谈判关键是农业［N]．国际商报，2006-11-20（A01）.

[5] 中国坚定支持在明年结束多哈回合谈判［N]．国际商报，2009-12-4（001）.

[6] 孙楠．多哈农业谈判仍走双轨制［N]．国际商报，2010-5-7（001）.

[7] 推动多哈谈判抵制保护主义［N]．国际商报，2010-6-7（001）.

[8] 王瑄．陈德铭：“悲壮”的多哈回合[N]]．国际商报，2008-8-4(A01).

[9] 屠新泉．多哈回合谈判美国无权指责中国［N]．国际商报，2010-8-20（004）.

论文集类:

[1] 张曙光．《中国对外贸易政策的政治经济学分析》评介［C]．中国对外贸易政策的政治经济学分析，上海：三联书店、上海人民出版社，2002：15.

[2] 林毅夫．中国农业在要素市场交换受到禁止下的技术选择［C］//林毅夫．制度、技术与中国农业发展．上海：上海人民出版社，1994：171-196.

外文类:

[1] GATT. . Analytical index: Guide to GATT Lwan and Pracetice. Updated 6th Edition, 1995. 478p.

[2] WTO document WT/D598/AB/R. 77-85p.

[3] WT/DS166/AB/R. 94-101p.

[4] WT/DS166/AB/R. 138p; WT/DS177-178/AB/R. 238-241p.

[5] WT/DS166/AB/R. 137-138p.

[6]《SPECIAL AGRICULTURAL SAFEGUARD》Background Paper by the Secretariat, G/AG/NG/S/9 /Rev. 1 19 February 2002.

[7] Carl-Owe Olsson. Developing countries and emergency safeguard measures in

world trade law, http://lup. lub. lu. se/luur/download? func = download File & record OId = 1560943& file OId = 1565476

[8] Randy Schnepf. Agriculture in the WTO: Policy Commitments Made under the Agreement on Agriculture, http://www. nationalaglawcenter. org/assets/crs/RL32916. pdf

[9] "Impact of SSM on South-South Trade", http://www. actionaid. org/docs/south% 20south% 20trade% 20not% 20affected% 20by% 20ag% 20protection. pdf.

[10] http://www. agtradepolicy. org/output/ictsd/dialogues/2004-09-30/Ruffer_paper. pdf.

[11] Cuba. Dominican Republic. El Salvador. Honduras. Kenya, Nicaragua, Nigeria, Pakistan, Peru. Sri Lanka, Veneuela and Zimbabwe, Non Paper on Food Security. Special Session of the Committee on Agriculture, 23-27 July 2001. http://www. tradeobserver. org.

[12] U. S. Tariff Commission, Investigations under the "Escape Clause" of Trade Agreements, Nov. 1959.

[13] 19USCA §2252(c) (1)(C)(1998).

[14] Thomas Cottier and Krista Nadakavukaren Schefer the Relationship between World Trade O ization National and Regional 1 JIEL 83 (1998).

[15] "Ministerial Declaration", Ministerial Conference Fourth Session, Doha, Adopted on 14 Nov. 2001, http://www. un. org/esa/sustdev/documents/Doha_declaration. pdf.

[16] Wenonah Hauter, The Limits of International Human Rights Law and the Role of Food Sovereignty in Protecting People from Further Trade Liberalization under the Doha Round Negotiations, Vanderbilt Journal of Transnational Law, October, 2007, 40, at p. 1081.

[17] Farm Security and Rural Investment Act of 2002, Pub. L. No. 107-171, 116 Stat. 134 (2002); U. S. Department of Agriculture, 2007 Farm Bill Theme Papers, Risk Management May (2006), http://www. usda. gov/documents/Farmbill07riskmgmtrev. doc.

[18] Food, Conservation, and Energy Act of 2008, Available at http://en. wikipedia. org/wiki/2007_U. S. _Farm_Bill.

[19] Black's Law Dictionary(sixth edition), West Publish Co. 1990, p. 1193.

[20] Teresa Maria Deras with Ricardo Arias, Hugo Castillo and Martin Quan, Study

on Special Products and Trade Safeguard Mechanisms for Honduras, International Trade in Agriculture and Sustainable Development, Deras, T. et al. 2005.

[21]Special Products (SP) and Special Safeguard Mechanisms (SSM), http://www. asianfarmers. org.

[22]Inaamul Haque & Majid Ali, WTO's July Package and Developing Countries: From Pragmatism to Ideology, 2005, 14 Currents Int'l Trade L. J. 34.

[23]Melaku Geboye Desta, The Bumpy Ride Towards the Establishment of "a Fair and Market Oriented Agricultural Trading System" at the WTO: Reflections Following the Cancun Setback, 2003, 8 Drake J. Agric. L. 489.

[24]Christine Kaufmann and Simone Heri, From Hand to Mouth, Via the Lab and the Legislature: International and Domestic Regulations to Secure the Food Supply, 2007, 40 Vand. J. Transnat'l L. 1039.

[25] "Chairperson's report to TNC, 22 March 2010", http://www. wto. org/english/tratop_e/agric_e/negoti_tnc_22march10_e. htm.

[26] "Special Safeguard Mechanism (SSM): The Cases of Agricultural Imports in India and China", http://www. itd. or. th/en/node/869.

[27] "G33 Paper on SSM Sparks Exporters' Ire", http://ictsd. org/i/news/bridgesweekly/69716/.

[28] "The Proposed Special Safeguard Mechanism (SSM) in the WTO: Is it still 'Special'?", http://www. southcentre. org/index. php? option = com_docman&task = doc_download&gid = 1680.

[29] JH Grant: "The WTO Special Safeguard Mechanism: A Case Study of Wheat", http://ageconsearch. umn. edu/bitstream/24158/1/wp050002. pdf.

[30]Martin Khor: "Analysis of the Doha Negotiations and the Functioning of the WTO", http://www. unep. org/south-south-cooperation/exchangeplatform/Portals/116/ministerial/MK% 20paper% 20Analysis% 20of% 20the% 20Doha% 20Negotiations% 20and% 20the% 20Functioning% 20of% 20the% 20WTO% 2025. 11. 2009. pdf.

[31] "The Extent of Agriculture Import Surges in Developing Countries: What are the Trends?", http://www. unep. org/south-south-cooperation/exchangeplatform/Portals/116/ministerial/tdpAG8% 20Extent% 20of% 20vol% 20surges% 20Final. pdf.

[32] "The Volume-based Special Safeguard Mechanism (SSM): Analysis of the

Conditionalities in the December 2008 WTO Agriculture Chair's Texts", http://www.unep.org/south-south-cooperation/exchangeplatform/Portals/116/ministerial/tdpAG10%20Price%20based%20SSM%20Final.pdf.

[33] "State of Play of the GATS Negotiations: Are Developing Countries Benefiting?", http://www.unep.org/south-south-cooperation/exchangeplatform/Portals/116/ministerial/pb20rev%20GATs.pdf.

[34] "The Price-based Special Safeguard Mechanism (SSM): Trends in Agriculture Price Declines and Analysis of the Conditionalities in the December 2008 WTO Agriculture Chair's Text", http://www.unep.org/south-south-cooperation/exchangeplatform/Portals/116/ministerial/tdpAG9%20Volume%20based%20SSM%20Final.pdf.

[35] "Comparing the Special Safeguard Provision (SSG) and the Special Safeguard Mechanism (SSM): Special and Differential Treatment for Whom?", http://www.unep.org/south-south-cooperation/exchangeplatform/Portals/116/ministerial/TDPAG11% 20Comparing% 20SSG% 20and% 20SSM%20Final.pdf.

[36] Cuba. Dominican republic. El Salvador. Honduras. Kenya, Nicaragua, Nigeria, Pakistan, Peru. Sri Lanka, Veneuela and Zimbabwe, Non Paper on Food Security. Special Session of the Committee on Agriculture, 23-27 July 2001.

[37] Aileen Kwa: Why the SSM Became A Major Issue at WTO, http://www.southcentre.org/index.php? option = com _ content&view = article&id = 1285%3Asb46a12&catid = 144%3Asouth-bulletin-individual-articles&Itemid = 287&lang = en.

[38] FAO. Rome deceleration on world food security and world food summit plan of action. FAO of Rome, 1996, p. 8.

[39] Swinnen J F M: The Political Economy of Agricultural Protection: Europe in the 19th and 20th Centuries, 12th.

[40] Kenneth W. Dam: The GATT, Law and International Economic Organization. University of Chicago Press.

[41] Winharn, Gilbert R. 1986: International Trade and the Tokyo Round, Princeton, NJ: Princeton University Press.

[42] Jayson Cainglet and Robert Stemmler: Can Protective Trade Policy Instruments like Special Products (SP) and Special Safeguard Mechanisms (SSM) contribute to a more Sustainable and Fairer Multilateral System of

Trade in Agriculture? Global Issue Papers, Nr. 22. Published by the Heinrich Böll Foundation, Southeast Asia Regional Office, and December 2005. p. 12.

[43] An unofficial guide to agricultural safeguards. http://www. wto. org/english/tratop_e/agric_e/ssm_explained_4aug08_e. doc.

[44] http://www. twnside. org. sg/title2/twninfo220. htm.

网站类:

[1] http://www. wto. org

[2] http://www. usda. gov

[3] http://www. twnside. org

[4] http://www. agtradepolicy. org

[5] http://www. unep. org

[6] http://ageconsearch. umn. edu

[7] http://ictsd. org

[8] http://www. southcentre. org

[9] http://www. asianfarmers. org

[10] http://www. tradeobserver. org

[11] http://www. agri. org. cn/

[12] http://www. mofcom. gov. cn/

[13] http://www1. cei. gov. cn/

[14] http://www. cacs. cn

[15] http://www. agri. gov. cn/

[16] http://www. shac. gov. cn/

[17] http://www. foodexpo. cn/

[18] http://www. law-lib. com

[19] http://www. sccwto. net/

[20] http://www. cafte. gov. cn/

[21] http://news. xinhuanet. com/

[22] http://www. cicos. agri. gov. cn/

[23] http://fta. mofcom. gov. cn/

[24] http://www. cafta. org. cn/

[25] http://www. legalinfo. gov. cn/

后 记

本书是在我的博士后报告的基础上修订完成的，博士后报告的完成及修订出版得到合作导师余敏友教授的悉心指导，倾注了余老师的大量心血和宝贵时间。在博士后研究阶段，导师严谨治学、不断探索的科研作风，敏锐深邃的学术洞察力，孜孜不倦的敬业精神，给我留下了深深的印象，使我受益匪浅，是我今后学习的楷模。借此机会，我要向余老师致以最诚挚的敬意和最衷心的感谢！

感谢“中国博士后科学研究基金”对本课题的资助，正是由于该基金的资助，我才有可能完成本书的研究工作！

感谢法学院的郭新奇老师，在这两年的学习和工作中，您的无私帮助使我得以顺利完成博士后研究。我还要感谢武汉大学人事部的赵龙飞部长和博后办王仁春老师、蒋慧老师、李炳发老师和袁小明老师等各位老师，您们的热情鼓励和周到服务是我完成博士后研究的巨大动力。

感谢武汉大学国际法研究所的刘衡博士和环境法研究所的郭武博士，他们对我在武汉大学的博士后研究工作提供了诸多便利和支持。

感谢重庆大学法学院的徐建华书记和陈忠林院长，他们对我到武汉大学进行国际法博士后研究给予了充分理解和支持，我还要感谢我在重庆大学的研究生们，他们为我的博士后研究收集了大量资料，并对研究报告和书稿进行了检测和校对。

感谢在百忙之中评阅和评审本书的专家和学者，感谢你们对研究报告进行了认真的评阅和批评指正！为我的修改出书指明了方向。

感谢西南政法大学的杨树明教授，是他多年来培养了我学习国际法的学术兴趣并对书稿的修订提出了宝贵意见。

需要感谢的人还有许多，限于篇幅不能一一列举，最后，再次感谢所有给予我关怀和帮助的师长、同学、朋友们！

由于本人由多年的重点研究经济法、环境法转向国际法的研究，对国际法的理念、研究范式都还不是十分熟悉，对国际法问题的理解和思考还十分粗浅，欢迎各位国际法同行批评指正并提出宝贵意见，愿这本小书作为我国际法研究的一个新起点，激励自己在国际法的学习和研究中不断探索和进步。

曾文革

2012 年 1 月于重庆大学法学院